本书受到国家市场监管总局质量基础设施效能研究重点实验室资助

国家质量基础设施
理论与实证

NATIONAL QUALITY INFRASTRUCTURE:
Theory and Demonstration

蒋家东 郑立伟 张 豪 胡 杨 / 著

图书在版编目(CIP)数据

国家质量基础设施：理论与实证/蒋家东等著.—北京：北京大学出版社，2020.2

ISBN 978-7-301-31254-4

Ⅰ.①国⋯　Ⅱ.①蒋⋯　Ⅲ.①质量管理体系—中国—教材　Ⅳ.①F273.2

中国版本图书馆 CIP 数据核字（2020）第 023172 号

书　　　名	国家质量基础设施：理论与实证 GUOJIA ZHILIANG JICHU SHESHI：LILUN YU SHIZHENG
著作责任者	蒋家东　等著
策划编辑	李　虎　王显超
责任编辑	王显超　郑　双
标准书号	ISBN 978-7-301-31254-4
出版发行	北京大学出版社
地　　　址	北京市海淀区成府路 205 号　100871
网　　　址	http://www.pup.cn　新浪微博：@北京大学出版社
电子信箱	pup_6@163.com
电　　　话	邮购部 010-62752015　发行部 010-62750672　编辑部 010-62750667
印　刷　者	北京宏伟双华印刷有限公司
经　销　者	新华书店
	730 毫米×1020 毫米　16 开本　15 印张　248 千字 2020 年 2 月第 1 版　2020 年 2 月第 1 次印刷
定　　　价	68.00 元

未经许可，不得以任何方式复制或抄袭本书之部分或全部内容。
版权所有，侵权必究
举报电话：010-62752024　电子信箱：fd@pup.pku.edu.cn
图书如有印装质量问题，请与出版部联系，电话：010-62756370

编委会

主 审 林忠钦　张　纲　张晓刚　干　勇

编 委 蒋家东　郑立伟　张　豪　胡　杨

　　　　　李相禛　胡钟骏　周芳芳　孟　浩

　　　　　陈　通　郑安刚

序 一

国家质量基础设施（National Quality Infrastructure，NQI）是一个年轻的概念，提出至今仅有 17 年的历史。一个值得关注的现象是越来越多的国际组织承认并应用 NQI 的概念，越来越多的区域开展跨国 NQI 合作建设，越来越多的国家，特别是发展中国家加快 NQI 建设的进程。NQI 研究进展之快，作用定位之重，建设影响之大，展现出了其特有的魅力。

近几年来，在质量强国、制造强国建设中，我参与了 NQI 的持续研究。NQI 的基本功能是促进质量进步，本质要求是要素的协同建设、融合发展，表现形态是技术体系与制度体系的集成优化，核心价值是形成提质增效的质量生态。人们越来越清晰地认识到，NQI 在提升质量水平、保障公共安全、助推产业升级、促进贸易发展、优化营商环境等方面发挥着不可或缺、不可取代的作用。

现阶段，我国 NQI 研究与建设已步入快车道。2014 年 3 月，国家质检总局首次设立 NQI 课题研究小组，对其整体性建设、支撑性作用进行系统性研究；与此同时，产业质量技术基础作为独立课题进入重大咨询项目《工业强基战略研究》。2016 年开始，国家重点研发计划将《NQI 共性技术研究与应用》作为重大专项列入。2017 年 9 月，中共中央、国务院在印发《关于开展质量提升行动的指导意见》中，将 NQI 建设列入总体目标和主要任务。

NQI 是未来经济社会发展的支柱，也是国家治理体系的重要支撑，伴随着现代化经济体系的构建，对 NQI 的需求将日益增强。尽管国内外有关研究与应用快速发展，但其基础理论、作用机理、效能评价、建设路径等充满着未知，亟待逐一破解。当前，新一轮科技革命和产业变革与中国经济转型发展产生历史性交汇，在推动经济社会高质量发展中，深入研究 NQI、加快建设NQI比以往任何时候都更显重要与紧迫。

2018年3月,国家质检总局依托中国航空综合技术研究所设立了"质量基础设施效能研究重点实验室",并成立了国际化的高层次学术委员会,开启了NQI效能研究的进程。一年多来,实验室广泛研究国内外资料,把握最新发展动态,紧贴产业提供技术服务,编撰了《国家质量基础设施:理论与实证》。这是我国第一本系统论述NQI研究与应用的专著,阐述了NQI的起源与发展,分析了现阶段研究的进展与不足,探讨了NQI管理模式的国际差异,定量测度了主要国家NQI发展水平以及其对经济的影响程度,并总结了相关实践案例。

当前,我国经济发展已转入高质量发展阶段,我们正在实施产业基础高级化、产业链现代化的攻坚工程。作为一名质量工作者和我国NQI研究的亲历者,我对本书的出版感到由衷的高兴,相信此书能够为政府部门、产(企)业、教育和科研机构、社会中介组织等开展NQI研究和相关实践活动提供有益借鉴,同时期盼在我国大地上有更多NQI研究成果和实践的涌现,"中国质量"一定能在创新中腾飞!

国务院原参事
国家制造强国战略咨询委员会委员
2019年8月1日

序　二

蒋家东主任在国家质量基础设施研究领域颇有影响，这不仅因为他有业务专长且为人低调、谨慎，还在于他的刻苦钻研。当他把一本厚厚的书稿《国家质量基础设施：理论与实证》送到我的面前，邀我为其写篇序时，我还是暗自吃了一惊。没想到，他因职责使然，奔波忙碌，竟能挤出业余时间撰写了这部著作，不禁令我刮目相看。

什么是国家质量基础设施，顾名思义就是质量的基础设施，这一设施具体是指计量、标准、认可、合格评定等要素。这是在2002年由德国物理技术研究院提出的概念，2014年由原质检系统引进国内，逐渐被国内业界所熟知。按理说，我对国家质量基础设施是有发言权的。我于2013年在俄罗斯举行的第36届国际标准化组织大会上成功当选主席，2015年起正式上任，一直干到2017年12月31日。因此，我非常了解标准化工作，而标准是国家质量基础设施中十分重要的要素之一。

当今，随着全球化与逆全球化的再平衡，全球价值链的深入发展成为世界经济一体化的主要模式，各国之间的双边、多边贸易投资关系变得更加复杂和密切。国家质量基础设施作为国际通用的，连通经济、贸易与社会的"技术语言"，不仅能促进贸易便利化，更能支撑经济高质量发展。因此，世界各国在国家质量基础设施领域既加强紧密合作，又展开激烈竞争。以标准为例，世界最大的标准化组织——国际标准化组织目前拥有164个成员国家，这些国家占世界总人口的98%，GDP的97%。国际标准化组织负责除电工电子和电信以外的所有领域的标准化活动，与世界上众多国际组织建立了联系。国际标准化组织已经制定了近2万项标准，而且每年都在增加。国际标准已经向社会责任、可持续发展、气候变化、碳足迹、水足迹、公共安全和反恐、反欺诈、反贿赂等领域发展，涉及国家主权、发展权、人权和国家安全等方面。由此，提升标准实施的效能，推动更高水平、更广范畴的标准化，将会极大推动国家及区域的经济社会发展，这已成为全世界的广泛共识。

这本书主要围绕国家质量基础设施的概念演进、研究现状、国际实践、量化评价、经济影响、案例分析和行业评估来展开。我是非专业研究者，对此不宜多作详述，但书中关于国家质量基础设施的介绍，由浅入深，循序渐进，环环相扣，确有作者匠心独到之处。大凡有志于研究国家质量基础设施，无论是初学者还是专业人员，都可以通过学习实践从中受益。

本书可说是为推动国家质量基础设施在我国的发展应运而生的。由于蒋家东等人的经验、才智和辛勤付出，本书的指导价值在同类书籍中是不可多得的。希望本书的问世能够推动我国质量基础设施研究水平的提升，有助于我国质量事业的发展。值此书籍出版之际，也向蒋家东主任表示热烈的祝贺和衷心的感谢。

国际标准化组织（ISO）原主席
2019 年 9 月 9 日

前　言

国家质量基础设施建设与发展是国家高质量发展阶段重大的理论与实践课题。十九大报告指出，当前我国经济已由高速增长阶段转向高质量发展阶段，社会主要矛盾已经转化为人民日益增长的美好生活需要和不平衡不充分的发展之间的矛盾。人民美好生活需要日益广泛，对物质文化生活提出了更高要求，但是我国现阶段高质量产品与服务供给不足，质量发展水平不高已经成为满足人民日益增长的美好生活需要的主要制约因素。质量发展水平不高的主要原因在于基础不牢，其中一个重要方面是国家质量基础设施建设薄弱。因此，迫切需要推动质量变革，增强质量优势，推动经济高质量发展。质量变革一端连着需求，一端连着供给，变革的目标就是要让供给更好地适应需求，解决供需错配问题。不论是消费需求的挖掘，还是产品和服务的供给，都离不开国家质量基础设施的支撑和保障作用。

2002年，德国物理技术研究院在总结质量领域100多年实践经验基础上将标准、计量、认可、合格评定统称为质量基础设施，指出其是市场运行和技术传承的保障，是经济社会系统运作中的重要组成部分。2005年，联合国贸易和发展会议与世界贸易组织将这一概念正式推向国际。2006年，联合国工业发展组织和国际标准化组织指出：构成质量基础设施的计量、标准与合格评定（包括检验检测与认证认可）是未来世界经济可持续发展的三大支柱。2018年，国际标准化组织等12个国际组织在瑞士日内瓦举行会议，共同成立了国际质量基础设施网络，这标志着质量基础设施已经得到世界多个国家和地区的广泛认可。

可见，越来越多的地区成立跨国的国家质量基础设施体系，以促进产业升级和贸易便利化，越来越多的国家加快未来国家质量基础设施能力建设的进程，以打造更大的质量竞争优势。面对这一严峻形势，近几年我国在战略规划层面逐步推动国家质量基础设施建设，从 2016 年起将"国家质量基础的共性技术研究与应用"列入国家重点研发计划，《国家中长期科学和技术发展规划纲要（2006—2020 年）》明确提出"研究制定高精确度和高稳定性的计量基标准和标准物质体系，以及重点领域的技术标准，完善检测实验室体系、认证认可体系及技术性贸易措施体系"，在"一带一路"倡议中，推动标准、计量、合格评定互联互通互认。2017 年《中共中央 国务院关于开展质量提升行动的指导意见》（中发〔2017〕24 号）出台，文件明确提出"国家质量基础设施效能充分释放"的目标。虽然具有中国特色的国家质量基础设施体系已经初步形成，但是我国国家质量基础设施发展水平，与高质量发展阶段要求相比还存在提升空间，与发达国家相比还有不少差距。不仅存在存量上的不足，更存在集成性与协调性上的不充分、不完全。国家质量基础设施要素的系统集成性、协调性并没有得到有效发挥，影响了国家质量基础设施效能的进一步释放。另外，现阶段我国国家质量基础设施研究才刚刚起步，缺少理论指导和实践经验的参考，再加上国家质量基础设施建设涉及区域多、部门多、行业多，管理体制较为复杂，工作协调难度较大，顶层设计上缺少深化发展的相关路径，因此难以形成发展的合力。可见，在迈向经济高质量发展过程中，建设运行高水平、高效能的国家质量基础设施已是当务之急。

本书认为，当前从战略态势来看，深入研究国家质量基础设施的相关理论和机制，从定性与定量相结合的角度探讨其对经济社会的影响，并总结国内外的经典案例，具有极其重要的现实意义，主要体现在以下四个方面。

第一，国际形势跌宕起伏、复杂多变，全球质量面临新的竞争格局，中国质量崛起面临机遇与挑战。当前，随着全球化与逆全球化的再平衡以及美国对外策略的变化，使得全球贸易和国家利益冲突不断，中国质量崛起面临一系列重大挑战。20 世纪中后期，正是以美国为代表的西方发达国家的质量和生产力衰退，为日本质量崛起提供了历史机遇，日本抓住良机以"质量救国"实现了经济腾飞。然而，近期以日本为代表的传统质量强国正在经历质量危机，神户制钢质检数据造假、韩国三星 Galaxy Note7 手机爆炸、大众汽车"排放门"、欧洲"毒鸡蛋"、美国波音 MAX737 停飞等一系列质量事件，极大损害了日本、韩国、欧洲乃至美国企业的质量声誉，这恰恰为我国在全球建立质量声誉提供了千载难逢的战略机遇。

第二，全球创新版图与世界经济结构正在加速重构，质量基础设施和科技创新在国际竞争与合作中成为焦点。新一轮科技革命和产业变革正在重构全球创新版图、重塑全球经济格局，突出表现为全球价值链的结构性变化与重构。历史经验表明，创新、质量、成本和资源一直是推动全球经济版图变化的长期力量，创新与质量的协同演化是其中日益重要的主导因素，影响着全球产业的竞争格局和演进方向。当前，新技术、新业态、新模式所衍生的关键技术，降低了劳动力低成本优势的重要性，制造环节附加值增大，制造服务更加增值。于是，一些发达国家跨国公司开始抛弃遵循"微笑曲线"将制造环节外包的做法，重新梳理全球价值链。在这个过程中，市场、技术、质量、品牌、标准和规则等高端资源或科技创新核心要素受到前所未有的重视。质量基础设施与科技创新更应该站在国家战略高度，紧密合作，更好地促进科技创新与产业发展的紧密结合。

第三，质量基础设施是国际通用的"技术语言"，是国际竞争的"有力武器"。质量基础设施是参与国际合作竞争、维护国家核心利益的有力抓手。在经济全球化的背景下，计量、标准、检验检测、认证认可已经成为国际通用的"技术语言"。世界各国在这些领域既加强紧密合作，又展开激烈争夺。在国际贸易中，计量为国内外贸易提供公正检测、公正称重等中介性服务，是我国商品融入全球市场的媒介，是和国际贸易惯例接轨的桥梁和纽带。而有效标准的增加在长期内对我国进出口贸易存在着显著的促进作用。当前，世界主要发达国家高度重视抢占新兴产业的制高点，希望通过垄断标准和合格评定规则制定权，把发展中国家长期锁定在产业价值链的低端环节，成为"外包车间和仓库"。一些国家不惜动用外交、政治、经济和援助等手段，扶持和推进本国标准成为国际标准或事实上的国际标准，主导和影响产业及技术发展。

第四，实现社会主义现代化的窗口期日益逼近，高质量发展的历史重任十分艰巨。十九大报告指出，到2035年基本实现社会主义现代化。社会主义现代化的基本标志是人均收入达到高收入水平，在我国全员劳动生产率增速已经持续多年下降的现实背景下，提高人均收入和劳动生产率，必须通过质量变革提升质量效益进而实现经济高质量发展。欧盟委员会《欧洲竞争力报告 2010》指出，正是计量、标准、合格评定等质量要素增强了欧盟有关国家的质量竞争力，提升了这些国家应对经济衰退的能力，支撑了经济的稳定与增长。这些国家经验还表明：质量优势是动态变化的，构筑质量优势不应仅限于解决一时一地的问题，也体现在经济长期可持续的竞争能力提升和竞争优势保持上。对于全面完成消除贫困、改善民生，逐步实现共同富裕的重大使命，增强质量基础设施实现经济质量优势既是可行途径，也是治本之策。

鉴于此，本书立足于中国经济迈向高质量发展的大背景，分析了国家质量基础设施概念的起源与发展，总结了现有研究的进展与不足，深入探讨了国家质量基础设施管理模式的国际差异，定量测度了主要国家质量基础设施发展水平以及其对经济的影响程度，并总结了相关案例。全书安排如下。

第一部分为理论篇，分为3章。第1章探讨国家质量基础设施的起源与内涵，首先从国家质量基础设施的定义、内涵和功能展开，进而探讨国家质量基础设施各要素的主要职责，然后分析国家质量基础设施的国际发展态势，最后研究国家质量基础设施在中国发展的一些基本情况。第2章探讨国家质量基础设施研究的一些进展，主要从理论研究、量化研究、应用实践以及对经济影响几个角度进行文献综述。第3章进行国家质量基础设施管理模式的国际比较，主要比较了美国、欧盟、日本以及我国的相关情况及差异。

第二部分为实证篇，分为3章。第4章主要探讨如何对国家质量基础设施进行评价，从评价的内涵与特点出发，分析了评价指标构建的方法以及选取的过程，从能力视角和效果视角两个层面深入探讨了国家质量基础设施指标构建的逻辑框架。第5章主要讨论了评价指标体系的整体架构以及相应的观测变量，并对数据采集和标准化过程进行了详细的说明，最后探讨了权重体系的建立并进行了主要国家的评价比较。第6章探讨了国家质量基础设施与经济增长之间的关联关系，首先从影响机理出发，构建了国家质量基础设施影响经济增长的理论框架，然后从制度和技术两个特征出发构建了国家质量基础设施影响经济增长的计量经济学模型，最后实证并进行稳健性分析。

第三部分为专题篇，分为2章。第7章从国际、国内两个视角描述了国家质量基础设施对行业和企业影响的三个案例，分别是国家质量基础设施对乌拉圭葡萄酒行业的影响、国家质量基础设施对柳州市电动汽车产业发展的影响、国家电网国家质量基础设施的建设对企业效益的影响。三个案例从发展背景、行业现状、发展过程与管理机制,以及成果与效益四个层面详细分析了国家质量基础设施相关要素如何影响该行业或企业的发展,并从案例中总结了相关的经验与启示。第 8 章聚焦一个行业,评估了中国儿童玩具行业国家质量基础设施效能,通过分析中国儿童玩具行业产业链突出质量问题,建立行业国家质量基础设施评估体系,然后通过数据分析中国儿童玩具行业国家质量基础设施存在的问题,并提出了未来儿童玩具国家质量基础设施效能提升的路线图。

通过 8 章的系统研究,本书基本实现了总结现有国家质量基础设施理论研究的前沿进展,梳理国家质量基础设施发展的演进脉络,提出国家质量基础设施测度的科学方法以及探讨其与经济增长之间的关联程度,通过案例总结经验,为我国国家质量基础设施高水平建设与发展提供新思路,并寻找可靠可行的政策措施的基本目标。

由于时间仓促,本书不足之处在所难免,恳请读者多提宝贵意见,以便再版时修正。

国家市场监管总局质量基础设施效能研究重点实验室主任
2019 年 12 月书于三元桥畔

目　录

第一部分　理　论　篇

第 1 章　起源与发展 ·············· 3
  1.1　NQI 的定义、内涵与功能 ············ 3
  1.2　NQI 各要素的主要职责 ············ 11
  1.3　NQI 的国际发展态势 ············ 14
  1.4　NQI 在中国 ············ 19

第 2 章　研究与进展 ············ 26
  2.1　基础理论研究进展 ············ 26
  2.2　量化研究进展 ············ 44
  2.3　应用实践进展 ············ 46
  2.4　分要素研究及经济影响进展 ············ 50

第 3 章　比较与启示 ············ 59
  3.1　主要国家 NQI 管理模式比较 ············ 59
  3.2　中国与美、欧 NQI 管理模式的差异 ············ 77
  3.3　中国与美、欧 NQI 运行机制的差异 ············ 79

第二部分　实　证　篇

第 4 章　评价与方法 ············ 89
  4.1　NQI 评价的基本内涵和主要特点 ············ 89

4.2 NQI 评价指标体系构建方法 …………………………………… 92
  4.3 基于能力视角的 NQI 评价因素分析 …………………………… 96
  4.4 基于效果视角的 NQI 评价因素分析 …………………………… 98

第 5 章 指标与分析 ……………………………………………………… 100
  5.1 NQI 评价指标体系 …………………………………………… 100
  5.2 观测变量的含义和计算公式 ………………………………… 105
  5.3 观测变量的数据采集和标准化 ……………………………… 108
  5.4 评价指标的权重体系建立 …………………………………… 112
  5.5 NQI 发展水平测评 …………………………………………… 117

第 6 章 经济影响分析 …………………………………………………… 124
  6.1 NQI 对经济的影响 …………………………………………… 124
  6.2 影响模型与数据处理 ………………………………………… 125
  6.3 NQI 对经济影响的实证分析 ………………………………… 128

第三部分 专 题 篇

第 7 章 案例：NQI 对行业、企业发展的影响 ………………………… 139
  7.1 NQI 对乌拉圭葡萄酒行业的影响 …………………………… 139
  7.2 NQI 对柳州市电动汽车产业发展的影响 …………………… 149
  7.3 国家电网 NQI 建设对企业效益的影响 ……………………… 153

第 8 章 应用：儿童玩具行业 NQI 评估 ………………………………… 163
  8.1 儿童玩具产业链的突出质量问题 …………………………… 163
  8.2 儿童玩具行业 NQI 评估体系 ………………………………… 165
  8.3 儿童玩具行业 NQI 现状 ……………………………………… 168
  8.4 儿童玩具行业 NQI 发展建议 ………………………………… 191

附录一 各国玩具标准机械与物理性能明细比对 ……………………… 195

附录二 各国玩具有害化学品清单 ……………………………………… 210

附录三 缩写词目录 ……………………………………………………… 214

参考文献 ………………………………………………………………… 219

后记 ……………………………………………………………………… 226

第一部分

理 论 篇

第1章 起源与发展

第2章 研究与进展

第3章 比较与启示

第1章 起源与发展

国家质量基础设施(National Quality Infrastructure，NQI)的产生是历史发展的必然。最新的研究认为，NQI是由计量、标准、认可、合格评定和市场监管组成。计量、标准的产生可以追溯至公元前的农耕文明时期，从远古各种文明就开始推行度量衡的统一。随着工业化的演进，人们对于NQI的内涵、组成和作用的认识也在不断演化。但大家公认的是，要想获得好的质量，就需要在计量、标准化、检测、认证认可等相互关联的要素方面做到协调一致，建立国际互认、统一且有效的NQI。

1.1 NQI 的定义、内涵与功能

1.1.1 定义

2002年，德国物理技术研究院(Physikalisch-Technische Bundesanstalt，PTB)在总结工业发达国家100多年质量工作经验的基础上发现，任何领域的质量工作都离不开计量、标准、合格评定的支持。同年，PTB组织研究团队研究计量对经济发展的作用时发现，计量、标准、合格评定密不可分，并且是相互协调产生经济价值。鉴于此，PTB提出将一国计量、标准、合格评定统称为NQI。2004年，国际贸易中心(International Trade Center，ITC)在《质量路线图》报告中将标准化、质量管理、认可和计量称为国家级基础设施，简称为SQAM(Standard Quality Accreditation Metrology)。之后，又有SQMT(Standard Quality Measurement and Testing)和MSTQ(Measurement Standard Testing and Quality)之类的缩写词出现。这一现象说明，在21世纪

早期标准、计量、合格评定、认可、质量管理这些要素的组织使用已经成为不可阻挡的发展趋势。NQI 的出现，逐渐取代了这些使用的各种首字母缩略词，如 SQAM、SQMT 和 MSTQ，并成为常用词。但是，这个早期的"定义"不是完全精确的，不同的组织经常以不同的方式使用这个定义，而且在大多数情况下，这个定义往往用于发展中国家为了能够出口而必须满足的质量要求。

2002—2019 年，各相关技术机构和学者对 NQI 的概念进行了详细诠释和解读，见表 1-1。直至 2017 年，国际计量局(Bureau International des Poids et Mesures，BIPM)、国际认可论坛(International Accreditation Forum，IAF)、国际实验室认可合作组织(International Laboratory Accreditation Co-operation，ILAC)、国际标准化组织(International Organization for Standardization，ISO)、国际电工委员会(International Electrotechnical Commission，IEC)、国际电信联盟(International Telecommunication Union，ITU)、国际法制计量组织(International Organization of Legal Metrology，OIML)、联合国工业发展组织(United Nations Industrial Development Organization，UNIDO)和联合国欧洲经济委员会(the United Nations Economic Commission for Europe，UNECE/ECE)等机构在奥地利维也纳发展中国家标准、计量、认可网络(简称 DCMAS)会议上，对 NQI 的定义达成一致，认为 NQI 是"一个由公共机构和私人机构组成的体系，以及支持和加强货物、服务和流程的质量、安全和健康环境所需的政策、法律、监管框架和实践，它依赖于计量、标准、认可、合格评定和市场监督"①。2019 年，世界银行(World Bank，WB)和 PTB 联合出版了《通向全球市场的质量保证：一个改革工具箱》，报告认为 NQI 是一个高效和有效的质量和标准生态系统，是竞争力、进入新市场、提高生产力、创新新产品、环境保护以及人口健康和安全的重要组成部分。

综上所述，从 NQI 概念的演变可知，学术界对 NQI 内涵的理解，从最开始仅仅局限于计量、标准和合格评定，到将合格评定进一步区分为认可与合格评定(检验检测和认证)，再到增加质量政策和市场监督要素，最后到质量生态体系的提炼。简言之，NQI 不仅是一个国家发展的关键，而且对于创造一个更安全、更清洁、更公平、更完整的世界至关重要。

---

① 出自 2017 年 9 月 19 日世界标准组织(ISO)报告《51st DEVCO Meeting Working Documents》。

表 1-1　2002—2019 年 NQI 相关概念的演进

时间	提出者	出版物	诠释
2002	PTB	—	NQI 指的是计量、标准化、测试和质量管理的各个方面，包括认证和认可。还包括公营和私营机构，以及它们在其中运作的规管架构
2004	ITC	《质量路线图》	将标准化、质量管理、认可和计量称为国家级基础设施，简称为 SQAM
2005	ITC、UNCTAD①、WTO②	《出口战略创新：应对质量保证挑战的战略方法》	NQI 作为制度的整体框架，无论是对公共还是私人机构而言，都包括发布和实施标准和相关的合规证据（即检验、测试、认证、计量及认可的相关组合）
2006	ISO	《计量、标准化和合格评定：建立可持续发展的基础设施》	计量、标准化、合格评定共同构成 NQI，是未来经济可持续发展的三大支柱
2007	PTB、OAS③、SIM④	《国家质量基础：全球质量挑战的应答》	NQI 是一系列相关主体通过一体化、协调一致、相互联系的行为的产物，这些主体包括计量、标准化、检测、认可和认证
2008	UNIDO、ISO	《发展中国家的国家标准机构》	NQI 是标准、计量、测试、认证、认可和质量管理的统称
2009	PTB、ITC	《质量基础设施对区域经济一体化的贡献》	NQI 为技术法规的定义和实施提供了概念框架，涵盖了保证和证明质量所需的所有要素，包括国家和私营部门机构及其运作的监管框架，即计量、标准化和合格评定

① 联合国贸易和发展会议（United Nations Conference on Trade and Development，UNCTAD）
② 世界贸易组织（World Trade Organization，WTO）
③ 美洲国家组织（Organization of American States，OAS）
④ 美洲计量系统（The Inter-American Metrology System，SIM）

续表

时间	提出者	出版物	诠释
2010	M. N. Frota et al.	《评估乌克兰质量基础设施：世贸组织的挑战和加入欧盟的承诺》	NQI是组织计量、标准和合格评定机构，指定质量政策以支持监管环境的总称
2011	Martin Kellermann	《关于国家质量政策的思考》	NQI建立和实施标准化、计量(科学、工业和法制)、认证和合格评定服务(检验、测试和产品及系统认证)，无论是当局(技术法规)要求的，还是市场(合同或推断的)要求的，都是提供产品和服务满足规定要求的可接受证据所必需的
2011	Ulrich and Juan	《质量基础设施的量化》	NQI是更广泛的基础设施体系的一部分，包括计量、标准、测试实验室、认证和认可机构以及公司和组织层面的质量管理
2011	OAS	《美洲科学、技术和创新展望2025：半球合作促进知识经济的竞争力和繁荣》	NQI是指由国家监管框架支持的一系列国家机构，提供服务以保证本地和国际消费者的产品和服务的质量和安全，包括计量、标准化，认可和合格评定(检验、测试和认证)
2012	SIDA①	《乌干达质量基础设施和标准方案中期审查报告》	NQI建立和实施标准化、计量、认证和合格评定服务(检验、测试和产品及系统认证)所需的监管和行政框架及制度安排，以提供产品和服务满足规定要求的可接受证据

---

① 瑞典国际发展合作署(Swedish International Development Cooperation Agency，SIDA)

续表

时间	提出者	出版物	诠释
2013	Christina Tippmann and Jean-Louis Racine	《国家质量基础设施：竞争力、贸易和社会福利的工具》	NQI是建立和实施标准化的机构框架，包括合格评定服务、计量和认证
2014	Martin Kellermann	《利用商业环境改革的影响：质量基础设施的贡献》	NQI是提供产品和服务满足规定要求的可接受证据所必需的基础设施，它建立和实施标准化、计量、认证和合格评定服务（检验、测试和产品及系统认证）
2015	IRENA①	《质量基础设施可再生能源技术：决策者指南》	NQI是用于控制、管理、编辑和执行标准以及向社会提供标准的证明的所有制度网络和法律架构，可以向市场提供品质保证
2016	UNIDO	《质量基础设施：建立贸易信任》	NQI是一个体系，由倡议、机构、组织、活动和人员组成的体系，它包括一项国家质量政策和实施该政策的机构、一个监管框架、质量服务提供者、企业、客户和消费者（包括公民作为政府服务的"消费者"）
2017	ISO等NQI相关机构	维也纳发展中国家DCMAS会议	一个由公共机构和私人机构组成的体系，以及支持和加强货物、服务和流程的质量、安全和健康环境所需的政策、法律、监管框架和实践，它依赖于计量、标准、认可、合格评定和市场监督
2019	WB、PTB	《通向全球市场的质量保证：一个改革工具箱》	NQI是一个高效和有效的质量和标准生态系统，是竞争力、进入新市场、提高生产力、创新新产品、环境保护以及人口健康和安全的重要组成部分

资料来源：作者经文献搜集后整理。

---

① 国际可再生能源局(International Renewable Energy Agency，IRENA)

1.1.2 内涵

NQI 的本质是一个高效的质量和标准生态系统，是机构、法律、政策、监管、实践活动的框架体系和实践。其中，计量机构、标准机构、认可机构、合格评定机构及其监管部门、实践活动共同组成质量基础设施。NQI 与常规交通、医疗、水利等基础设施（以"有形"的硬件为主）的概念不同，也比信息技术（Information Technology，IT）基础设施的范畴要宽；是软件、硬件与智件结合的基础设施。标准、计量、认可、合格评定和市场监督等要素，相互联系，相互协调，共同支持质量的保证、提升、承诺、传递与信任。NQI 有不同层级的概念，包括全球质量基础设施（Global Quality Infrastructure，GQI）、国家质量基础设施（National Quality Infrastructure，NQI）、区域质量基础设施（Regional Quality Infrastructure，RQI）、产业质量基础设施（Industrial Quality Infrastructure，IQI）和企业质量基础设施（Enterprise Quality Infrastructure，EQI）。以上概念也可以统称为质量基础设施（Quality Infrastructure，QI），本书从国家角度考虑质量基础设施的融合与发展，因此后文将国家、区域、产业、企业的质量基础设施统称为国家质量基础设施（NQI）。另外，在 NQI 引入我国的过程中，主要存在三种称呼，为国家质量基础、国家质量技术基础和国家质量基础设施。为使表述统一、精准，本书统一将 NQI 称为国家质量基础设施。

1.1.3 功能

NQI 的各个要素已经融入人类社会经济活动的各个领域，成为建立和维护生产、贸易、社会、国家乃至国际政治经济秩序的重要工具。组成 NQI 的主要组织机构及其提供服务见表 1-2。NQI 作为新工具，它的功能主要体现在以下五个方面。

（1）贸易支撑功能。NQI 能够形成统一市场，促进社会分工并减少交易费用，这是国际贸易形成的关键要素之一。计量能够保证贸易的数量和质量，并促成贸易达成和结算；标准能够规范、约束和调节市场行为主体的生产经营活动，界定产品与服务的质量安全要求，维护公平竞争、保护消费者利益；认可和合格评定能够解决贸易往来中的信息不对称问题，加强相互信任，建立贸易基石。

（2）质量提升功能。NQI 是保证质量的基础，合格的 NQI 能够保证质量，先进的 NQI 能够提高质量水平。计量能够保证现代工业生产数据的精准性和可靠性；标准能够在社会化大生产中建立规则和秩序，从技术上和管理上进行协调和统一；认可和合格评定能够保证标准和技术规范得以有效实施，传递正确的质量信号。

(3) 产业结构升级功能。从产业链的角度来看，企业对 NQI 服务的需求贯穿始终，反映在研发、采购、生产、市场准入、循环再利用的全链条中。NQI 通过标准的规范性和引领性、计量的基准性、认证认可的公允性、检验检测的符合性等功能，在促进科技创新、支撑产业质量升级、增强国际竞争力方面发挥着重要的技术基础作用。NQI 水平的高低将影响行业质量水平，高水平的 NQI 能够促进行业整体质量提升，行业内高质量企业的数量会增多，质量竞争型产业会集聚出现，最终形成质量竞争型产业占比较高的产业结构格局，实现产业结构的优化升级。

(4) 营商环境优化功能。NQI 是制度融合和技术传承的载体，而制度法规和科学技术基础是营商环境优化的重要组成部分。计量能够提供市场交易的衡量手段，保障市场交易的公平性和精准性；标准作为一项制度安排，界定了产品和工艺的特性和性能，传递信息并且提供了沟通方式，政府机关或市场可以对标准做出要求；认可和合格评定建立商业信任体系，传递了强烈的质量信号，减弱了质量信息的不对称性。

(5) 公共安全保障功能。NQI 的基本功效就是保障安全，安全是质量基础设施建设的"底线"。计量能够保证在安全的预防、控制、监测、管理、研究等技术工作中所涉及的仪器设备、分析方法以及监控过程中所使用的物质及其量的确定；强制性标准能够保障产品和服务的质量，达到安全与健康的标准；认可和合格评定能够增强消费者对企业的信任，同时阻碍威胁公共安全的产品和服务进入市场，保障公民的公共安全和健康。

表 1-2 组成 NQI 的主要组织机构及其提供的服务

服　　务	描　　述	有 关 机 构
计量	测量的科学。计量可细分成： • 科学计量：最高层测量标准的制定和组织 • 法制计量：确保测量的正确性。这些计量会影响到贸易、执法、健康和安全 • 工业计量：工业项目在具体实施过程中，作业组织品质、效率的标识性度量与审计	• 校准实验室 • 法定计量部门（Legal Metrological Department，LMD） 国家计量研究院（Non Measure Institute，NMI）大部分是公共部门，校准实验室有可能是公共或私营机构

续表

服务		描述	有关机构
标准		发布正式文件(相关规定或者技术规范或者实施指南)，用于规定产品、工艺或服务应达到的水准。标准具有非强制性，制造商可选择是否使用这些标准。一旦合同中包含标准或是技术法规中涉及标准，执行标准就是合同相关方的一项法律义务	• 国家标准机构 • 行业标准机构 • 标准制定组织(Standard Development Organization, SDO) 大部分国家标准机构为公共或非营利性机构。标准制定组织大部分为私营机构，但在很多国家不存在
认可		针对组织或个人提供合格评定服务的能力，提供独立认证的活动(如检测、检验或认证)	• 国家认可机构(National Accreditation Body, NAB) 这通常是公共或非营利性组织
合格评定	检验	检验产品设计、工艺、安装是否符合一般或特殊要求。通常，对装运货物进行检验(如进口检验)，确保整个装运货物与检测样本一致	• 进口检验机构 • 通用检验机构 这些可能是公共或私营机构
合格评定	检测	根据标准要求来确定产品特征。测试可从无损检测(如X射线、超声波、压力测试、电气等)，到破坏性分析(如化学、机械、物理、微生物等)，或者两种方法兼而有之	• 测试实验室 • 病理学实验室 • 环境实验室 这些可能是公共或私营机构
合格评定	认证	经过评价、测试、检验和评估之后，认证机构提供产品、服务、过程、组织或个人等是否满足标准要求的正式证明	• 产品认证组织 • 体系认证组织 这些可能是公共或私营机构
市场监督		针对市场准入和市场行为的监督与管理，提供保障市场运行的活动(如产品质量监督抽查)	• 国家市场监管部门(State Administration for Market Regulation, SAMR) 这通常是公共或非营利性组织

1.2 NQI 各要素的主要职责

1.2.1 计量的主要职责

计量的主要职责是确保在某个国家进行的任何测量都可以通过国际标准追溯到国际单位制(International System of units，SI)上，从而有助于在本地和国外市场接受产品、过程、测量和测试。这是通过建立和维持国家测量标准来完成的，这些国家测量标准是基本测量标准，可以追溯性地对另一个国家计量机构所持有的基本测量标准进行校准，并可以校准实验室、法制计量部门和其他部门的工作标准。为了实现这一主要职责，对于世界贸易组织(WTO)成员国而言，通常需要获得以下条件：

(1) 计量国际认可。也就是使得国家计量机构成为国际计量局和相关区域计量组织(如非洲区域计量系统、亚太计量规划组织、欧亚计量合作组织、欧洲标准计量协会和马来西亚标准协会)的成员单位。通过这些联络，该国的测量系统可以获得国际认可。有关其校准和测量能力(Calibration and Measurement Capabilities，CMCs)的列表需要通过关键比较和同行评估来得到承认，然后可以被列在由 BIPM 管理的关键比对数据库(Key Comparison Database，KCDB)中。如果没有此类校准和测量能力的条目，从长期来看，该国工业的测量结果难以在国际市场上被接受。

(2) 计量法律法规。一方面，国家需要建立计量法律法规，给予计量系统法律确定性。此类法律法规应确定国家计量单位(如 SI)，确定建立和维持国家计量标准的责任，以及确定建立国家计量机构及其职责、治理、财务和各项活动等。另一方面，国家需要配置相应的法律法规监管、检查和执行人员，用以确保法律法规的有效执行。

(3) 计量资源。为了确保测量的可追溯性，国家还需要向服务需求方提供相应的计量服务资源，包括人力资源和物力资源等。人力资源包括企业内部的计量人员、公立或私营校准实验室的服务人员等，物力资源则包括计量器具、测量检定机构、校准机构等。

1.2.2 标准的主要职责

追求既定范围内的最佳秩序，是标准化工作的主要职责。我国国标对标准化做出了如下定义[①]："为了在既定范围内实现最佳秩序，促进共同效益，对现实问题或潜在问题确立共同使用和重复使用的条款以及编制、发布和应用文件的活动。"一般而言，一个国家的标准化工作拥有自主的权利，但对于有志于加入WTO或已是WTO成员方的国家，还应确保其标准制定行为规范符合WTO《技术性贸易壁垒协定》中的要求。为了实现这一主要职责，WTO成员方通常需要获得以下条件。

（1）国际承认。在WTO的《技术性贸易壁垒协定》中，一个主要原则就是WTO成员方需要尽量采用国际标准或即将发布的国际标准草案。而获得相应国际标准化组织的承认，加入相应标准化国际组织，是一个国家采纳和使用国际标准的基本前提[②]。

（2）标准法律法规。国家需要通过适当的法律法规为国家标准的地位和使用提供法律确定性。由于有的国家标准机构是政府部门或公共组织，有的国家标准机构是私营组织，各国的标准化法律法规体系也存在差别。前者大都颁布了某种形式的标准法，而后者则可能是国家与私营标准机构（如德国、哥斯达黎加等）签订的一份合同或谅解备忘录。

（3）标准资源。为了确保标准可以顺畅地发布给相关企业，国家标准机构还需向需求方提供标准服务资源，主要包括人力资源和物力资源等。其中，人力资源主要包括标准制修订人员、宣贯人员、企业标准工作者等，物力资源主要包括国家标准化信息中心、标准情报所等。

1.2.3 认可的主要职责

认可的主要职责是对各种实验室（如测试、校准、病理等），认证机构，检查机构，能力计划提供者，良好的实验室实践测试设施给予承认，承认其

---

① 出自国家推荐性标准 GB/T20000.1—2014 中的定义。
② 以 ISO 和 IEC 为例，这两个组织的成员得到授权可以采用上述组织的国际标准作为国家标准。但如果不是 ISO 或 IEC 附属国家计划的成员或参与者，从技术上来说，是无法使用其标准。

有执行具体任务的能力,其实质是对这些机构能力的一种官方鉴定和担保。为了实现这一主要职责,对于有志于加入 WTO 的或已是 WTO 成员方的国家[①]而言,通常需要获得以下条件。

(1) 国际互认。参与国际认可组织的主要目的在于为扩大国际贸易创造条件,其实现路径是通过加入国际认可组织,加强某国认可机构认可的认证机构所出具结果的可信度和权威性,进而实现"一证在手,全球通行"。认可的国际互认在其中起到了关键作用。

(2) 认可法律法规。法律法规是认可发展的基石,能够规范和引导认可活动。各国认可法律有所不同。一些国家针对认可有专门的法律,如德国和奥地利都设有《认可法》;一些国家没有专门针对认可的法律,而是将相关规定在行业的相关立法中加以体现,如日本的认可相关规定主要体现在《工业标准化法》《与农林物资标准化和品质的正确标示相关的法律》等一些单行法中;而我国是将认可和认证合并,统一用法律、行政法规、部门规章、规范性文件进行保障。

(3) 认可资源。认可资源是保障认可实现其职责所需的内、外部资源,包括人力资源、物力资源等。其中,人力资源主要包括认可同行评审员[②]、认可机构的工作人员。物力资源主要指认可机构。理论上,NAB 可以有多种形式,但由于 NAB 是负责能力认可的一个政府工具,许多 NAB 都是政府部门或公共机构。随着历史的发展,一些国家建立了不止一个认可机构,当然,也为这种分设付出一些代价。如在每个认可机构寻求国际一级的认可的过程中,产生了重叠并导致混乱;再如,需要确定由哪个机构代表国家成为其国际级的认可机构。

1.2.4 合格评定的主要职责

合格评定主要包括检查、测试和认证等活动,其主要职责是提供证据,

---

① 国际互认并不是所有国家的认可机构实现其职责时所需满足的条件。对于只追求国内贸易的国家而言,国际互认与否对其影响不大。
② 认可同行评审员是经过认可机构的国际或区域合作组织培训、评价并赋予资格的,可以对该国际或区域组织的认可机构成员进行评审的人员。一国认可同行评审员人数越多,则表明该国的人力资源水平越高。

表明产品、过程或服务符合标准或技术法规中规定的要求。此类证据可以由制造商(甲方)、购买者(乙方)或独立的第三方提供,从而满足生产、消费和贸易过程中的公正、客观以及低成本的要求。为了实现这一主要职责,对于有志于加入 WTO 的或已是 WTO 成员方的国家而言,通常需要获得以下条件。

(1) 国际互认。合格评定机构获得国际互认的主要目的在于为扩大国际贸易创造条件,其实现路径是通过加入国家与国家之间的认证双边、多边的互认体系及相关国际组织,推动合格评定结果的"全球通行"。

(2) 法律法规。法律法规是合格评定发展的基础,良好的法律环境不仅能够规范合格评定活动,还能对合格评定行业进行宏观调控。以认证为例,在认证发展的初期,将强制性认证制度在法律中加以规定,可以有效、快速发挥认证对市场环境的规范作用。纵观西方发达国家的发展历程,强制性认证制度在发展初期都得到了法律的支持,才得以广泛推广。当前,针对质量安全风险较高的特殊产品实施强制性认证制度已是国际惯例。

(3) 合格评定资源。合格评定资源主要涉及保障认证竞争优势的内、外部资源,包括人力资源、物力资源等。其中,人力资源主要指已经在行业、机构或国际权威领域任职并发挥作用的人才,如 3C 认证机构从业人员、RoHS 认证机构的从业人员、汽车检验检测机构从业人员等。物力资源主要指合格评定的基础设施,包括认证机构、检验检测机构等。资源供给的水平和便利程度将是考核合格评定实现其职责的主要指标。由于技术、资金、权威性、用户需求等因素的影响,这些资源的供给有可能不是来自国内机构,而是来自国外机构。

1.3　NQI 的国际发展态势

国际质量管理大师朱兰有一句著名的话:"21 世纪是质量的世纪,质量将成为和平占有市场最有效的武器,成为社会发展的强大驱动力。"NQI 是质量发展的基石,它使得生产经营服务有依据、可测量,保证产品质量安全,保护消费者利益,促进国际互认和对外贸易,为国民经济和社会发展提供支撑保障。目前,世界各国在这些领域的较量日趋激烈。质量之争,很大程度表现为质量基础设施的水平和效能之争。

1.3.1 新一轮科技革命和产业变革正在加速 NQI 变革

当前，新一轮科技革命和产业变革正在重构全球创新版图、重塑全球经济格局，突出表现为全球价值链的结构性变化与重构，深刻改变了制造业的生产方式，质量管理范式的深刻变化、质量管理要点的根本调整、质量管理技术方法同步创新所衍生的关键技术正在引发 NQI 关键要素发展进行技术变革。在计量领域，2018 年 11 月 16 日，国际计量单位制被修订，正式更新四项基本计量单位，计量技术体系面临历史性变革。世界测量技术规则将会重构，需要以更快的速度实现计量科学技术升级换代。在标准领域，数字化、网络化、智能化、量子化引发制造业的深刻变化，需要超前标准化支撑，带来标准理念和实践的重大变革。在检验检测领域，随着深空、深海、深陆、航空、航天、电磁、网络等新一代装备的研发、新型医药与生物制品的研制、AI 机器人及智能制造的深度发展，合格评定尤其是检验检测技术需要加快升级，如极限检测、在线快速检测、便携无损检测、重大装备可重用检测、有害物质的高效检测、远距离精确检测、超远、超净、超纯检测等。

1.3.2 区域组织或地区正在加快统筹推进 NQI 一体化建设

NQI 一体化是指计量、标准、认可和合格评定要素的协调发展，通过要素一体化提高 NQI 整体效能。欧共体在成立之初就面临着 NQI 一体化改革的难题，各成员国有各自一套 NQI 体系，同时各国的 NQI 体系还不十分完善。为了建立统一市场，促进各国之间的贸易，欧盟以标准和合格评定为抓手，以"欧盟指令"＋"协调标准"＋"自愿性标准"为依据，开展 NQI 一体化改革。欧盟指令对欧盟各成员均具有约束力，它要求各成员采取一切必要措施，确保投放市场或交付使用的产品不危及人身安全和健康，不违背欧盟指令所涵盖的其他目的。对从欧盟以外国家进口的产品，在欧盟指令中同样有严格的规定：如果欧盟成员国以外国家的制造商欲将其产品投放到欧盟市场或在欧盟市场交付使用，则该制造商应与进口成员国制造商的责任相同，即按照所有可采用的欧盟指令设计和制造产品，并履行相应的合格评定程序。

区域组织正在加快统筹推进 NQI 一体化建设。例如，2013 年非洲共同体成立泛非质量基础设施，旨在促进非洲认可合作组织、非洲区域计量组织、非洲电子技术标准化委员会和非洲标准化组织通过签署谅解备忘录，商讨非洲 NQI 发展的重大战略。又如，2014 年美洲国家发起成立美洲质量基础设施委员会，旨在促进三个主要区域组织［泛美标准技术委员会、美洲计量系统、美洲认证合作］和利益相关方之间的协调与联系，以商定进一步发展和改进美洲 NQI 的长期战略。再如，2018 年国际标准化组织等 NQI 相关的 12 个国际组织在瑞士日内瓦召开会议，成立国际 NQI 网络（INetQI）。

1.3.3　开展 NQI 一站式服务逐步成为国际通行做法

NQI 一站式服务已经广泛成为国际实施普惠性质量政策对接高标准国际经贸规则的重要载体，是区域贸易竞争的重要手段。在发达国家数百年工业化进程中，NQI 服务模式逐步演变。当前，国外关于 NQI 一站式服务的实践主要有三种形态：一是以收集和提供 NQI 信息为主的综合信息服务平台，如 2013 年纽约州推出"Fuzehub"门户网站，汇集标准、检测、认证等 NQI 相关信息、技术资源，面向中小企业提供专业信息、技术、设备设施等服务，同时帮助寻找当地供应商、安保工程、产品原型设计等服务以及帮助申请相关地区经济发展项目的援助；二是以提供 NQI 技术咨询和培训为主的一体化项目实践，如国外检验检测行业巨头瑞士通标公司（SGS），已经开始"横向"发展，将标准、计量、检定、质量诊断、质量培训等有机整合，为企业提供综合性解决方案；三是以区域组织相互衔接和配合为主的 NQI 网络化形态，如 2018 年国际标准化组织（ISO）等 NQI 相关的 12 个国际组织在瑞士日内瓦召开会议，成立国际 NQI 网络（INetQI），形成了国际层面的"一站式"NQI 服务机制。

发达国家的实践经验表明：从国家战略的层面突出强调了 NQI "硬件设施"和"软件要素"的整体融合和协同发展，共同发挥支撑聚合效应，通过提升 NQI 水平来提高劳动生产率，以满足参与国际贸易和国际竞争的需求；同时，政府相对稳定的专项资金投入，有效推动了政府和私人部门等其他主体资金投入的积极性，为企业提供广泛的技术服务，带动企业提高市场竞争力。

1.3.4　以标准为抓手推进新兴产业 NQI 技术体系的构建

NQI 是产业的技术基础，一个国家产业的蓬勃发展和具有国际竞争力离不开强有力的 NQI 的支撑。当前，世界主要发达国家高度重视抢占新兴产业的制高点，希望通过垄断标准和合格评定规则制定权，把发展中国家锁定在产业价值链的低端环节，成为"外包车间和仓库"。一些国家不惜动用外交、政治、经济和援助等手段，扶持和推进本国标准成为国际标准或事实上的国际标准，主导和影响产业及技术发展。

美、欧、日等发达国家和地区是传统产业的发源地，同时也掌握了众多新兴产业领域的国际话语权。研究发现，这些国家和地区国际领先的经济实力和产业能力都有强大的 NQI 作为支撑。同步规划产业技术基础，能够提高大批量生产成品质量，降低端到端的价值链成本，缩短新产品的上市时间。美国发展先进制造业非常重视产业技术基础，通常以标准为抓手，推进新兴产业 NQI 技术体系的构建。以增材制造为例，2009 年，美国材料与试验协会（American Society for Testing Materials，ASTM）专门组建 F42 委员会，成为全球第一个增材制造标准工作组织，围绕增材制造专用材料和相关检测方法，制定和发布标准 24 项，在研标准达到 53 项，其主要目标是制定增材制造材料、产品、系统和服务等领域的特性和性能标准、试验方法和程序标准，促进增材制造技术推广与产业发展。该委员会由来自 20 多个国家的超过 400 多个技术专家组成，其工作是与具有相互或相关利益的其他 ASTM 技术委员会及国家和国际组织协调进行的。2012 年，ASTM F42 发布了 F2792 - 12a 增材制造术语标准，并于 2015 年与 ISO 合作对该标准进行了修订，发布了第一份 ISO/ASTM 联合标准，对增材制造技术推广及产业发展中的术语与定义进行了规范。另外，ASTM 还启动了增材制造卓越中心计划，与美国奥本大学、美国 EWI 实验室、英国制造技术中心、美国国家航空航天局等机构建立了合作关系，利用相关实验室支撑标准的研究工作，提升标准质量的同时，为大量试验方法标准的"可用性"提供了保障。并且，美国保险商试验所（Underwrites Laboratories，UL）等组织，也面向认证，开展了相关标准研制工作，制定了针对增材制造专用材料有毒有害物质挥发的技术标准，ASTM F42 还组建了环境、健康、安全分委会，其制定的标准都是将来开展认证的重要领域。

又如，2016年4月，德国成立"工业4.0标准化理事会"制定了标准化战略，推进德国工业（重点在新兴产业）标准建设，以达到引领全球工业发展的目标。例如，在数字化产品领域，德国提出完善工业4.0数字化产品的相关标准，以标准为抓手，同时推进相应的计量检测设备升级、检验方法更新，并开展相应的认证工作。2016年8月，西门子推出的自动化和驱动产品，获得七家德国网站的TüV-SUD认证，成为第一家获得认证的企业。

1.3.5 NQI建设与发展越来越离不开政府强有力的支持

政府在支持国家NQI建设和运行中发挥着重要的作用，离开了政府支持，任何国家都无法建立起运行良好的NQI。在大部分国家，计量、认可和标准化机构都属于国家控制的机构。在少数国家，这些机构属于基金会或非营利性机构，但政府从法律上正式承认其垄断地位或是协作职能。之所以世界各国政府对NQI进行公共干预，原因在于以下几个方面。

第一，NQI离不开政府的支持。在所有国家，离开了政府的支持，NQI不可能得到发展。政府干预NQI的理由有三个方面：一是质量升级具有外部性，NQI的某些功能可视为公共产品，不具排他性；二是政府需要对NQI发挥监管职能；三是NQI是国际贸易政策的重要内容。

第二，政府可通过支持质量升级来增强经济竞争力。一方面，多元化是经济和社会发展的必然要求。新产品种类的增加、采购商驱动的全球价值链提升都是多元化的具体表现，都需要NQI作保障。另一方面，质量升级需要教育、技术设施投资、降低外国直接投资和贸易壁垒、改善监管体制等，而这些离不开政府的支持。

第三，中小型企业在产品、工艺或服务升级过程中面临金融、知识和技能的障碍。中小企业人员素质差、技能型人才缺乏、创新能力低、质量管理水平不高等制约了质量提升；购置检测装备、校准仪器设备、质量培训、购买标准等质量升级行动，需要大量资金投入，这些都离不开政府的政策支持。

第四，市场机制不完善要求政府制定和推广标准从而提高行业竞争力。标准涉及多个利益方，可用以降低交易成本，取得规模效益，有助于技术和市场信息传播。如果把标准化工作完全交由市场来开展，有可能造成标准供应过多或不足、过高或过低，将会对经济产生消极影响。此时，政府的作用就体现在制定自愿性标准的公益性上，政府可以协调相关利益方，最终达成一致。同时，政府也可在标准化工作中扮演催化剂的作用，通过法律或经济手段来支持标准化机构的建立，还可提高管理效率，增强利害关系方之间的协作。

第五，计量是一种需要政府投资的公共产品。在大部分国家，政府为国家科技和法定计量基础设施提供支持，部分国家还为行业计量提供支持。这表现为政府承认国家计量研究院在经济中的法律地位，通过签署国际公约来提供外交支持，以及为维持国际公认的计量设施固定成本和运营成本提供资金等。几十年来，各国普遍认为，市场失灵容易导致私营行业在计量研发和知识推广方面投资不足，国家应支持国家标准研究院开展标准制定、仪器开发、校准、咨询等服务，这成为计量作为公共融资政策的理论依据。

第六，认可可视为公共产品。这是因为认可有利于建立合格评定和校准机构的可靠市场，进而使企业参与质量竞争。政府可出台法律政策确立国家认可机构定位和职能，也可向国家认可机构提供资金支持。国家支持认可工作的重要原因是建立认可体系需要较高的固定成本和学习成本。大部分国家市场规模太小，无法吸引私营行业投资于认可工作。特别是在最初客户数量较少的情况下，国家认可体系无法靠自身发展壮大。在很多国家，政府在认可体系初创时期提供资金支持，但是国家认可机构从中长期来看应自负盈亏。除了拥有庞大市场的国家（如美国）外，认可很少是自负盈亏的，通常需要政府的资金支持。

1.4　NQI 在中国

1.4.1　取得的进步

党中央、国务院历来高度重视质量工作。中华人民共和国成立特别是改革开放以来，在国家层面上制定实施了一系列政策措施来加强技术基础建设，明确了 NQI 的基本要求、发展方向和改革重点。仿照苏联模式，中华人民共和国成立初期在中央财政经济委员会下成立中央技术管理局，负责管理工业生产所必需的计量和标准。1955年，成立中国国家计量局，拉开了我国现代计量工作的序幕。1957年，设立国家技术委员会标准局，同年重新加入国际电工委员会(IEC)，开始了标准领域的国际交流合作。1988年，国家计量局、国家标准局、国家经委质量局合并，组建国家技术监督局，初步形成了计量、标准化、质量三位一体的行政管理体制。1998年，国家质量技术监督局成立，计量、标准、质量管理合为一体。2001年，国家质量技术监督局与国家出入境检验检疫局合并，组建国家质量监督检验检疫总局(以下简称"国家质检总局")，成立国家认证认可监督管理委员会和国家标准化管理委员会，由国家质检总局统一进行管理。国务院授权国家质检总局统一管理计量、标准、认证认可、检验检测，有关行政主管部门分工管理本部门、本行业的相关质量基础设施，省级人民政府质量技术监督部门统一管理本行政区域的标准、计量和检验检测。中国计量科学研究院、中国标准化研究院和中国检验检疫科学研究院作为国家层面质量基础设施的技术机构，省、市、县三级计量院(所)、标准院(所)、检测院(所)作为地区层面质量基础设施的技术机构。从总体上看，我国的质量基础设施由政府统一集中管理，这种行政管理体制基本适应经济社会发展的要求，有力保障了改革开放和社会主义现代化建设事业的发展。2018年，国家推行新一轮体制机制改革，组建国家市场监管总局，NQI相关机构及管理职能整体进入新组建的国家市场监管总局，省、市、县级NQI相关机构及管理职能也相应归地方各级市场监管局管理。

近些年来，《中共中央 国务院关于深化体制机制改革加快实施创新驱动发展战略的若干意见》《"十三五"国家科技创新规划》《国家中长期科学和技术发展规划纲要(2006—2020年)》《国家创新驱动发展战略纲要》《推动共建"一带一路"的愿景与行动》等一系列文件，都明确提出要进一步加快NQI发展。各地方政府也纷纷制定质量、计量、标准发展规划或指导意见，明确提出加强NQI建设，提升标准化建设水平，NQI在促进区域经济提质增效升级、提升政府治理能力、推进高水平对外开放等方面的作用受到越来越广泛的关注。党的十八大以来，我国NQI核心能力不断提升。具体来看，计量的基础作用进一步强化，我国成为国际上少数具有独立完整时间频率计量体系的国家；标准的规则作用进一步突出，主导制定国际标准数量不断增加，参与国际标准化活动能力大幅提升；认可及合格评定的桥梁作用进一步增强，合格评定服务业与现代产业体系深度融合，对经济社会的辐射带动作用日益显现，在国际认证认可标准、规则制定和互认体系建设进程中发挥着越来越积极的作用。

1.4.2 存在的不足

客观地讲，我国仍处于工业化进程中，处于社会主义初级阶段。与先进国家相比，我国 NQI 能力水平仍然还存在较大的差距，尤其是 NQI 建设与产业发展不匹配，与工业高质量发展不匹配的问题依然十分突出。

1. 在计量方面

第一，传统工业领域，计量滞后于产业发展需求。我国传统工业以劳动密集型为主，资源消耗高，自动化程度低，工业计量水平与发达国家相比差距较大，多停留在简单的计量器具检定和校准层面，未能深入生产过程、生产工艺、产品质量等全过程控制中。随着产业转型和升级发展，原来单一式、固定式或分立式计量器具，已难以适应系统化、集约化生产控制和管理的需要。原有测量系统多无法反映动态情况，生产关键控制点的测量信息滞后，大多不具备在线实时测量能力。

第二，新兴产业领域，计量能力受制于国外。西方国家对我国高技术出口限制除装备外，主要集中在测量技术和实验数据方面。目前，我国战略性新兴产业，从国外引进的关键测量仪器设备比例高达 90%，设备的量值溯源几乎完全被国外垄断。集成电路、生物医药等高技术产业对国外测量与校准技术的依存度很高，自主能力缺乏。我国正在研发的商用大飞机、航电系统几乎全部依赖国外，甚至连仪器进口验收、事故及故障诊断能力都不具备。我国超精密测量传感器等关键器件的研发和技术能力也远远跟不上新兴产业发展的步伐。

2. 在标准方面

第一，标准话语权虽有所改善，但国际地位仍不高。在国际标准化组织（ISO）、国家电工委员会（IEC）技术工作层面，我国承担其技术机构（技术委员会、分委员会）主席、副主席 70 个（ISO 中 58 个、IEC 中 12 个），承担秘书处 87 个(ISO 中 78 个、IEC 中 9 个)。截至 2018 年年底，ISO、IEC 共有技术机构 960 个(ISO 中 753 个、IEC 中 207 个)，我国担任主席占 7.29%，我国承担秘书处占 9.06%。截至 2018 年年底，ISO、IEC 共发布国际标准 30 192 项(ISO 中 22 467 项、IEC 中 7 725 项)，我国主导制定的国际标准仅 583 项，占 1.93%。实质性参与国际标准化活动的能力和水平不高，新兴产业领域的技术规则制定权几乎全部由西方国家掌控，这与我国经济地位极不相称。

第二，主导产业核心技术缺失，丧失标准制定权。以集成电路标准为例，国内集成电路标准存在的问题主要包括以下内容。一是标准体系整体创新能力不足，以转化国际标准为主。由于国内半导体产业较国外先进国家发展较晚，目前国内集成电路标准以转化为主，且主要集中在产品标准上。二是现有的测试方法等基础标准不能满足需求。由于集成电路结构和功能越来越复杂，现有的测试方法和测试技术都亟待研究。三是设计、工艺、接口定义等方面的标准缺失。由于国内的设计能力较为分散，很多技术来源于国外，关键的设计工具和制造设备多为国外进口，导致国内较难开展设计、工艺方面的标准化工作，国内市场也大多习惯直接采用国外协会的标准，如固态技术协会（Joint Electron Device Engineering Council，JEDEC），其标准主要集中在设计规则、工艺控制、接口定义等方面，如同步动态随机存储器 3 代、4 代（DDR3、DDR4）的接口定义标准等。

3. 在合格评定方面

第一，我国检验检测体系总体上呈现"小散弱"的基本面貌，核心技术依然受制于国外。截至 2018 年年底，我国 96.3% 的检验检测机构属于"小微型企业"（每个企业就业人数少于 100 人），年均营业收入中位值仅为 141 万元，76.94% 的检验检测机构仅在本省内活动，能在境外开展检验检测活动的机构仅 273 家，且尚无一家国际知名的检验检测品牌。世界排名前 20 位的检验检测机构中，尚无一家中国检验检测机构，中国检验检测的国际影响力非常薄弱。

第二，国际广泛应用的认证多由发达国家主导产生。目前，还没有一项国际通行的认证认可标准或认证认可制度是由中国率先提出，在国际新认证制度建设和引领方面能力不足。例如，我国机车车辆行业主要进行的是中铁铁路产品 CRCC 认证，在国际上权威性不高。中国高铁产品"走出去"，往往还要取得国际铁路行业 IRIS 标准认证、欧盟铁路 TSI 认证、俄罗斯强制认证证书 GOST 认证、北美铁路市场的 AAR 认证等，技术成本、时间成本都很高。

1.4.3 问题的成因

1. NQI 建设滞后于产业发展

以标准为例，我国的政府标准，包括国家标准、行业标准，由于历史的原因，在体制和管理上多沿袭计划经济模式。国家除了制定与国际标准相对应的方法、术语和安全等标准外，还承揽了本该属于市场化的行业组织或企业的工作，制定了大量涉及具体产品性能的标准，很难满足技术和市场的快速变化与发展的需要。例如，目前我国大部分产品标准是符合性标准，标准滞后于产业发展，门槛较低，随着现代化设备和制造工艺的提升，市面上大部分产品能满足质量标准，但是却不能够很好地满足消费者和用户的需要。

2. NQI 支撑战略性新兴产业发展的能力不足

NQI 是产业的技术基础，一个国家产业的蓬勃发展和具有国际竞争力离不开强有力的 NQI 的支撑。美、欧、日等发达国家和地区是传统产业的发源地，同时也掌握了众多新兴产业领域的国际话语权。如在无线局域网安全国际标准的建设过程中，美国在技术方案尚不成熟的情况下就提出国际标准提案，同时不择手段阻挠我国率先提出的无线局域网鉴别和保密基础结构 (WLAN Authentication and Privacy Infrastructure，WAPI) 提案成为国际标准。

3. NQI 各要素之间缺乏有效协调，一体化服务能力薄弱

在产业发展过程中，NQI 各要素之间是紧密相连的。计量是质量的内在量化，标准是质量的外在规定，计量是标准制定的技术基础，标准需要借助认证认可和检验检测获得信任。美国国家标准与技术研究院（National Institute of Standards and Technology，NIST）既是国家计量机构，也承担着政府标准研制任务；德国 PTB 是德国的国家计量院，同时也与德国标准化协会（Deutsches Institut für Normung，DIN）保持密切合作关系，以便为国家标准的制定提供测量技术支撑。美、欧、日等发达国家和地区的 NQI 治理模式源于工业革命，并始终与产业发展保持密切互动，计量、标准、检验检测、认证认可等 NQI 要素能够有效协调，一体化地服务于产业发展和质量提升。由于受行政管理体制"条块化"影响，我国计量、标准、检验检测、认证认可等 NQI 各要素形成了条块分割、独立发展的局面，相关管理机构和技术机构缺乏沟通与协作，严重限制了 NQI 的协同效应和一体化的服务能力。

4. 支撑 NQI 建设与发展的制度体系不完善

经过一两百年的发展历史，美、欧、日等发达国家和地区通过立法和行政合同等不同形式不断完善 NQI 治理制度，为 NQI 能力建设与发展提供了完善的制度保障。在我国，计量、标准和质量等方面的法律制度主要建立于 20 世纪 80 年代，NQI 方面的很多法律制度和管理方式还具有浓厚的计划经济色彩，已严重不适应社会主义市场经济和新时代发展要求。近些年来，我国在计量、标准、检验检测、认证认可等方面出台了一系列相关政策，试图为 NQI 发展提供政策指引。但是这些政策多是短期的和部门化的，难以为 NQI 建设与发展提供整体性的制度安排。

1.4.4　我国加快 NQI 共性技术研究

我国政府十分重视 NQI 研发，《国家中长期科学和技术发展规划纲要（2006—2020 年）》明确提出"研究制定高精确度和高稳定性的计量基标准和标准物质体系，以及重点领域的技术标准，完善检测实验室体系、认证认可体系及技术性贸易措施体系"。《中共中央 国务院关于开展质量提升行动的指导意见》（中发〔2017〕24 号文件）是中华人民共和国成立以来以中共中央、国务院名义下发的第一个有关质量发展的文件，强调了要充分释放 NQI 效能。2014 年 1 月，中国工程院启动了《工业强基战略研究》项目，在项目中设立了包括产业质量基础战略研究在内的 5 个课题，首次将产业质量技术基础（即本书所指"质量基础设施"）列入了"四基"内容。2014 年 4 月，原国家质检总局设立国家质量基础设施研究项目，研究国家质量基础的内涵和作用机理、我国 NQI 现状及国内外比对、NQI 的运行机制、实证研究以及 NQI 建设的对策建议等。2016 年起，实施国家重点研发计划"国家质量基础的共性技术研究与应用"。为此，中央财政投资 17.83 亿元，分 3 年实施。该重点研发计划分为 5 个板块，11 个任务，160 多个项目，涵盖了经济社会发展的主要领域。

第 2 章　研究与进展

自 NQI 概念提出以来，各大国际组织和发达国家纷纷开展了 NQI 的研究探索工作，主要集中在基础研究、量化研究、应用实践以及对经济影响的评估等领域。应用实践主要是推广、提供基金，帮助发展中国家提升 NQI 能力；帮助发展中国家以立法、战略规划等形式将 NQI 上升到国家战略层面，并制定质量政策和目标；帮助发展中国家建立计量、标准、认证认可机构，建立运行机制，全面推行 NQI 全要素在环境、农产品、药物、能源等领域提升 NQI 能力，引导企业提高质量基础能力。

2.1　基础理论研究进展

2.1.1　NQI 概念与模型的演进

NQI 中很多因素相互交织，很多问题牵一发而动全身。作为一个复杂系统，NQI 具有典型系统的基本特征。在理论模型方面，WB(2007)、PTB(2014)、UNIDO(2015)、BIPM(2016)、中国的相关研究机构(2016)以及 ISO(2017)均提出了构想。

WB 最早提出了 NQI 要素模型，如图 2.1 所示。模型指出，NQI 由国家标准主体、国家计量协会、国家认可主体、认证主体、检测主体、测试实验室以及认证实验室构成，标准、计量和认可作为底层要素协同推动合格评定，形成复杂系统向企业输出检测检验、认证报告等价值产物。WB 模型的突出贡献在于率先提出了一国(地区)内 NQI 技术机构运行的关联关系以及对政府、消费者和公共大众的基本功效。

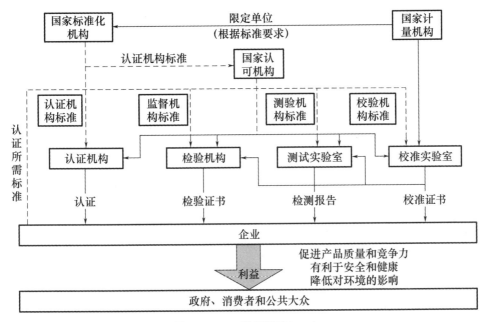

图 2.1 NQI 要素模型（WB）

德国 PTB 提出了 NQI 支撑产业发展模型，将国际化组织的作用纳入模型，如图 2.2 所示。模型对 NQI 支撑产业发展进行表述：从内部运转来看，

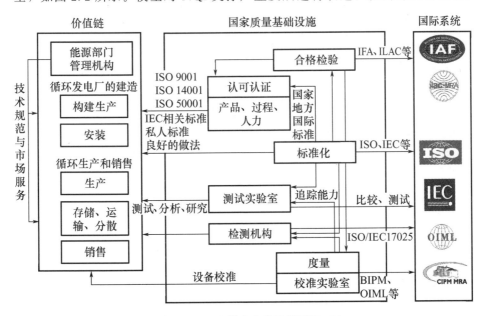

图 2.2 NQI 支撑产业发展模型（PTB）

NQI 内部各要素产生连接，形成复杂动态变化的网络，最终向外界输出服务；从外界作用来看，NQI 作为"中间人"，将国内产业与 IAF、IEC、ISO 等国际化组织连接起来，向产业提供检验检测、认证、标准化以及校准等服务，从而产生价值。PTB 模型的主要贡献在于将一国 NQI 与本国产业、国际 NQI 系统放在一个模型中分析，描述其关联关系，对后续 NQI 的研究开拓了边界，拓展了应用范围。

在 NQI 的要素模型方面，PTB 的研究成果如图 2.3 所示。模型认为，NQI 的主要支柱有国家计量机构、国家标准机构和国家合格鉴定机构，三类机构的协调支撑了 NQI 的良好运行。

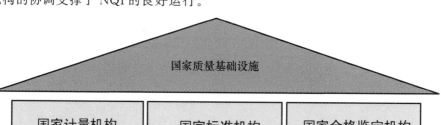

图 2.3　NQI 要素模型(PTB)

UNIDO 对 WB 的模型进行了改进，主要区别在于它认为 NQI 中的计量、标准和认可应该是公共属性，而校准、测试、检测和认证既可以是公共服务，也可以是私人服务，如图 2.4 所示。

在 NQI 的作用方面，UNIDO 提出的模型广泛被世界各国所接受，如图 2.5 所示。"五个环"比较鲜明地说明 NQI 在每个环节的不同作用：政府需要综合施策，制定基本的制度和质量政策，然后进行公共干预提供 NQI 一体化供给服务，NQI 在市场主导下进行一体化发展服务于市场主体（企业和机构），最后保障消费者的期望和权利。

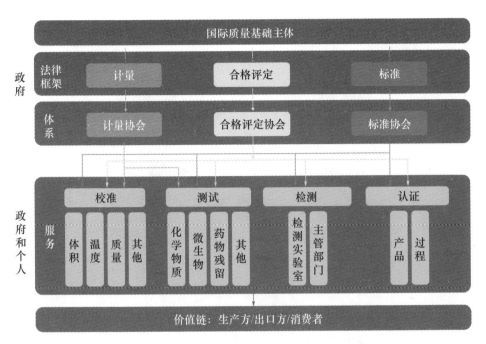

图 2.4　NQI 要素模型（UNIDO 对 WB 改进）

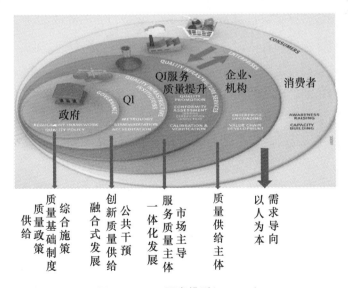

图 2.5　NQI 要素模型（UNIDO）

BIPM 提出了全球视角下的 NQI 作用模型,如图 2.6 所示。模型中以 BIPM、ILAC、ISO、IAF 等国际 NQI 组织作为核心,为国家与国家之间的贸易提供便利和服务。

图 2.6 全球视角下的 NQI 作用模型(BIPM)

原国家质检总局(现国家市场监管总局)在国际国内研究现状的基础上,结合我国实际管理国情对 NQI 模型进行了简化,如图 2.7 所示。模型指出计量是控制质量的基础,标准是引领质量提升的依据,合格评定是建立质量信任的手段,三者形成完整的技术链条,相互作用、相互促进,共同支撑质量的发展。模型指出计量是标准和合格评定的基准;标准是合格评定的依据,是体现计量价值的载体;合格评定是推动计量溯源水平提升和标准实施的重要手段。简单地说,计量解决准确测量的问题,质量中的量值要求由标准统一规范,标准执行得如何通过合格评定来判定。

2017 年 6 月 28 日,NQI 相关的国际组织 BIPM、IAF、ILAC、ISO、IEC、ITU、ITC、OIML、UNIDO 等在奥地利维也纳召开了 DCMAS 会议,对 NQI 的定义达成一致。最新的定义如下:NQI 是一个由公共机构和私人机构组成的体系,以及支持和加强货物、服务和流程的质量、安全和健康环境所需的政策、法律、监管框架和实践,它依赖于计量、标准化、认可、合格评定和市场监督。如图 2.8 所示。

图 2.7 我国提出的 NQI 机理模型

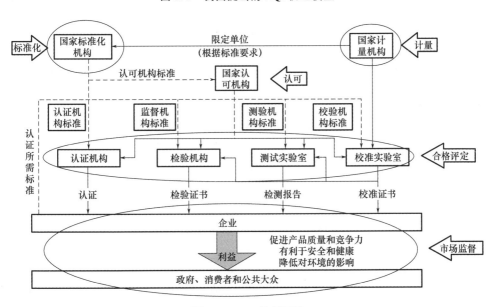

图 2.8 NQI 的新要素

中国航空综合技术研究所（2020）提出的理论模型是基于 NQI 概念演进认识规律的基础上提出的。从集成协同（要素协同）到体系框架（纳入市场要素）再到生态系统（质量生态），模型体现了这一认识的变化，如图 2.9 所示。

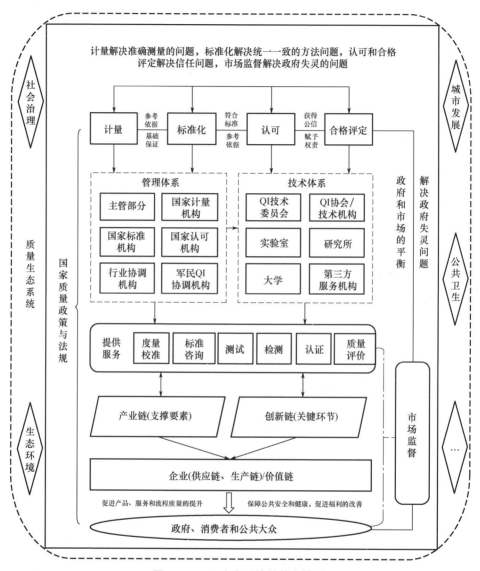

图 2.9 NQI 生态系统的基本模型

这些研究从内涵和模型等方面对 NQI 开展了有益的探索，但由于研究对象的经济规模、管理机制以及发展环境的差异性，以及研究视角的宏观和中观的差异性，各个研究机构对于 NQI 的认知还存在部分差异，NQI 支撑和促进经济发展和技术进步的宏微观机理和理论模型仍需进一步厘清。

总的来说，作为 2002 年诞生的一个技术概念，NQI 的内涵尚未完全固化，学术界及一些国际组织仍在不断拓展 NQI 概念的内涵和外延。本书认为，NQI 本质上是一个综合性体系，包含着国家、区域、产业及企业不同层面的标准、计量、认可和合格评定等要素。

2.1.2 NQI 与经济的关系

NQI 是在全国范围内提高产品和服务质量的催化剂，它能通过帮助本国工业满足出口市场的要求提高国家经济的竞争力，增强国家参与全球贸易和价值链的能力（UNIDO，2014）。同时，它还能通过采用质量管理体系和建立国家认证服务来增加出口，从而提高工业产品对总 GDP 的贡献，这也是国家产业政策的主要目标之一。从长远来看，一个有效的 NQI 甚至可以帮助减贫（Kellermann and Keller，2015）。本书认为，NQI 通过两种作用渠道影响经济增长，如图 2.10 所示。

1. 制度特征

NQI 实际上是一项制度安排，是一整套用以保障产品、服务和流程满足预定规范的体系，用于控制、管理、编辑和执行标准以及向社会提供标准的证明的所有制度网络和法律架构，可以向市场提供质量保证（Gonçalves and Peuckert，2011）。NQI 的制度特征有四个功能：①规范性和秩序性功能（技术规范性文件、技术规范要求的证明）；②合理性和合法性分配功能（NQI 主管机构和相关机构）；③导向和激励功能（质量法规体系、市场监管行为）；④保障服务功能（市场执法行为、服务保障平台）。这些功能有利于确保公平的交易（Sanetra and Marban，2007）、弱化信息不对称（Swann，2009；Blind et al.，2018）、减少不确定性和技术性贸易壁垒（Goncalves and Peuckert，2011）、降低市场交易成本（Tippmann C，2013），抑制机会主义、提供合作条件（Lopez-Fresno，2016）、提供激励机制（Goncalves and Peuckert，2011），为经济提供服务。

2. 技术特征

NQI 是以保证提升产品与服务质量安全水平为目标的技术支撑体系，通过计量的基准性、标准的规范性、认证认可的公允性、检验检测的符合性等功能，提升产业核心竞争力，发挥制造业的支撑性作用。NQI 的技术特征有四个功能：

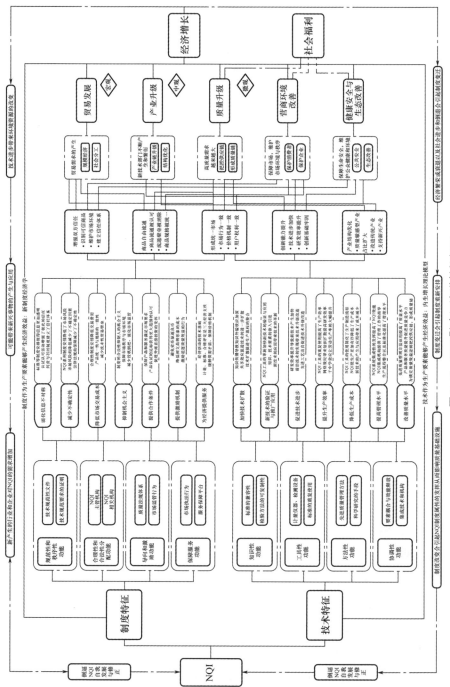

图 2.10 NQI 影响经济增长的机理

①知识性功能(标准的兼容性、检验方法的可复制性);②工具性功能(计量仪器、检测设备、标准的重复使用);③方法性功能(先进质量管理方法、科学研究的手段);④协调性功能(要素耦合与效能释放、集成技术和机构)。这些功能有利于加快技术扩散和新技术的验证与推广应用(Goncalves and Peuckert,2011),促进技术进步进而提升生产效率(Harmes-Liedtke,2010),降低生产成本(CEBR,2012;Ramachala et al.,2013),提高管理水平(Savolainen and Lopez-Fresno,2011;Verdera,2013),改善质量水平。

这两种特征的协同演化增强了贸易双方的信任(识别可信商品、维护市场环境、建立信任体系),能够促进商品自由流通(商品流通被认可、流通壁垒被消除、商品规格被统一),加快形成统一市场(市场行为一致、价格机制一致、用户权利一致),提升科技创新能力(技术进步加快、研发效率提升、创新基础牢固),优化产业结构(质量敏感型产业占比扩大、改造传统产业、支持新兴产业),进而推动贸易发展→贸易需求的产生,产业升级→新技术部门不断产生和繁衍,质量升级→高质量需求越来越大,商业环境优化→保障市场,维护市场环境与秩序(Tippmann,2013),健康安全与生态改善→保障生命安全,维护公众健康和生态环境(Goncalves and Peuckert,2011;Lopez-Fresno,2016),从而影响宏观经济增长和社会福利提升。

2.1.3　NQI与质量的关系

目前,国内外对于NQI和质量的关系并未达成清晰的共识。按照字面意思,NQI是质量的基础设施。从博弈论的角度来看,社会最基本的问题有两个:第一个是协调(Coordination)问题;第二个是合作(Cooperation)问题。而NQI之所以是质量的基础,是因为NQI能够在质量形成过程中,使各方互相正确地预测对方的行为,从而提供解决协调问题的途径,同时能够为质量形成提供一种合作的基础,并促使合作的达成。其作用机理可以概述为:通过计量解决量的准确性问题,通过标准解决量的统一性和合规性问题,通过认证认可解决活动主体保障能力的公允性问题,通过检验检测解决产品与服务质量安全的符合性问题,进而全面保障产品质量安全,提升产业核心竞争力,促进产业转型升级和经济社会可持续发展。

其中,计量、标准化、认证认可、检验检测是直接对产品质量产生影响的四个作用点，每个直接作用点都有其他要素的间接影响。首先，计量贯穿产品质量保证的全过程。产品质量依赖于材料、工艺、技术和装备的应用和发展水平，而每个产品最终质量如何，则依赖于产品生产过程中每个环节质量的掌控。所有这些掌控，必须依托准确可靠的计量手段和数据才能得到有效保证。计量是保证产品质量的重要手段。其次，标准是产品质量提升的根本依赖。无论从技术、管理、工作等视角，从原材料、零部件、最终产品等所有物料，还是从设计、制造、配送、使用、维护等全生命周期，产品质量的保证都紧密依赖于一系列标准，它直接体现为技术标准对产品的性能指标或特性的要求。最后，认证认可、检验检测是产品质量提升的有效支撑。认证机构以第三方身份，对企业的管理水平、产品的质量及产品附加值持续符合标准、法律法规、技术规范的要求提供证明，能够促使企业提升产品质量和管理。同时，认证认可能促进市场交易顺利进行，创造公平竞争环境，支撑组织（企业）管理和产业质量水平的有效提升。而基础的检验检测技术和实验数据是产业结构调整、优化、升级的重要保证和依据，能够向生产者、消费者、管理者反馈产品质量信息，减少质量信息不对称程度。

在这些具体要素的作用下，NQI 与质量的关系具体体现在以下两个方面。

第一，NQI 是质量水平的根本保障。在微观、中观、宏观市场上，由于专业水平的差距，消费者和生产者对产品的质量信息先天性不对称，并导致"劣币逐良币"现象，构建出充斥着逆向选择的柠檬市场[①]。NQI 作为一种包含计量、标准、认可、合格评定和市场监管的事物，其作用之一就是使用技术和管理手段打破这种信息不对称，消除市场失灵，最终实现消费者溢价购买高质量产品和企业积极提升质量的正向循环。

第二，质量是 NQI 集成应用的综合结果。大量研究指出，NQI 可以通过参与生产制造过程，确保质量和减少浪费、促进工业生产中零件互换，形成制造业分工、量化和评估产品属性、深入参与研究和开发过程，提高创新效果等方式，在经济体中发挥自己的作用。在这些方式下，NQI 实现了支撑高质量产品、保护消费者、促进贸易便利化以及促进创新等结果。以我国国产飞机 C919 的生产为例说明 NQI 与质量的关系，如图 2.11 所示。C919 的最终整装包含了发动机、机翼、起落架、轮胎、尾翼、辅助动力装置等一系列零部

---

① 更多信息可参阅著名经济学家乔治·阿克尔罗夫的《柠檬市场：质量不确定和市场机制》。

件。显然，关键零部件中的"最低"质量决定了 C919 整机的"最高"质量。打个比方，假设发动机的平均故障间隔时间（Mean Time Between Failure，MTBF）是各大关键零部件中最低的，为 1 500 个小时。在不更换零部件的前提下，C919 的 MTBF 也不可能超过 1 500 个小时。此外，受整机场所的组装工艺、技术能力等因素的影响，C919 整机的 MTBF 只会比 1 500 个小时更低。从供应链视角来看，由于 NQI 存在公共部分和私营部分，导致供应链上不同企业享受的 NQI 服务存在差异，并导致零部件产品质量的不均衡，进而影响最终产品的质量。以国内某发动机制造商为例，其在测量、检测设备等 NQI 要素方面投入巨大，以确保整装过程中的综合质量。但由于供应链上游企业缺乏自主投入资金，只能在国家提供的 NQI 公共服务基础上进行有限改善，因此对零配件的质量可靠性和一致性的保障程度不高，产品合格率偏低，并影响了最终产品的质量。据公司统计，其生产的柴油发动机每发生 100 次质量问题，有 85 次以上是因为零部件出现了问题。

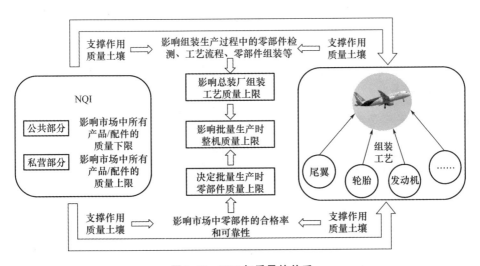

图 2.11　NQI 与质量的关系

NQI 的公共部分和私营部分共同影响了供应链中零部件的综合质量，进而影响到批量生产时最终产品的质量上限。因此，产业质量升级的本质不仅仅是单一企业的质量升级，而应是供应链的质量升级。其中，加大 NQI 公共部分的投入力度，是可行的措施之一。

2.1.4 NQI 与技术进步的关系

技术进步是技术不断发展和完善以及新技术不断代替旧技术的过程。其主要涉及四个方面：一是科学、技术、生产紧密结合，使科学技术、经济、社会协调发展；二是不断采用新技术、新工艺、新设备、新材料，用先进的科学技术改造原有的生产技术和生产手段，设计和制造生产效率更高的新工具和新产品，使整个国民经济技术基础逐步转移到现代化的物质技术基础上来；三是全面提高劳动者的道德素质和文化技术素质，不断开发人的智力，创造人才辈出、人尽其才的良好环境；四是综合运用现代科技成果和手段，提高管理水平，合理组织生产力诸要素，实现国民经济结构和企业生产技术结构合理化。

可以发现，技术进步不仅包括了科学技术研发层面的突破，也包含了先进科学技术在产业中的实际应用，并带来劳动生产率的提升。根据美国国防部的相关研究，那些研发周期长、耗费大、研发过程复杂的新技术要取得成功，产品技术成熟度(Technology Readiness Levels，TRL)[①]和制造能力成熟度(Manufacturing Readiness Levels，MRL)[②]是其中的两个关键要素。本书以此为例说明 NQI 在技术进步中的价值和作用。由此，科学技术从研发到生产，再到销售的整个技术进步过程可以描述为图 2.12 所示的三个阶段。

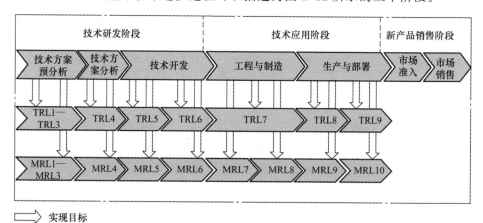

图 2.12 技术进步的三个阶段

---

① TRL 包括 TRL1—TRL9 9 个级别，各级别的任务描述可参看表 2-1。
② MRL 包括 MRL1—MRL10 10 个级别，各级别的任务描述可参看表 2-1。

在技术研发阶段，主要有三个步骤，分别是技术方案预分析、技术方案分析和技术开发。分别要实现 TRL1—TRL6 技术能力的提升和 MRL1—MRL6 制造能力的提升。

在技术应用阶段，主要有两个步骤，分别是工程与制造和生产与部署，分别要实现 TRL7—TRL9 技术能力的提升和 MRL7—MRL10 制造能力的提升。

在新产品销售阶段，主要有两个步骤，分别是市场准入和市场销售。这一阶段不涉及 TRL 和 MRL 相关的能力提升工作。

本章将不同阶段的任务要求进行了进一步的对比，见表 2-1，进而依据任务要求描述来判断 NQI 在该阶段发挥作用的方式和手段。

表 2-1 技术进步的不同阶段对 NQI 的需求

阶 段		任务要求	任 务 描 述	NQI 作用要素	NQI 作用方式
技术研发阶段	技术方案预分析	TRL1	观察到并报道了与该项技术有关的基本原理	无	无
		TRL2	形成了技术概念(或)应用设想	无	无
		TRL3	通过分析和试验的手段进行了概念验证和关键性功能验证	测量(科学部分为主)、检测(可以是内部检测，也可以是第三方)	满足性能判定需求
		MRL1	确定制造基本原理	无	无
		MRL2	确定制造概念	无	无
	技术方案分析	MRL3	开发和验证制造概念		
		TRL4	在实验室环境中对部件或者试验模型进行了验证	测量(科学部分为主)、检测(可以是内部检测，也可以是第三方)	满足性能判定需求
		MRL4	具备在实验室环境下生产技术验证件的能力		
	技术开发	TRL5	在相关环境中对部件或者试验模型进行了验证		
		TRL6	系统、分系统的模型或者原型在相关的环境中进行了演示	无	无
		MRL5	具备在相关生产环境下生产零部件原型的能力	测量(科学部分为主)、检测(可以是内部检测，也可以是第三方)	满足性能检测、实验室生产控制需求
		MRL6	具备在相关生产环境下生产原型系统或子系统的能力		

续表

阶 段		任务要求	任 务 描 述	NQI 作用要素	NQI 作用方式
技术应用阶段	工程与制造	TRL7	在使用环境中进行系统原型演示	测量（工业部分为主）、检测（可以是内部检测，也可以是第三方）	满足性能检测、特殊环境下生产控制需求
		MRL7	具备在典型生产环境下生产系统、子系统或部件的能力	测量（工业部分为主）、检测（可以是内部检测，也可以是第三方）、企业标准	满足性能检测、典型生产环境下生产控制需求
		MRL8	试生产能力通过验证，准备进入小批量生产		
	生产与部署	TRL8	完成实际系统，并完成试验和演示		
		TRL9	通过成功的任务，验证实际系统		
		MRL9	小批量生产通过验证，准备进入大批量生产		
		MRL10	大批量生产通过验证，转向精益生产	测量（工业部分为主）、检测（可以是内部检测，也可以是第三方）、企业标准、认证	满足性能检测、大批量生产控制、质量保障需求
新产品	市场准入	—	—	国家/行业/区域标准、检验检测（第三方机构）、测量（法制部分为主）、技术法规等	满足新产品上市的安全、健康、环保等，以及消费者保护需求
	市场销售	—	—		

可以发现，技术进步的不同阶段对于 NQI 要素的需求存在较大差异。例如，在技术研发阶段，主要是科学计量能力和检验检测能力发挥了支撑作用，主要满足研发机构对于新产品、技术的性能测量和检测需求；在技术应用阶段，主要是企业标准、工业计量能力和检验检测能力发挥支撑作用，主要满足研发机构和生产机构对于新产品、技术的试制、小批量生产的需求；在新产品销售阶段，主要是国家标准、行业标准、区域标准、法制计量能力、第三方机构检验检测能力和技术法规等发挥保障作用，主要满足生产企业将新产品/技术推向市场的安全、健康、环保、消费者保护等需求。

基于这些分析，本文构建了 NQI 作用于技术进步的机理模型，如图 2.13 所示。基于这一机理，可以针对性地补足技术进步不同阶段所需的 NQI 要素，为技术进步提供更大的帮助。

2.1.5 NQI 与产业链的关系

NQI 具有技术传承的功能，是管理的依托，在产业链构成与发展上发挥着不可取代的链接作用，其水平的高低决定着产业链的成熟度。

1. 产业链的形成与升级离不开 NQI 的支撑

NQI 具有技术传承的功能，是管理的依托，在产业链构成与发展上发挥着不可取代的"链接"作用，其水平的高低决定着产业链的成熟度。NQI 本质上是一个综合体系，包含着国家、区域、产业及企业不同层面的要素。从产业链的角度来看，企业对 NQI 服务的需求贯穿始终，反映在研发、采购、生产、市场准入、循环再利用的全链条中。例如，先进的标准能够带动从基础材料、基础元器件到重大装备、关键工艺乃至最终产品整个产业链的质量提高，并为质量改进提供路线图，从而优化产业结构。第三方认证和检验检测能够减少质量信息不对称，促使企业改进产品质量和管理，进而有效改善质量供给，促进消费升级，从需求层面拉动经济增长。

例如，在武器装备领域，在产业上游武器装备研发设计阶段，将客户需求沿质量功能展开，制定产品相关标准，完成设计后，要进行方案验证测试和评估。在产业中游武器装备生产制造阶段，需要进行质量体系认证、制定企业制造工艺标准及安全生产标准，对于生产设备要进行定期的计量校准，

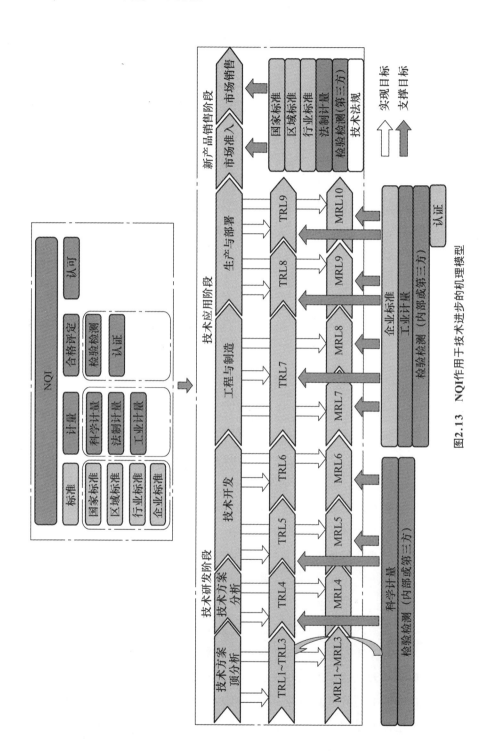

图2.13 NQI作用于技术进步的机理模型

以保证生产精度，对于供应商提供的原材料及零部件，需进行入厂检验；在产品出厂前，要进行出厂检验。在产业下游，当产品满足军方合同及相关标准要求后，交付部队使用，由部队依据相关手册、标准进行维护保障。NQI在武器装备产业链上的功效如图2.14所示。

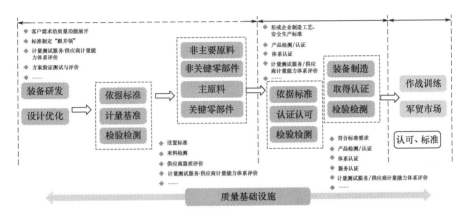

图 2.14　NQI 在武器装备产业链上的功效

2. NQI 是新产品跨越"死亡谷"的关键一环

据美国国家标准与技术研究院（NIST）和英国国家物理实验室（National Physical Laboratory，NPL）的研究指出：新兴产业在走向成熟的过程中会面临新产品市场转化的"死亡谷"，提供 NQI 服务能够有效避免这一现象的发生。原因在于：第一，标准化可以作为创新的催化剂，标准定义了接口、兼容性要求和统一的度量方法，没有精确的测量，就不可能实现对创新产品的检验；第二，关键技术检测方法研究、企业标准编写指导、国际市场准入研究等 NQI 服务的具体内容，可以缩短产品研发周期，加速新产品的开发和上市，为新技术快速产业化、翻越"死亡谷"创造条件，反之则会制约创新成果转化。

目前，这一模式已在深圳开始初步应用，企业将新产品的设计、研发与深圳市计量质量检测研究院提供的 NQI 一站式服务完全结合，打通了从研发设计到进入市场的快速通道，翻越"死亡谷"的可能性大大提高。

3. NQI 决定着产业结构变迁的方向

实际上，看待产业结构问题我们应该有新的观察视角。过去往往遵循国际学术研究结论,将服务业比重的高低作为产业结构转型的重要标志。目前来看,这一传统认识存在片面性。服务业有两类:一类是生产型服务业;一类是生活型服务业。生产型服务业是建立在工业的基础上,而生活型服务业中的虚拟经济并不能代表经济本身。因此,产业结构转型的真正标志应该是一国质量敏感型产业的占比情况。例如,美国制造业的"产业空心化"只是制造业外围的产业空心化,其质量敏感型产业和高新技术产业绝对没有空心化。反观我国,即便第三产业占比超过了第二产业,真正核心技术产业,也就是"卡脖子"问题依然突出,整体产业链依然处于中低端水平。质量敏感型产业的培育,其关键在于 NQI 的能力建设,只有基础打牢实了,生态环境建设好了,相应的产业才能得到高质量发展。

2.2 量化研究进展

2.2.1 评价量化方面

在 NQI 的评价研究方面,通过文献调研发现,目前国际上还不存在一个权威的衡量世界各国 NQI 综合水平的指标体系。比较相关的指标体系有三个。

一是 UNIDO 发布的贸易标准符合性能力指数,该能力指数指标体系包括标准化、计量、认证、认可、检验、检测、质量管理、技术法规等 10 个分指数 73 项指标。每项指标基本都是从 NQI 的某个角度进行描述的定性问题,这些指标数据的评估只需要回答"是"或"否"即可。指标数据采集形式主要是向发展中国家的质量基础设施机构发放调查问卷。评测结果从"符合性能力最弱"到"符合性能力最强"划分为 5 个级别,反映每个 NQI 能力水平的高低。2010 年,UNIDO 的指数评估范围涉及 28 个国家,包括西非国家经济共同体、东南亚国家联盟以及一些拥有较好符合性基础的发展中国家。2015 年,评估范围扩展到非洲、东亚、南亚和东南亚的 49 个国家。从目前掌握的情况看,UNIDO 编制的能力评估指数体系仅适用于推动欠发达地区建立健全 NQI 体系,如果以其评估中国、美国、日本的 NQI 发展水平,最终得分都为满分,区分度不高。

二是我国原国家质检总局提出的质量基础设施能力指数,该指标体系包括"计量能力""标准化能力""认证认可能力""检验检测能力""质量管理能力"5个一级指标、15个二级指标、34个三级指标和45个基础指标,其初步测算结果被专家认为基本符合我国经济发展态势。

三是德国 PTB 以国家认证认可机构总数、CMCs 条数、ISO 90001 认证证书数量、参加技术委员会数量等指标为主要观测对象,分别开发的基于人均 GDP 和单位 GDP 的世界各国的 NQI 指数,该指标体系对全球53个国家进行了量化评估。研究结果显示,从人均 NQI 指数上看,我国排名第19,而从单位 GDP 的 NQI 指数上看,我国排名第14,领先于其他发展中国家。

2.2.2 影响量化方面

在 NQI 的影响量化研究方面,目前国际学者及研究机构的研究主要集中在定性研究上,定量研究较少并且不完善。根据文献调研,尚未发现权威机构发布的 NQI 影响的量化评估方法。

Ulrich Harmes-Liedtke(2010)分析了 NQI 与发展中国家的创新体系的相关性,最终发现,对于企业而言,NQI 是创新的来源。经济学家认为开展 NQI 建设的必要性源于市场失灵,没有任何监管框架的市场经济,就不会创造必要的信息为消费者提供高质量的产品。Ulrich 提出了 NQI 的差异对发展中国家的竞争优势的影响,并指出要把 NQI 的发展作为一种创新和进化的过程,要根据其规模、经济结构和特点来发展,与国际体系相区别,并与之兼容。

经济合作与发展组织(Organization for Economic Co-operation and Development,OECD)在2015年发布《利用营商环境改革的影响:质量基础设施的贡献》定性分析了 NQI 对商业环境改革的影响,研究了 NQI 与良好治理、贸易、减少贫困、环境管理、性别和价值链的关系,分析了 NQI 在国家层面和区域层面的实践经验,认为其对社会、经济的影响是多方面的。研究指出,加强贸易可以带来经济增长,最终可以减少贫困。首先,贸易鼓励经济体在具有相对成本优势的领域进行专业化生产;其次,贸易扩展了当地生产者的市场,使其能够以更高效的规模生产,并降低成本;再次,贸易促进新技术和新想法的扩散,从而提高本地工人和管理者的生产力;最后,消除进口关税可使消费者获得更便宜的产品,提高其购买力和生活水平,并使生产者获得更便宜的投入,降低其生产成本。而贸易中必不可少的一个重要因素就是供应商通过符合标准和技术规范，使得具有竞争力和安全性的产品获得市场准入。此外，研究还指出，协调标准、互相承认相关合格评定和认证可以降低交易成本，从而增强贸易和福利。

Huseyin Ugur(2017)同乌克兰政府以及 WB 专家合作，提出了评价 NQI 对社会、经济影响的综合评价方法，同时搜集了 15 个欧洲及中亚国家的基础数据进行评估。初步评估发现，NQI 在生产、服务，特别是贸易、健康、安全等方面均发挥重要作用，对国民经济有重要影响。数据测算表明，乌克兰现阶段的 NQI 对 GDP 总量的贡献为 5%，理想状态下这一贡献可能达到 8%。

2.3 应用实践进展

2.3.1 行业 NQI 的实证研究

NQI 对行业发展至关重要，已成为学术界和工业界的共识。在 2005 年 NQI 的概念正式发布之后，行业 NQI 的学术研究也同步开展起来。其中，对于医疗行业的 NQI 研究尤其广泛。其他行业，如教育、农业、制造业、化工、可再生能源等行业也逐步加强了对 NQI 的研究。

在医疗行业，Maxwell(1984)强调了医疗系统的质量管理、认证和规范对病人治愈率和医疗事故发生的影响，并提出改进意见。Casalino(2006)探讨了医生看诊和护理流程、随访和跟踪的技术条件，医疗保险制度、必要的激励条件等优质的医疗质量基础设施，认为良好的质量基础设施能有效提高医疗质量和病人的存活率。美国卫生与公众服务部"国家质量论坛(NQF)"项目制定了卫生保健质量促进联邦战略，战略提出了国家绩效改进目标、提高美国医疗保险质量的措施，包括医疗保健绩效评估方案、医疗质量措施认可流程、认证以及计量实施项目、维持现有 NQF 措施等。Mathews 等人(2017)利用分形方法，建立了学术卫生系统部门管理的质量管理基础设施模型，利用该模型可以实现横向管理以支持部门之间配合和学习，纵向管理以支持医院、董事会、卫生系统等对部门的管理。美国杜克健康系统通过国家质量项目推动整个医疗系统绩效改进，对 70 个医疗点和医院进行全面质量评估，制订了改进计划。该计划针对各个医院的绩效水平，利用数据驱动方法，改进管理制度，使得医院的安全文化、再入院率、患者安全等方面都有明显改善。

在其他一些领域，Evangeline(2010)分析了菲律宾农业 NQI 的行业现状，建立了农业 NQI 模型。德国针对阿富汗电气行业 NQI 进行改善，成立电工委员会，深入 40 多家制造商进行调研，帮助其建立或通过 91 条相关标准、建立电力国家检测实验室，有效解决了其电力行业效能低等问题。南非建立了中小企业 NQI 框架，还建立了中小企业绩效评价模型、NQI 对中小企业影响的线性回归模型。Ruso 等人(2015)通过分析教育领域的 NQI(主要是认可体系)和教育体系，研究了塞尔维亚高等教育认证制度，调查了各高校的专业、认可年份、公立私立高校的竞争力和行政工作满意度，提出了改善其 NQI 的政策建议。Pfeiffer(2016)通过访谈、讨论、研讨会、土壤数据分析等形式研究加纳农业发展现状，尤其是玉米价值链、菠萝价值链中 NQI 的发展现状，帮助加纳政府建立 NQI 体系，促进农业和农村经济发展。PTB(2016)提出可再生能源行业的 NQI 构成，以及关于发展小规模可再生能源企业的指导建议。

综合梳理分析上述研究文献可以发现，制约 NQI 行业研究发展的主要瓶颈是宏观方法与微观实践不匹配的问题。一些 NQI 行业研究基于宏观质量、宏观经济视角，缺乏对行业本身的针对性，且研究结论多为证明 NQI 对某行业是否有促进作用，缺乏更实际、对行业更有帮助的研究成果。而另一些 NQI 行业研究则是基于业务领域，其研究专业性与针对性较强(如医疗行业)，但全局性、延展性和推广性较差。可以预见，随着 NQI 研究的深入，跨学科、跨领域开展研究的趋势将会得到加强，NQI 实际业务与宏观经济、宏观质量的结合将会更为密切。

2.3.2 区域 NQI 项目实践

NQI 建设项目多针对国际区域或发展中国家。其中，UNIDO 和 PTB 实施的国际项目案例较为丰富，世界银行(WB)、瑞典国际发展合作署(SIDA)也参与了一些国家的 NQI 建设项目。UNIDO 还同国际计量局交流了国际协议在计量、认证和标准方面遇到的机遇与挑战，汇总了 UNIDO 在世界各地的实际项目(截至 2011 年)，见表 2-2。

表 2-2 UNIDO 正在开展的区域或国家项目

项目（国家/地区）	认可	计量	测试	认证	美元/欧元	资金捐赠者
西非经济货币联盟	含	含	含	含	阶段一：14.0 百万欧元 阶段二：6.0 百万欧元	欧盟
西非国家经济共同体	含	含	含	含	8.0 百万欧元	欧盟
EAC	含	含	含	含	2.3 百万欧元	挪威（挪威发展合作机构）
南亚区域合作联盟	含	含	含	含	2.5 百万美元	挪威（挪威发展合作机构）
斯里兰卡		含	含	含	3.0 百万美元	挪威（挪威发展合作机构）/UNIDO
阿富汗	含	含	含	含	1.2 百万美元	世界银行
孟加拉国	含	含	含	含	7.5 百万欧元	欧盟
柬埔寨	含	含	含	含	2.5 百万美元/ 0.6 百万美元	挪威（挪威发展合作机构）/奥地利
加纳	含	含	含	含	2.5 百万美元	瑞士（SECO）
老挝	含	含	含	含	2.5 百万美元	挪威（挪威发展合作机构）
黎巴嫩	含	含	含	含	2.0 百万美元	瑞士（SECO）
利比亚	含	含	含	含	0.9 百万美元	联合国开发计划署（ITC）
象牙海岸			含	含	3.0 百万欧元	欧盟
莫桑比克	含	含	含	含	2.2 百万美元	瑞士（SECO）
尼泊尔	含	含	含	—	1.7 百万欧元	欧盟
巴基斯坦	含	含	含	—	5.0 百万欧元	欧盟

续表

项目 (国家/地区)	认可	计量	测试	认证	美元/欧元	资金捐赠者
越南	含	含	含	—	2.5百万美元/ 1.0百万美元	挪威(挪威发展合作机构)/瑞士(SECO)
坦桑尼亚	含	含	含	含	3.0百万美元	瑞士(SECO)

资料来源：表格数据来自 UNIDO 官网。

UNIDO 与欧盟共同设计了巴基斯坦的标准和质量管理方案，并对比了马来西亚、土耳其、越南的 NQI 现状。2017 年，UNIDO 同泛美认可合作组织(Inter-American Accreditation Cooperation，IAAC)发布了美洲 NQI 系统报告，建立了美洲从国家层面到地方区域，从 NQI 机构能力建设到质量法律框架建设、到区域战略的系统性 NQI 建设方案。瑞典国际发展合作署(SIDA)研究了如何开发、维护、实践以及系统的运作国家层面的 NQI，并提供相应的培训和国家区域项目咨询。PTB 在德国政府支持下，与当地政府合作，在巴勒斯坦、东非共同体等地开展 NQI 项目。世界银行(WB)针对乌克兰 NQI 体系做出七步改进：定义期望达到的 NQI 水平→了解 NQI 现状→了解环境现状→了解 NQI 当前和期望水平之间的差距→缩小差距所需的步骤→投资需求和建议→建立影响评估模型。同时，提出国家层面 NQI 发展的三个阶段：遵守国际贸易规则和国际互认→为 NQI 客户创造附加值→为经济和社会创造附加值。通过评估以上三阶段的乌克兰 NQI 发展现状，发现乌克兰 NQI 效率在改进前约为 56%，改进后预计达到 86%。

德国 GIZ(德国国际合作机构)在 2001—2013 年一直支持阿富汗能源方面的 NQI 建设。欧盟与德国的经济合作部提供资金，德国 GIZ、PTB 实施，在对发展中国家埃塞俄比亚 2008 年评估的基础上，在 2012—2015 年投入了 1.17 千万欧元，全面改善提高埃塞俄比亚的 NQI，成效显著，对 60% 的私营企业提供了 NQI 的服务，而 2008 年是 46%。英国也支持发展中国家的 NQI 发展，如与瑞典国家联合对埃及 NQI 支持，帮助埃及在国际实验室认可合作组织(ILAC)和国际认可论坛(IAF)签订正式的多边协议而取得国际认可,并同时与欧洲认可合作组织(European co-operation for Accreditation,EA)建立联系等。我国物理实验室(NPL)还支持阿拉伯联合酋长国的 NQI,帮助该国严格地复制英国完善的国家计量和质量基础模式,借助于英国合作伙伴的支持和培训,阿联酋 NQI 正在快速发展成为计量领域的该区域一个主要权威。同时 NPL 还支持巴西、乌克兰,使他们实现了国际互认。

2.4 分要素研究及经济影响进展

2.4.1 计量及相关问题的研究

从国际看,尚未有国家层面的综合计量水平评估的相关研究,比较相关的是 BIPM 发布的 CMCs(国际校准测量能力)条数,但其反映的仅仅是计量中的校准和测量能力,并不能完全代表一国的综合计量水平。对计量相关的作用、机制、经济影响以及量化评价的研究则丰富而活跃。Barry W. Poulson(1977)从物理科学和具体测量功能的角度,确定了美国所有工业部门进行计量所使用的劳动力和设备成本,研究结果表明,在 1965—1977 年间,测量成本是国民生产总值(Gross National Product,GNP)的 6%。Pasqual A. Don Vito(1984)首次对计量的经济作用进行了全面估算,研究通过调查收集了美国经济各个行业的劳动力测量强度,即承诺用于衡量相关活动的劳动力成本的百分比,发现:计量密集型行业占 20%,占 GNP 的 15%,占计量相关活动总支出的 50%;1984 年的工业总成本估计为 1 630 亿美元,约占销售额的 2%,计量支出的 75%归因于劳动力支出;计量支出最高的行业是公有事业、电信、化工、汽油炼制等行业。根据每个部门的计量相关活动的增加值的汇总,研究指出,与计量有关的活动拉升了 3.5%的 GNP。

英国国家计量体系(1999)对英国贸易和工业部(Department for Trade and Industry,DTI)的计量案例进行了研究。研究发现由于未对汽油输送时的温度进行限定,导致零售商和供应商的计量结果无法达到统一,从而引发纠纷以及市场失灵。通过强制性计量法规弥补这一漏洞后,汽油生产者为遵守新法规而承担的成本达到了 1 500 万英镑,法规执行产生成本达 7 500 万英镑。

但该计量活动预计的每年收益达 9 300 万英镑，因此非常值得政府投入。Bowns S(1999)对英国政府资助的计量基础设施对工业经济的影响进行了衡量，按照"GDP—全要素生产率—知识增长—计量投入(用计量相关专利占专利总数百分比来反映)"的逻辑链条，利用宏观经济影响量化分析的数学模型进行了深度分解和量化评估，发现 GDP 的 20%～25%来自全要素生产率的增长，而整个计量体系对 GDP 产生了 0.8%的影响。Martin 等人(2000)以美国化石含硫量为研究对象，评估了标准物质如何影响化石燃料中硫含量测量的准确性以及这些测量的成本，分析了这些变化如何影响利益相关者的行为，并量化了与这些变化相关的经济利益或损失。研究结果显示，如果化石燃料中硫含量的测量不确定度依然停留在 20 世纪 80 年代中期的水平，标准物质的制作将带来 4.09 亿美元的经济效益，而成本仅为 300 万美元。

Klee GF(2002)研究测量偏差对医疗决策的影响。通过分析超过 2 万名患者的胆固醇测量结果，开发了统计模型，显示+3%的测量误差将产生 5%的假阳性率，这将导致不必要的重新测试或医疗干预。相反，-3%的偏差会产生近 5%的假阴性结果，导致延误治疗或根本没有治疗。许多需要治疗的患者的诊断错误成本很高，甚至可能远高于不需要治疗的患者的成本。BIPM(2003)指出 2001 年美国的医疗保健费用估计每年超过 1 300 亿美元，约占美国国内生产总值(GDP)的 14%。据估计，这些成本的 10%～15%通常与测量有关。Birch(2003)评估加拿大法定计量机构计量活动对贸易的影响，通过建立测量工具花费与经济的关系，发现对于测量工具的检查费用的投资将带来较高幅度的测量误差成本节约，这一比例达到 1∶11.4 左右，对测量精度更高的行业，这一比例上升至 1∶28.7。Paul Temple(2005)发现国家测量基础设施体系的建立对 GDP 的影响长期保持在 6%左右。NIST(2006)建立了测量体系的投入产出比模型，并对全国范围内的相关行业进行了衡量，不同行业的计量投入的社会收益率及收益成本比数据见表 2-3。

Simson(2012)通过对爱沙尼亚的 5 000 家企业的调查，发现 54%的企业认为计量或计量结果的错误影响了产品或服务的销售能力。33%的受访者表示，在不符合规格的情况下，他们不能出售自己的产品；17%的回答者表示，他们应该做 5%～20%的折扣；只有 8%的人表示，他们不需要打折扣销售产品。衡量标准至少影响到爱沙尼亚总收入的 79%。欧洲计量委员会(2012)提

表 2-3　不同行业的计量投入的社会收益率及收益成本比

行业	项目	社会收益率	收益成本比
半导体	抵抗力	181%	37
	导热系数	63%	5
通信	电磁干扰	266%	—
光子	光纤	423%	—
	光谱辐照度	145%	13
	光学检测校准	72%	3
	激光、光纤功率校准	43%~136%	3~11
能源	电表校准	117%	12
电子产品	约瑟夫森电压标准	87%	5
物料	热电偶校准	32%	3
制药	胆固醇	154%	4.5
化学制品	化石燃料中的硫	1 056%	113

供了欧盟计量活动信息的汇编，指出欧盟的计量支出（不包括法定计量和社会支出）是 GDP 的 0.96%，而预计应用效益和知识溢出（不含外部效应和社会效益）就达到了 GDP 的 2.67%，其效益成本比为 2.78。Bruno A(2016)通过构建投入产出模型，对巴西染料市场的计量欺诈损失进行了估计。研究指出，当巴西燃料市场存在 1% 的欺诈装置，而每个欺诈装置偏差 10% 时，经济扭曲的不确定性范围将从 1.04 亿美元增加到 3.53 亿美元，经济损失达 2.49 亿美元。UK 测量战略（2017）指出全球定位系统（Global Positioning System，GPS）依靠高度精确的时间测量，保障全球每天超过 10 万次商业航班正常运行；而在开采石油和天然气的过程中，油田生产所采用的多相流量计技术能够实时测量每个油气生产井的生产情况，优化每口井的生产流程，提高了 17% 的石油产量，这相当于每周约 125 万英镑的收入。

2.4.2　标准及相关问题的研究

标准对于经济的影响量化分析相对较多，众多学者对此展开探索。

Verlag(2000)围绕企业、个体经营者、国家有关部门和标准化专业机构四方面的主要标准化参与单位展开，深入分析了标准化所产生的经济效益。研究结果表明：公司标准对企业有很大的积极作用，因为他们有助于改善流程，工业范围的标准在我们日益全球化的世界中发挥着至关重要的作用。从宏观经济的角度来看，标准有助于技术变革，比专利或许可证对经济增长的贡献更大。

Swann(2000)指出：标准是重要的基础设施，公司可从运用和发展标准中获利。标准可通过增加贸易量、促进进出口和宏观经济增长来提高竞争力。文献还讨论了政府做什么能增加标准化所获得的经济效益这一问题。

Temple et al.(2005)给出了标准对经济增长、生产力和创新的影响结果。结果列在三个单独的报告里。标准为 GDP 增长贡献了 0.25%。大约 13% 的战后英国生产力增长可以归因于标准介入的技术传播、管理实践和其他知识。标准也被证明是促进跨国家和制造领域技术进步的国际技术转移过程和新技术功能的一个重要组成部分。标准能够鼓舞创新，但标准数量过大或更新过于频繁，会降低标准对创新的贡献率。

在 Verlag(2000)的基础上，王超(2006)对德国 DIN 的《调查结果综述》（以下简称《综述》）进行了评价，从企业效益和国民经济效益两个方面概括了《综述》中的调查研究结果。文献运用了两种方法（连续的时间分析法和回归分析方法），研究得出了标准化对经济影响的新结论，这在国际文献中具有重要影响。有关结果可以作为未来标准化工作战略讨论的基础，从而为那些直接或间接受到标准影响的企业提供接触信息的机会，有助于企业明确其未来的标准化策略，并为未来标准化的战略讨论提供长期的动力。

Haimowitz & Warren(2007)回顾了标准化的经济学文献，并实证分析了标准对加拿大劳动生产率的影响，还进行了一系列的采访和两个案例研究。研究方法借鉴了 Emple et al.(2005)和 Blind et al.(2012)的研究成果。

Blind et al.(2008)采集了欧洲 4 国 12 个行业的数据，运用改进的柯布-道格拉斯函数估计，证实在 20 世纪 90 年代，专利和技术标准的存量明显地有助于经济增长。分开每个国家来说，实证结果也与此相似。唯有分行业模型会有显著的差异，标准对投入研发较低的行业贡献更大，而专利对投入研发较高的行业贡献更大。

Miotti et al.(2009)从两个维度研究了标准化的影响。宏观上（柯布-道格拉斯函数),标准化直接促进了法国经济和 GDP 的增长,贡献率分别为 0.89% 和 25%;微观上(逻辑回归),标准化从四个维度对各行业、各公司的微观经济效益产生影响,即生产协作、生产力的提高、市场占有率增加以及与公共研发机构的合作。

Swann(2010)对 Swann(2000)的研究进行了升级,分析了 2000—2010 年标准在经济学四个特定领域的进步,并给出了一个关于标准的指标模型。

Fiona et al.(2011)分析总结了几个国家现有标准的经济效益的一些研究(C-D 生产函数模型),用 CGE 模型分析了新西兰标准对生产力和 GDP 的影响。其测算的结果见表 2-4。

表 2-4 各国测算的结果 单位:%

国家	时间	区间段	标准增长率	劳动生产率增长率	标准的贡献
Germany	1999	1961—1990	12.9	3.0	0.070
UK	2005	1948—2001	5.1	2.1	0.054
Canada	2007	1981—2004	0.7	1.4	0.356
Australia	2007	1962—2004	4.6	NC	0.170
France	2008	1950—2007	6.8	3.0	0.120
New Zealand	2010	1978—2009	4.1	1.0	0.100
New Zealand	2010	1978—2009	4.1	1.0	0.054

Blind et al.(2012)升级扩展了 Verlag(2000)的研究成果,指出标准与经济产出显著正相关。德国统一后,标准对经济增长影响稳定,大约对应 0.7%~0.8% 的 GDP,见表 2-5。

Standard Australia(2013)回顾了其他国家已有研究,运用柯布-道格拉斯函数建立模型 1,发现资本和劳动力存在强相关,进而提出模型 2,去掉变量劳动力进行估计,后来又用了极大似然估计,提出模型 3。综合 3 个模型结果指出:经济增长不仅取决于资本和劳动等传统投入,而且还取决于这些投入

表 2-5　各国标准对经济增长的贡献效益

国家	出版社	时间	GDP 增长率	标准贡献
德国	DIN(2000)	1960—1996	3.3%	0.9%
英国	DTI(2005)	1948—2002	2.5%	0.3%
澳大利亚	SA(2006)	1962—2003	3.6%	0.8%
加拿大	SCC(2007)	1981—2004	2.7%	0.2%
法国	AFNOR(2009)	1950—2007	3.4%	0.8%

被应用于创造有价值的产出的生产力。这种生产力的关键组成部分不仅包括创新的技术知识，还有经济发展中的技术创新扩散。在后者中，标准在世界许多经济体中发挥着核心作用。

CEN(2014)是一份关于创新和标准化的效益的研究报告，报告的主要结论为：标准在创新体系中起着多重的、催化的作用；标准提高研究与创新成果的市场化；标准化活动对参与组织有许多好处；改善创新与标准化体系之间的联系有障碍；提高新知识在标准化中的流动性需要更多的联系和积极性；标准化专家在研究和创新活动中的贡献是一个新的知识的重要联系途径等。

Oliver et al.(2015)量化了标准对英国经济的宏观影响(柯布-道格拉斯函数)，微观上，研究了标准是如何影响英国的财政与出口以及如何影响英国的工业供给链，提出了参与标准发展的价值。

2.4.3　认可、合格评定及相关问题的研究

国际上认可、合格评定及相关问题的研究主要集中在其作用、机制、经济影响以及量化评价方面。随着认可、合格评定的全球化发展，相关学术研究蓬勃兴起，认可、合格评定的经济影响与制度设计等研究领域成为国内外广泛关注的热点。

Michael W. Toffel(2005)基于对美国企业 ISO 14001 认证效果的量化研究，分析了解决市场中的"信息不对称"机制，认为自愿性认证是解决"难以观测"的管理措施信息不对称问题的一个有效的独立验证机制，并发现 ISO 14001 认证对于改善环境绩效(通过跟踪年度有毒物质排放量等指标评估环境绩效)确实是有效的。

UNIDO(2012)开展了一项涉及孟加拉国、不丹、印度、印度尼西亚、马来西亚、马尔代夫、尼泊尔、巴基斯坦、菲律宾、斯里兰卡、泰国、越南12个国家,涵盖质量管理体系开发、认证、认可及经济效益的专项调查,并基于对这些国家68 563份获得认可的认证证书的调查结果,发布了《ISO 9001对亚洲发展中经济体的关联与影响》的专题研究报告。调查主要发现:一是在亚洲发展中国家的制造业部门,质量管理体系的有效实施及认证认可具有明确的、可实证的经济效益;二是绝大多数采购商对获证供应商的绩效有满意的认知,与未获证供应商相比,获证供应商总体上表现"较好"(Better)或"更好"(Much Better);三是一些认证实体缺乏透明度;四是部分获证组织对认证效果不满意,如部分供应商认为认证仍然不足以提高它们的自信心等,这个发现说明认证机构及国际标准化组织等需要进一步改善的方面还很多;五是对中小企业(雇员少于250人的组织)质量管理体系认证的信任水平低于大的组织。

上海质量管理科学研究院(2010)对认证认可对国民经济和社会发展的贡献进行了研究,认为认证认可的贡献和作用主要集中在提升质量管理水平、提升服务质量、推动对外贸易、增强可持续发展、推动农村经济发展、促进政府职能转变六个方面。国家认监委认证认可技术研究所也开展了"认证认可对国民经济和社会发展贡献率"的测算工作,测算出2005—2015年期间认证认可对国民经济和社会发展的贡献见表2-6。

表2-6 2005—2015年期间认证认可对国民经济和社会发展的贡献率

单位:%

时间	2005	2006	2007	2008	2009	2010	2011	2012	2013	2014	2015
国民经济贡献率	0.752	0.832	0.859	0.822	0.873	0.876	0.848	0.876	0.912	0.955	1.052
社会发展的贡献率	0.314	—	—	0.326	0.334	0.338	0.337	0.338	0.339	0.339	0.344

注:2006与2007年未测算认证认可对社会发展的贡献率。

Otavio Josede Oliveira et al.(2010)对ISO 14001认证对巴西企业应对环境问题的作用进行了专题调查研究,69家(占发放问卷数量的35.36%)不同规模的企业参与调研,调研发现企业通过实施ISO 14001认证可以在制定预防性环境措施、削减电力、水、天然气及原油的消耗方面带来明显的收益。

IAF(2012)对有关"认证认可的价值"进行了调查,在全球41个经济体(国家)中,共有4 191人接受了调查,其中60%的人负有质量管理的职责。调查显示：企业寻求认证的主要驱动力是保证和提升质量；对于认证的动机，47%的受调查者认为是内部业务改进，32%认为是顾客要求，13%认为是法规要求，7%认为是其他，只有1%的受调查者认为是获得竞争优势。

2.4.4 NQI 对经济的影响

目前，学术界和国际组织对 NQI 的经济、贸易、质量与社会影响十分关注，有关 NQI 影响的量化研究逐渐成为研究热点，研究方法主要包括文献综述法、实验设计法、问卷调查法、建模仿真法等。PTB(2011)通过文献分析分解出 NQI 系统及各要素对不同作用对象(包括公司、国家等)的正、负向影响，细化整理 NQI 要素的影响途径、作用、作用对象以及形成的具体影响，通过细分影响确定量化指标和度量方法，进一步选取实验对象设计实验并验证 NQI 对企业、市场、行业的影响。Ntlhanc(2015)运用问卷调查法和"扎根理论"对瑞典和南非 NQI 领域的工作人员进行调查，包括其学历、学校，该领域强制性认证覆盖情况，认证被国际组织认可情况，机构对 GDP 的贡献情况等，由此对两国的 NQI 情况进行了对比，定性证明 NQI 有助于减少市场上的劣质产品并对经济产生积极影响。Lopez(2016)通过文献综述法整理了 NQI 各要素的影响，以及各权威机构及学者对国家和区域 NQI 的建设建议。Moljevic(2016)率先研究了 NQI 对区域发展的影响，通过建模仿真法，模拟区域发展与质量的动态影响，发现 NQI 对于转型经济体区域的影响要大于其对欧盟等发达经济体的影响，同时发现测试实验室网络分布和人均 GDP 是质量水平的最主要影响因素。

还有一些学者另辟蹊径，从某些社会方面对 NQI 影响进行研究。如 Ruso et al.(2017)通过对塞尔维亚政策决策者和高校的调查，收集整理了 19 个高校的 307 个课程大纲，将大纲按照 NQI 要素相关性分类，分析研究 NQI 知识及专业知识与成功决策的关系，发现政策决策者接受高等教育以及培养质量专家对改善国家质量基础至关重要。

更多学者的研究着重聚焦于 NQI 在某领域或某方面的影响，多采用问卷调查、公开数据、数据库收集等方法获取数据并建立评价体系。如 PTB、UNIDO 等机构首先研究并提出 NQI 影响的框架、要素、评估方法。Rompaey(2017)分析了发展中国家贸易便利现状，发现发展中国家的贸易普遍缺乏多边合格评定程序、符合国际标准的合格评定程序以及透明的检验检测程序，而 NQI 既是贸易便利化的诊断工具，还能弥补上述不足，促进贸易便利化发展。PTB(2011)提出采用复合指标来量化 NQI 发展现状，该指标的选取强调数据可得性和样本量，该研究的样本范围是 WTO 的 53 个成员国，并按照 OECD 划分的发展援助委员会(Development Assistance Committee，DAC)国家(援助国)、政府开发援助(Official Development Assistance，ODA)国家(被援助国)、其他国家进行分类。研究发现 GDP 和 NQI 建设呈高度正相关，中国的 NQI 建设表现十分突出，在 53 个国家中排名第 19，在发展援助委员会(DAC)国家中排名第 1。Goncalves(2016)论证了加强 NQI 建设不仅能加强国家创新能力，还能促进技术传播、生产力提高、经济活动多样化以及国家生产体系的整合。南非认可体系 Thema(2016)设计了适用于小企业的 NQI，用于衡量小企业的绩效；建立了计量、认可、合格评定、ISO 标准与产品质量、公司运营绩效、业务绩效之间的线性(OLS)回归模型。Kafetzopoulos(2015)的研究发现，NQI 对企业绩效产生积极的影响，领导者缺乏 NQI 意识会导致公司的 NQI 四要素运作衔接不良，引起绩效下降。SIDA 与乌干达贸易工业合作部对乌干达 NQI 进行系统分析，对比各国 NQI 对经济体(如 GDP)的贡献，发现乌干达现有 NQI 体系的一些具体问题，包括客户关心的问题通常无法在标准制定中得到考虑、强制性标准优先级明显高于其他标准、行业(企业)代表无法在战略制定中发表建议、政府的长期资金投入得不到保障等。WB 研究提出了乌克兰 NQI 体系的"七步走"改革方案。

第 3 章 比较与启示

发达国家推进 NQI 发展有五个主要特点：一是突出 NQI 整体的国家战略地位；二是重视 NQI 的财政投入；三是注重发挥市场的协同作用；四是注重 NQI 在引导中小企业竞争力提升的作用；五是积极推动国际化进程，通过实施 NQI 援助扩大对发展中国家的经济影响。从管理模式来看，美国、欧盟、日本各有特色，从不同角度积极推动 NQI 的进一步融合与发展其 NQI 管理的经验对我国开展 NQI 的理论研究与实践具有积极借鉴意义。

3.1 主要国家 NQI 管理模式比较[①]

3.1.1 美国

1. NQI 体系

美国 NQI 模式：管理体系上是"市场为主，政府为辅，多元参与"；在技术体系上是"主体机构统一运行，其他机构协调配合[②]"；在市场监管上是"严进严出"。其体系架构如图 3.1 所示。在产业发展初期，美国政府在产业质量基础发展中发挥着主导性作用；当产业发展逐步走向成熟以后，NQI 组织从政府组织开始向商业组织过渡。当然，在制造商合格声明和行业的自律均不适宜的情况下，政府部门和相关机构会直接参与其中。

---

① 本章分析主要国家的 NQI 体系中，鉴于各国 NQI 模式的不同，本章将认可与合格评定统一进行分析。
② 主体机构指的是 NQI 的技术机构，如一国的国家计量院、标准院等；其他机构指的是 NQI 关联的技术机构，如相关行业协会等。

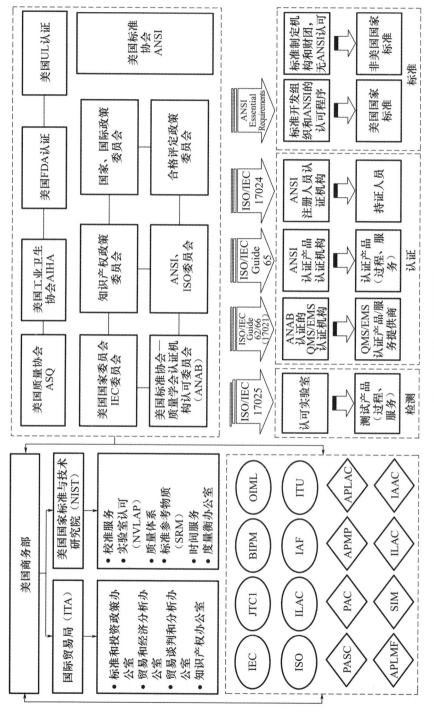

图 3.1 美国NQI体系架构

其中，隶属美国商务部的 NIST[①] 主管 NQI 的相关业务和技术工作，其任务是通过提升经济战略领域的计量科学、标准和技术来提升美国整体的创新力和产业竞争力。NIST 将计量、标准、合格评定很好地融合在一起，并在国家政策制定、产业发展中发挥着重要作用。NIST 与产业、其他联邦机构和学术界密切合作，不断推进计量科学。经美国 NTTAA 授权，NIST 代表政府统一协调标准化战略，参加标准化活动，负责与联邦、州和地方机构进行协调，以促进自愿性标准的制定与应用，依据有关标准开展合格评定工作。同时 NIST 也建立了工业大数据中心，进行数据分析相关的业务工作。

2. 计量体系

美国实行联邦制，在计量管理工作方面，各个州政府也有独立的计量立法和管理权，计量执法也属于各州、郡、市政府的地方计量管理机构。美国的计量管理体制，除了对涉及消费者利益的商业，特别是零售商业实行法制计量监督以外，各工业、科研、国防部门的计量工作均由本部门协调进行监督管理（自主管理）。

NIST 是国家计量院，建立国家计量基准，发展为工业和国防服务的测试技术，提供最高等级的计量检定和校准服务。NIST 从事物理、生物和工程方面的基础和应用研究，以及测量技术和测试方法方面的研究，提供标准、标准参考数据及有关服务，在国际上享有很高的声誉。美国全国计量会议是对美国法制计量工作进行组织协调的全国性计量管理机构，其主要工作领域仍然是商业系统的计量管理。全国计量标准所会议（National Conference of Standards Laboratories，NCSL）是一个非营利的面向美国所有计量所（室）的计量管理组织[②]，成立于 1961 年，会议代表来自工业部门、国防部门、科研部门的标准实验室和计量所（室）等。

美国计量管理主要有三个方面特点：第一，计量监督的重点在零售商业，实行强制管理，工业计量不受政府部门的监督，由工业企业自行管理，但工业企业往往主动寻找计量权威机构 NIST 进行送检、比对、咨询、溯源，并通过实验室认可、授权，以提高计量管理水平和市场上的竞争能力；第二，

[①] NIST 的法律地位、机构设置、院长任命、使命、业务、经费等都有法律条款的专门规定，在制度上保障了 NIST 的运行。

[②] NCSL 的宗旨和任务是：举办会议和技术讨论会、讨论有关计量技术和管理问题；收集和报道计量标准所（室）的组织和工作评定情况；交流先进的检定方法和交流仪器；协助交流标准所（室）检查测量的一致性，开展工业交流工作。

美国工业计量管理采取规范化的管理模式，在工业企业中推行标准化的计量管理方式，地方计量机构经常突击抽查零售商，定期改变结果，对违法者予以处罚；第三，美国重视现场计量监督管理，赋予计量管理人员以特别警察权，计量人员持证可到管理区域内的任何商店、市场检查，对严重违反计量法的人员可以扣留。

3. 标准体系

现行的美国标准体系，实际上由三个子体系组成：以美国国家标准协会（ANSI）为协调中心的国家标准体系、联邦政府机构的标准体系、非政府机构（民间团体）的标准体系。美国标准分为国家标准、联邦政府专用标准和专业团体标准。国家标准和专业团体标准均是自愿性标准。联邦政府专用标准是强制性的，属于技术法规的范畴，自愿性标准不得与其相抵触。长期以来，美国推行的是民间标准优先的标准化政策，鼓励政府部门参与民间团体的标准化活动，从而调动了各方面的积极因素，形成了相互竞争的多元化标准体系，自愿性和分散性是其两大特点。美国大约有 700 个机构在制定各自的标准，其中既包括政府机构，也包括非政府机构，诸如标准化机构、科学和专业协会、工贸协会、其他社团组织以及非正式标准制定机构等。

NIST 经 NTTAA 授权，代表政府统一协调标准化战略、参加标准化活动。ANSI 具体负责该国的标准化和认证认可，是一个非营利性的民间标准化团体，负责美国自愿性标准体系管理，代表美国参与国际标准化活动，提供制定美国国家标准的程序要求，认可美国国家标准制定组织（SDO），批准、发布国家标准（但不制定标准）。截至 2018 年 1 月，ANSI 已认可 237 个专业学协会作为 SDO，包括美国材料与试验协会（ASTM）、美国机械工程师协会（American Society of Mechanical Engineers，ASME）、美国电气和电子工程师协会（Institute of Electrical and Electronics Engineers，IEEE）、美国石油学会（American Petroleum Institute，API）以及美国保险商实验室（UL）等。

美国标准管理主要有两个特点。第一，美国标准化活动由民间协会机构主导，法律文件甚至明确规定了标准应由民间部门主导，政府部门仅作为参与标准制定一方，如果出于监管需要，一般也应援引民间部门制定的标准。美国政府虽然因标准化机构的民间属性一般不介入其管理，但是如果标准化组织的活动违反相关法律，政府将依法处置。美国政府对标准化组织的管理主要从反垄断、侵权责任等角度介入。第二，在美国标准化发展过程中，民间团体始终发挥着举足轻重的作用。ASTM、美国机动车工程师协会（Society of Automotive Engineers，SAE）等 20 个主要非政府机构制定的标准，占民间标准总数的半数以上。这些民间组织制定的标准具有很大的权威性，不仅在国内享有良好的声誉，在国际上也得到高度评价而被广为采用。

4. 合格评定体系

美国的合格评定体系由政府和商业机构两部分组成，是一种动态的、复杂的、多层次的和市场推动的体系。政府、工业界和私人机构都在一定程度上参与这个体系。美国合格评定体现的主体是专门从事测试认证的独立实验室，测试认证在美国已经形成了一个很长的产业链，在合格评定体系结构中，美国政府部门的作用是认定和核准各独立实验室的资格，或者指定某些实验室作为行业合格评定的特许实验室，使得这些实验室颁发的认可证书具有行业认可的效力。美国的第三方合格评定机构很发达，其主要任务是为国内外供应商、制造商开展产品检测、认证。由独立的实验室和检测机构经过测试后，提供有关产品是否符合标准的正式评定结果。检测、认证准则按美国 ANSI 标准 Z-341-1993——"美国认证国家产品的第三方认证计划"。检测、认证、认可业务由商检公司、独立的检验与测试机构、检测实验室、市场调查机构、商贸协会的认可实验室、专业技术组织、产业联合机构等来完成，如比较著名的是美国保险商实验室（UL）的安全评定体系。

在检验检测方面，美国在全球质量检验检测领域位于第一集团，它发展早且体系健全。例如，由美国发起建立的 UL 认证，UL 所制定的标准的 70% 被 ANSI 认可，升级作为美国国家标准使用。美国零售业一般只销售经过第三方认证的产品，一些大的连锁店基本上不销售未取得 UL 安全认证的电器。目前，美国在汽车和汽车配件工业、机械设备制造业、化工制药业、电子电气工业、可再生能源产业等方面是全球领先的，其质量检验检测行业功不可没。2017 年，在全球检验检测行业中，美国质量检测规模占据首位，占市场规模的 35%。

美国的认证体系由政府和民间两部分组成。政府认证又分为联邦认证和各州的认证。在法规领域的认证制度按其目的可以分为三类：①对直接影响公众安全或健康的产品的认证制度，如美国食品药品管理局（Foodand Drug Administration，FDA）认证；②为了减少在州或地方层面上重复检测或认证的认证制度[①]，如美国国防部军用零部件合格产品清单制度；③通过评价待售产品质量和状态形成统一要求的认证制度，如美国农业部实施的肉及肉制品第三方认证制度。从美国认证制度以及法规领域不难看出，实施认证制度的目录、认证模式、实施认证的机构，以及对产品认证后的市场监督均由美国相关政府主管部门负责。例如，电子类产品电磁兼容认证由美国联邦通信委员会负责；玩具、儿童用品安全市场准入由美国消费品安全委员会（Consumer Product Safety Committee，CPSC）负责；能源之星认证由美国环保署负责等。

在认可方面，目前美国尚未形成一个全国统一、权威的认可组织。美国的认可组织按照机构性质大致可分为四种类型：一是由联邦政府管理或授权的认可体系，例如，1976年，美国成立了由联邦商贸部授权的负责检测和校准实验室认可工作的国家实验室自愿认可计划（National Voluntary Laboratory Accreditation Program，NVLAP）；二是ANSI与ASQ于1991年联合成立的管理体系认证机构认可组织RAB，后更名为美国国家标准协会－美国质量学会认证机构认可委员会（ANSI-ASQ National Accreditation Board，ANAB），ANAB是IAF/MLA的成员单位；三是各州地方性的认可机构；四是民间私营认可组织。虽然美国联邦政府没有设立专门的认证认可监管部门，但在应对国外技术贸易壁垒方面，美国商务部起着重要的沟通协调作用，代表美国各界利益，以美国政府机构的身份就对美贸易有影响的其他经济体运行的认证认可体系进行交涉谈判，并力促认证认可服务的本土化和结果互认。对于其他经济体对美国认证认可的关注，美国商务部也负责沟通协调，以解决相关争议。

3.1.2 欧盟

1. NQI体系

欧盟NQI模式：在管理体系上是"市场主导，政府引导，社会参与"；

[①] 美国是个联邦制的国家，各州政府有很大的行政独立性，但联邦政府对涉及公共安全与医疗健康的产品认证，为避免州一级政府的重复检测，或在联邦政府采购前对产品检测认证，通常对供销售的产品的质量状况进行认证，则采用中央集权的管理模式和监督执法，从而提供一种统一的交易基础。

在技术体系上是"主体机构相互融合,欧盟指令统一指导";在市场监管上是"宽进严出"。其体系架构如图3.2所示。但相对于美国而言,欧洲国家的授权方式更为紧密,其国家标准化机构组织制定国家标准,合格评定也只授权给一个机构管理。由于欧洲经济一体化背景,欧洲NQI的发展除了各国本身内部的管理和运行外,还以标准和合格评定为抓手,以"欧盟指令"+"协调标准"+"自愿性标准"为依据,实行统一的市场准入制度。在体制机制的完善发展过程中,也呈现了与美国不同的特征。

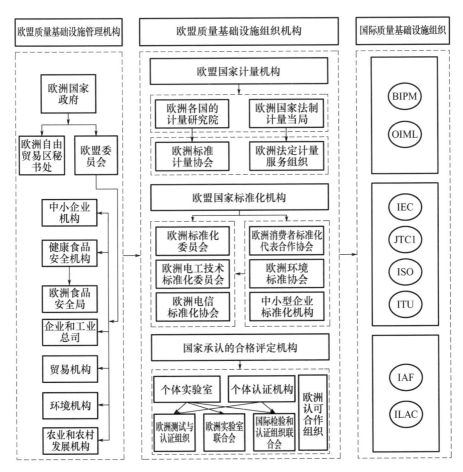

图 3.2　欧盟 NQI 体系架构

2. 计量体系

欧盟委员会企业和工业总司负责欧盟计量协调工作,促进开发和使用创新的欧洲标准(European Norm，EN)。欧盟计量相关的法律法规有以下三类。一是《计量器具指令》，自 2006 年实施。涉及十类计量器具，包括自动衡器、加油机、长度和容积计量器具及水表、电表、燃气表等。《计量器具指令》规定了法制计量的目标，提出了十类计量器具的要求、合格评定的程序，指定机构和被指定机构的市场监督。二是《非自动衡器指令》，是针对非自动衡器的有关规定。三是《计量单位指令》，规定了有关计量单位的要求。

另外，欧盟成员国有各自的国家计量院。如德国计量国家级部门为 PTB。该院是德国最高的国家计量管理及技术机构，隶属联邦政府经济技术部，开展德国计量研发和计量服务，负责全国量传统一，并与欧盟及国际计量基准保持一致性。地方各州设有计量局，隶属各州政府经济部门。各州计量局集计量监督、量值传递于一身，主要负责依法管理计量器具、商品量的监督检查和计量检定，并对计量授权站实施监督管理。德国计量检定由政府计量部门来实施，而校准则由社会上各类技术机构进行。德国设有校准服务局(Deutscher Kalibrierdienst，DKD)，负责校准实验室的认可。早在 20 世纪初德国就开始计量授权，授权项目主要是"四表"：水表、电能表、燃气表和热量表。目前，全国共设有近 400 家国家授权站，大部分设在相关计量器具生产企业。

3. 标准体系

欧洲标准化体系的构成主要包括欧洲标准化委员会(Comité Européen de Normalisation，CEN)、欧洲电工标准化委员会(European Committee for Electrotechnical Standardization，CENELEC)及欧洲电信标准协会(European Telecommunications Standards Institute，ETSI)、欧洲各国的国家标准机构以及一些行业和协会标准团体。CEN、CENELEC 和 ETSI 是目前欧洲最主要的标准化组织，也是接受委托制定欧盟协调标准的标准化机构。

CEN 是以西欧国家为主体，由欧洲经济共同体(European Economic Community，EEC)、欧洲自由贸易联盟(European Free Trade Association，EFTA)所属的国家标准化机构组成的非营利性标准化机构。其职责是贯彻国际标准，协调各成员的标准化工作，加强相互合作，制定 EN 及从事区域性认证，以促进成员之间的贸易和技术交流。

我们通常所说的欧盟标准是指欧盟层面上的 EN。EN 由欧盟标准化机构管理，各欧盟国家的国家标准由各国家标准化机构自行管理，但受欧盟标准化方针政策和战略所约束。CEN 与 CENELEC 和 ETSI 一起组成信息技术指导委员会（Information Technology Steering Committee，ITSTC），在信息领域的开放式系统互联（Open System Interconnection，OSI），制定功能标准，旨在促进成员国之间的标准化协作，制定本地区需要的欧洲标准（除电工行业以外）和协调性文件（HD）。

由于欧盟标准是在 20 世纪 80 年代中期以后才开始形成，在这个时期，美国已经开始向外推销美国标准理念。在此背景下，欧盟的标准一方面维持了集中型体系的特点，但也加入了自愿性标准的一些成分，即欧盟标准所定的指标必须达到，但是企业可以采用不同的标准（方法）来满足法规要求。所以，欧盟标准被定义为"半自愿性标准"。欧盟标准不但帮助欧洲企业开拓了市场，同时也保护了欧洲市场。尽管欧盟标准采用了半自愿制度，企业可以自我担保符合标准规范的方法来获得市场许可，但是由于制定标准规范的权利掌握在欧盟手中，就具有了主动权，得到了政策调控的便利。同时，欧盟标准是一个攻守兼备的标准，"进"可以拓展欧洲和全球市场，"退"可以保护欧洲企业许多方面的利益。正是由于欧盟标准战略的成功，不但欧洲经济重现了活力，欧洲企业也活跃于全球，EN 也因此成为国际上的一个重要角色，具有了同美国分庭抗礼的实力。

4. 合格评定体系

为保证欧盟各成员国统一且有效地实施共同的法律，提高欧盟市场的监督效率，欧盟要求不论是欧共体内部企业生产的产品，还是其他国家的产品，要在欧盟各国市场上流通，都必须符合欧盟指令（欧洲议会有关产品要求、检验要求和合格评定程序的法律条文）、EN、欧洲合格评定程序，加贴 CE 标志[①]。CE 标志被视为进入欧盟市场的特别通行证，其基本内容规定了保护消

---

① CE 是法语 "CONFORMITE EUROPENDE"（欧洲合格认证）的简称，也称欧盟安全认证标志。欧盟 CE 标志认证的步骤：(1) 执行欧盟有关标准，并按照标准要求，检查产品贯标情况，确保产品符合欧盟有关指令和标准要求；(2) 检验产品执行符合欧盟有关指令和标准要求的情况，并出具认证机构或认可实验室的检验技术报告，报告中应说明认证机构或认可实验室所依据的安全和检测标准；(3) 签署产品合格声明书，表明产品制造商保证所销售的产品符合欧盟有关指令和标准的要求；(4) 加贴按照欧盟要求制作的 CE 标志，CE 标志必须贴在产品或其包装的显著位置。

费者利益所必须达到的基本要求，特别强调保护消费者的卫生和安全，同时还涉及保护环境和财产。欧洲合格评定程序有八种模式，即A——生产内部控制、B——型式检验、C——符合性要求、D——生产质量保证、E——产品质量保证、F——产品检验、G——单件验证、H——完全质量保证。在选择H、D、E模式时，企业必须建立相应的质量保证体系。

欧盟的官方检验机构，其组织形式与美国类似，也是按商品类别，由政府各部门分管，按有关法律授权或政府认可实施检验和监督管理。如德国技术监督协会(Technischer überwachüngs-Verein，TüV)获得官方承认并主管市场的商品质量；英国标准协会(British Standards Institution，BSI)负责制订标准和实施检验、认证等工作；荷兰卫生部主管药品和食品，经济部主管电器和计量器具，农渔部主管水产品和农产品，环保部主管建材、化工品和危险品，运输部主管车辆和飞机，社会安全部主管核能的检验和监督管理。各部下设相应的检验机构，如卫生部下设食品检验局、肉品检验局，农渔部下设农产品检验局等。

欧盟在测试及认证领域的权威组织是国际检验和认证组织联合会(International Confederation of Inspection and Certification Organizations，CEOC)。这个组织的成员大部分属于非营利性质，服务项目涵盖许多设备的检测和认证。如英国技术联合会(Associated Offices Technical Committee，AOTC)，检验可运送的瓦斯容器；德国技术监督协会(TüV)，为公共机构及私人提供不同的管制服务等。欧洲的检验检测机构历史悠久、影响力巨大，如LRQA（英国）、Intertek（英国）、SGS（瑞士）、BV（法国）、TüVRheinland（德国）、DEKRA（德国）、TüV南德（德国）、DNV（挪威）等，均为世界最知名的综合检验检测认证集团公司，其业务涵盖各行业全产业链，实验室遍布全世界各大城市，并形成了以检验检测为基础，集鉴定、认证和质量控制为一体的服务模式。

5. 欧盟指令

欧盟理事会、欧盟委员会和欧洲议会根据《欧洲共同体条约》中规定的立法程序制定欧洲技术法规，通常以"欧盟指令"的形式发布。为加强市场统一监管，保证合格评定结果的一致性，2008年欧盟议会和理事会通过了《新法规框架》的"指令"。根据该"指令"，欧盟要求各成员建立集中统一的认可制度，规范认可活动，规定各成员国应指定唯一的 NAB，同时各成员国的主管部门应对本国的 NAB 定期检查。如 CEN、CENELEC 和 ETSI 在"新方法指令"框架下，通过接受欧盟委员会标准化委托书的方式，分别在各自专业领域内组织欧洲范围内的利益相关方制定协调标准。协调标准规定了符合指令基本要求的产品的生产和投放市场所需的技术规范，直接支持"新方法指令"的实施。对于这类标准，欧盟各成员国必须等同转化为国家标准，并撤销相悖的国家标准。

"新方法指令"对欧盟各成员均具有约束力，它要求各成员采取一切必要措施，确保投放市场或交付使用的产品不危及人身安全和健康，不违背相关"新方法指令"所涵盖的其他目的。对从欧盟以外国家进口的产品，在"新方法指令"中同样有严格的规定：如果欧盟成员国以外国家的制造商欲将其产品投放到欧盟市场或在欧盟市场交付使用，则该制造商应与进口成员国制造商的责任相同，即按照所有可采用的新方法指令设计和制造产品，并履行相应的合格评定程序。

3.1.3 日本

1. NQI 体系

日本 NQI 模式：在管理体系上是"政府引导、有计划地与市场相结合"；在技术体系上是"主体机构基本统一，其他机构协调配合"；在市场监管上是"严进严出"。其体系架构如图 3.3 所示。日本经济贸易产业省（Ministry of Economy Trade and Industry，METI）负责质量基础设施的整体业务和技术工作。日本相关领域的调查会以及民间团体等机构承办具体事务，在中央政府层面设有统一的高层协调机制。METI 隶属日本中央省厅，它负责提高民间经济活力，使对外经济关系顺利发展，确保经济与产业得到发展，使矿物资源及能源的供应稳定而且保持效率。METI 主管日本工业标准调查会（Japanese Industrial Standards Committee，JISC）、日本产业技术综合研究所（Advanced Industrial Science and Technology，AIST）、日本产品评价技术中心（National Institute of Technology and Evaluation，NITE）和日本贸易振兴机构。

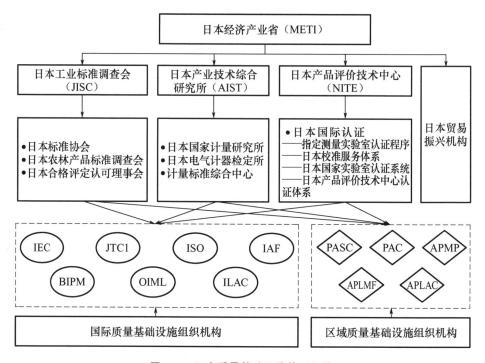

图 3.3　日本质量基础设施体系架构

2. 计量体系

METI 根据本国的《计量法》主管全国计量工作，日本《计量法》规定了 18 类特定计量器具的法制管理要求，包括出租汽车计价器，衡器（含标准砝码），温度计（含体温计），皮革面积计，量器（含水表、热水表、煤气表、加油机、LPG 加气机、体积量的量器），现场仪器（废气、废水仪表），密度计，压力计（含血压计），流量计，热量表，最大需量电能表，电能表，无功功率表，照度计，噪音计，振动计，浓度计（化学法 NO_2 分析仪等 12 类）、特定重力比重计。经济产业省负责型式批准，日本计量研究所和日本电气计器检定所具体实施型式批准，具体试验还可由经济产业省指定的检定机构或认可的外国实验室承担。型式批准的有效期为 10 年，有一部分特定计量器具规定有一定的检定周期，如加油机 7 年，水表 8 年，煤气表 10 年，电能表 7~10 年，家用三表的检定实行到期轮换的方法。

日本的计量体系如图 3.4 所示，日本计量制度下有法定计量和计量标准两个体系。其中，日本产业技术综合研究所计量标准综合中心（National

Metrology Institute of Japan，NMIJ)是日本计量基准、标准科研和管理机构，与日本有关科研机构建立了紧密的合作关系，建立起综合性的、强有力的日本计量标准体系。NMIJ 为日本工业的发展提供强有力的计量支撑，将工业需求与精密测量相结合，有效增强了日本产业竞争力。日本产品评价技术中心(NITE)负责计量法规定的校准实验室认可工作，NMIJ 也必须与 NITE 建立合作关系，以便更有效地开展工作。日本计量振兴协会负责计量方面的普及和宣传。

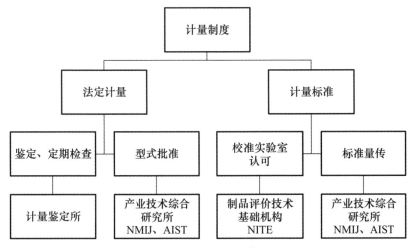

图 3.4　日本计量体系

3. 标准体系

日本的标准化机构大体可以分为三类：官方机构、民间团体和企业标准化机构。JISC 是经《工业标准化法》授权的全国性标准化主管机构，主要负责组织制定和维护日本工业标准(Japanese Industrial Standards，JIS)，并参与国际标准化活动。农林省的农村产品标准调查会(Japanese Agricultural Standard Committee，JASC)是日本农林产品标准化管理机构，主要工作是调查并反映与日本农林标准和标准化有直接利害关系的各方面的意见、要求，将其纳入国家标准中。他们组织制定并审议相关领域的国家标准，由经济产业省或农林产业省批准发布。民间团体，包括各行业组织的协会、学会、工业会等民间团体，主要负责制定本行业内需要统一的标准和承担国家标准的研究起草任务。日本民间团体很多，其中最重要的是日本规格协会，还包括其他行业标准化组织。

这三种类型标准化机构的运作方式是：民间团体承办具体事务，官方机构集中管理，企业标准是行业标准和国家标准的基础，企业通过积极参加各种标准化活动确保行业标准和国家标准反映企业的发展要求。日本以贸易和技术立国，非常重视采用国际标准和美国标准。新制定的标准首先应该和ISO、IEC标准实现整合，然后分析哪一种标准更具技术合理性，判断是否有必要与国际标准进行整合。

日本标准体系由四个方面构成：一是国家标准，具体包括JIS、JAS和日本医药标准；二是团体标准，数百个标准专业团体受JISC委托，承担JIS研究和起草工作，主要的职责是协助JISC工作，团体标准不多；三是部门标准，主要包括军工标准、安全标准、卫生标准、环保标准等涉及国计民生的重要领域标准，这些标准带有强制性；四是企业标准。在日本标准体系中，国家标准是主体，其中又以JIS最权威。日本标准化体制有两个特点：第一，政府在标准化活动中扮演着重要角色，这点与我国比较类似；第二，政府注重发挥团体标准的作用，这点与美国比较类似。

4. 合格评定体系

日本的合格评定工作由政府管理，经济产业省具体负责质量检验、认证和实验室认可。经济产业省由标准与综合评定政策处、标准处、综合评定处、计量和技术基础处组成。经济产业省实行的检验、认证、认可制度，依据的法律文件是《工业标准化法》。经济产业省分别对其管辖的产品实行质量检验和认证，并使用认证标志。经济产业省管理的认证产品占全国认证产品的90%左右。NITE作为政府性质的认可机构，负责对产品认证机构和检测实验室的认可。而日本合格评定认可理事会(Japan Accreditation Board，JAB)等财团法人，也可从事认证机构、实验室和检查机构认可，签有国际认可多边互认协议。

经济产业省实行的产品检验认证制度分为强制性和自愿性两类。强制性认证有以下四种：①消费品安全认证，针对使用不当可能发生事故的产品；②电器产品安全认证，针对使用中容易引起危险的产品；③石油液化器具安全认证，如对调压器、高压管道等的认证；④煤气用具安全认证。强制性认证的产品，其质量、形状、尺寸和检验方法都应满足特定的标准，否则不能生产和销售。凡生产属于强制性认证产品的企业必须向经济产业省提交认证申请书。经产品抽样检验和制造商质量保证能力检查合格后,才能由经济产业省大臣签发认证证书,并允许在出厂产品上使用规定的认证标志,且接受事后监督检验和检查。日本的自愿性检验认证制度使用 JIS(日本工业标志)、JAC(农业品标志)、G 标志、SG 标志和 ST 标志,主要是指每年在日本市场消费者认可的产品。

3.1.4 中国

1. NQI 体系

中国 NQI 模式:在管理体系上是"政府主导、市场为辅,其他主体参与";在技术体系上是"主体机构独立运行,其他机构协调配合";在市场监管上是"严进宽出"。其体系架构如图 3.5 所示。国务院授权国家市场监管总局统一管理计量、标准、认证认可、检验检测,有关行政主管部门分工管理本部门、本行业的相关质量基础设施,省级人民政府市场监管部门统一管理本行政区域的标准、计量和检验检测。中国计量科学研究院、中国标准化研究院和中国检验

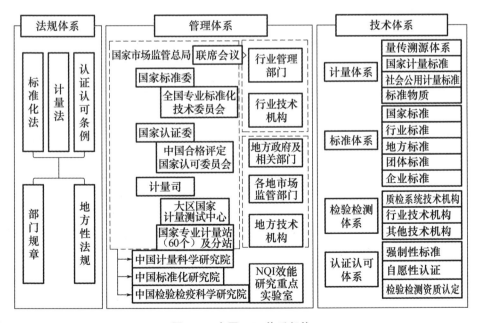

图 3.5 中国 NQI 体系架构

检疫科学研究院为国家层面 NQI 的技术机构，省、市、县三级计量院(所)、标准院(所)、检测院(所)为地区层面质量基础设施的技术机构。

2. 计量体系

国家市场监管总局是国务院统一管理计量工作并行使执法监督职能的直属机构。国家计量体系包括三个主要组成部分：国家计量法律法规体系、国家计量行政管理体系、国家计量基准和拥有各级计量标准的技术机构所构成的量值溯源体系。我国计量法律法规体系主要由以下层次构成：《中华人民共和国计量法》；由国务院颁布的行政法规；由省、自治区、直辖市的人民代表大会及其常务委员会颁布的地方性法规，以及民族自治地方的人民代表大会及其常务委员会颁布的自治条例和单行条例；由政府计量行政部门颁布的规章。国家计量行政管理体系由国家市场监管总局管理，设有计量司，地方实行省以下垂直领导体制，县级计量行政部门作为地(市)计量行政部门的派出机构。中国计量科学研究院是国家最高的计量科学研究中心和国家级法定计量技术机构，主要开展科学计量、法制计量、工程计量三个方面的工作。中国计量协会是由从事计量工作的企事业单位、科研机构、社会团体，以及专家和管理人员组成的全国性计量行业协会。

截至 2017 年，我国共建有中国计量科学研究院、中国测试技术研究院、7 个国家计量测试中心和 30 个省级计量科学(测试技术)研究院(所)，授权建立 59 个国家专业计量站和分站，187 个国家型式评价实验室。通过加强计量技术机构能力建设，提升了各级计量技术机构量传溯源能力，并开展计量技术和方法研究，有效地满足了重大国家战略、重点领域、区域经济、产业和部门发展需求。

3. 标准体系

根据《中华人民共和国标准化法》，我国标准化工作实行"统一管理、分工负责"的管理体制。统一管理，就是政府标准化行政主管部门对标准化工作进行统一管理。具体来说，国务院标准化行政主管部门统一管理全国标准化工作；县级以上地方标准化行政主管部门统一管理本行政区域内的标准化工作。为加强统一管理工作，国务院建立了标准化协调推进部际联席会议制度，国务院分管领导担任召集人。设区的市级以上地方人民政府也可以根据工作需要建立标准化协调推进机制，统筹协调本行政区域内标准化工作重大事项。分工负责，就是国务院及县级以上地方有关行政主管部门根据职责分工，负责本部门、本行业的标准化工作。

通过标准化改革，我国构建了政府主导制定的标准和市场自主制定的标准协同发展、协调配套的新型标准体系。该体系由五个层级的标准构成，分别是国家标准、行业标准、地方标准、团体标准和企业标准。截至2018年年底，我国国家标准共36 949项，国家标准样品共1 439项。其中，强制性标准2 111项，推荐性标准34 464项，指导性技术文件374项。我国行业标准共有67类，备案行业标准共61 854项。我国备案的地方标准共37 066项。截至2019年6月底，我国团体标准共8 818项，制定标准的社会团体总数为2 470个。企业通过统一平台自我声明公开标准约107万项[①]。国家标准化管理委员会是我国统一管理全国标准化工作的主管机构，下达国家标准计划，批准发布国家标准，审议并发布标准化政策、管理制度、规划、公告等重要文件；开展强制性国家标准对外通报；协调、指导和监督行业、地方、团体、企业标准工作；代表国家参加ISO、IEC和其他国际或区域性标准化组织；承担有关国际合作协议签署工作；承担国务院标准化协调机制日常工作。中国标准化研究院是直属于国家市场监督管理总局，从事标准化研究的国家级社会公益类科研机构，主要针对我国国民经济和社会发展中全局性、战略性和综合性的标准化问题进行研究。

国家标准制定修订的主要力量是全国专业标准化技术委员会，也称"TC"。按照规定，技术委员会是由国家标准化管理委员会批准组建，在一定专业领域内从事全国性标准化工作的技术组织，主要承担国家标准的起草和技术审查等标准化工作。专业领域较宽的技术委员会可以下设分技术委员会，也称"SC"。截至2019年6月底，我国共有TC/SC 1307个，涵盖了国民经济和社会发展的方方面面。技术委员会的委员是来自于政府、行业协会、企业、检测机构、研究院所、大专院校和消费者等各方面的代表。目前共有委员近5万人，其中包括129名两院院士。

---

① 资料来源：http://www.cicn.com.cn/zggsb/2019-07/02/cms118833article.shtml。

4. 合格评定体系

在我国，合格评定体系一般指的是检验检测体系和认证认可体系。参照国际认证认可准则，从国情实际出发，我国建立了法律、制度、组织、监管、科技和标准等较为完善的具有中国特色的合格评定体系。党中央、国务院对认证认可检验检测工作高度重视。2018年1月，国务院印发《关于加强质量认证体系建设促进全面质量管理的意见》，明确将质量认证作为"推进供给侧结构性改革和放管服改革的重要抓手"，就质量认证体系建设做出全面部署。2018年2月，在十九届三中全会的工作报告中，专门提到"推进质量认证体系建设"。在十九届三中全会通过的《深化党和国家机构改革方案》中，明确市场监管总局统一管理计量标准、检验检测、认证认可工作，国家认证认可监督管理委员会职责划入市场监督管理总局，对外保留牌子。

我国合格评定体系经历了不断发展完善的过程，主要体现在以下三个方面。

第一，2002年8月，在原进出口和国内两套认可体系的基础上，建立了集中统一的认可体系。2006年3月，为适应国际认可组织的要求和变化，中国认证机构国家认可委员会和中国实验室国家认可委员会合并，成立了CNAS，作为唯一的NAB。CNAS负责对认证机构、实验室和检验机构等的认可工作，代表我国参加国际认可多边互认制度，为我国检验检测认证取得国际相互承认提供基础平台。"统一体系，共同参与"是我国认可工作的基本体制，参与方来自于认可工作有关的政府部门、合格评定机构、合格评定服务对象、合格评定使用方及相关专业机构。

第二，我国检验检测体系在行政上由国家市场监管总局认可与检验检测监督管理司管理，拟订实施认可与检验检测监督管理制度；组织协调检验检测资源整合和改革工作，规划指导检验检测行业发展并协助查处认可与检验检测违法行为；组织参与认可与检验检测国际或区域性组织活动。据《2018年度全国检验检测服务业统计简报》显示，截至2019年年底，我国共有各类检验检测机构44 007家，共实现营业收入3 225.09亿元，共向社会出具各类检验检测报告5.27亿份，共有从业人员128.47万人，共拥有各类仪器设备710.82万台(套)，全部仪器设备资产原值3 681.17亿元，检验检测机构面积7 940万平方米。

第三，为了更好地实施认证认可工作，我国建立了以国家市场监管总局、国家认证认可监督管理委员会（Certification and Accreditation Administration of the People's Republic of China，CNCA）作为统一管理部门、22 个部委组成的认证认可部际联席会议作为议事协调机构、全国各地市场监管部门作为执法监督主体、认证认可检验检测机构作为从业主体的组织机构体系，推动了认证认可活动广泛开展。2003 年 11 月，国务院颁布实施了《中华人民共和国认证认可条例》，截至 2017 年，我国已有 19 部法律、17 部行政法规明确写入了涉及认证认可内容的条款，多部法律法规直接或间接采信认证认可结果。以强制性产品认证制度为核心，建立了国家统一管理的认证制度体系。2002 年 5 月，国家正式实施了新的强制性产品认证制度，核心是对国内产品和进口产品实现"四个统一"（即统一产品目录，统一适用的国家标准、技术规则和实施程序，统一标志，统一收费标准）。

3.2 中国与美、欧 NQI 管理模式的差异

美、欧等国在 NQI 建设中注重发挥政府、市场和社会的共同作用，通过多元共治提高质量基础设施的建设效率。但是我国 NQI 的管理仍以政府为主导，市场参与度不够，其他治理主体参与不明显。具体体现在以下几个方面。

3.2.1 在计量领域

美、欧等发达国家积极开放本国校准服务市场，鼓励民间资本进入，充分利用社会资源满足市场的计量需求。与国外相比，我国计量工作主要以政府为主导，国家量值传递体系由政府建立和运行，并为量值传递和量值溯源提供法律法规和技术保障环境。国外政府计量监管主要放在法制计量上，重点是贸易结算计量管理，对工业计量一般由企业自主管理或行业管理，而我国对工业企业计量工作行政管制过多。国外，民间计量社团参与计量标准的制定，同时起到监督作用，促进计量工作更加有效的开展。如英国将很多计量基准的研发、维护、计量检定工作由政府购买服务的方式交由社会机构承担。

我国政府计量技术机构承担了太多职能：一方面，一些公益性的强制检

定项目，如市场交易衡器检定，由于政府财政投入不足而需向用户收费；另一方面，承担了大量应由市场社会机构承担的计量校准任务。各地计量技术机构缺乏统一规划，纷纷搞"大而全"项目，重复建设，恶性竞争。今后，要推进计量技术机构改革，对政府计量技术机构要收缩战线，统一规划，合理布局，集中精力加强政府计量基准、标准研究、法制计量工作和强制计量检定工作，放开计量校准、服务市场，鼓励社会计量机构开展计量校准服务。

3.2.2 在标准领域

美国、德国、法国和英国等发达国家的标准化管理体制虽各不相同，但都体现了标准制定以市场为主导和标准的自愿性原则。各国标准一般由国家标准和社会团体标准构成。除国家标准外，都有体系比较健全、数量庞大的社会团体标准，二者之间具有良好的联系协调机制。社会团体均可受政府委托承担具体起草政府标准的工作，政府也可将社会团体标准转化为国家标准。如美国和欧盟的民间组织所制定的团体标准是其国家标准体系的基础，在全部标准中占据了绝大部分比例。我国标准化体系目前是政府主导型的标准化管理体制，标准的制定和形成实际上是一种单兵突进的过程，并没有与国家产业发展战略、竞争力的积累和培养相结合。由于缺乏一种制度性安排，使得作为标准制定的主要利害关系人之一的企业无法参与进去，他们的意见和呼声也容易被漠视，因此这样制定出来的标准往往缺乏"市场适合性"，即它不一定符合市场、企业、消费者的需求，因而也容易被市场和企业抛弃[1]。如我国现有标准体系中，团体标准的占比非常小，总体上看仍由政府主导，市场和社会的资源没有充分利用。

3.2.3 在合格评定领域

检验检测方面，欧美等发达国家在检测机构的管理方面，普遍严格按市场经济运行和发展需求，对检测机构进行科学定位和重点监管。在检测机构的定位上，基本能够实现政府行为和社会中介行为的有效分离，通过建立政府实验

---

[1] 杨辉. 美国标准化管理体制对我国的启示 [J]. 世界贸易组织动态与研究：上海对外贸易学院学报, 2006(5): 37-39.

室和第三方检测机构制度进行科学分类管理，对涉及公益、安全和风险度高的产品由政府实验室提供检测服务，对其他产品的检测实行放开，主要采取市场化方式，由第三方检测机构根据市场经济发展要求从事委托检验工作。

认证认可方面，工业发达国家的认证机构大多衍生自或者依托于标准化组织、技术协会或检验检测机构，这些机构不仅具有较强的专业水平和社会公信力，有些也具有较强的资产实力。如英国负责国家质量认证工作的机构是 BSI；德国 TüV 的前身是技术监督协会；BV、INTERTEK 等是由检验检测机构发展而来的。目前，这些认证机构快速向规模化、品牌化方向发展，集中度高。以美国 UL、德国 TüV、英国 BSI 等为代表的世界最大的 8 个认证机构具有 50 年以上历史，分支机构遍布 50 个国家以上，营业额占世界认证营业总额的近一半。

3.3 中国与美、欧 NQI 运行机制的差异

由于 NQI 的运行机制具有极强的行业针对性，为了更好的完善我国 NQI 运行机制，本书将以儿童玩具行业为例，对美国、欧盟 NQI 运行机制进行研究，提取美国、欧盟儿童玩具市场准入认证方式、市场监管等 NQI 运行机制，并与我国儿童玩具 NQI 运行机制进行比较。

3.3.1 美国

美国消费品安全委员会（CPSC）是儿童玩具的主要监管机构。美国与玩具有关的联邦法规和标准主要包括：涉及玩具的美国联邦法规第 16 部分（US 16CFR）、由美国前总统布什于 2008 年 8 月 14 日正式签署生效消费品安全改进法案 CPSIA、由美国测试与材料协会制定的 ASTM F963 标准（起初被商务部标准局认定为自愿性标准，后被 CPSIA 采纳为 CPSC 的强制性要求）。

根据 CPSC 官网介绍，儿童产品的制造商和进口商必须根据 CPSC 认可的实验室的检测结果，出具书面的儿童产品证书（CPC），证明他们的儿童产品符合所有适用的儿童产品安全规则。即在美国境内销售的儿童产品都需要获得 CPC 认证证书。美国儿童玩具市场由 CPSC 负责统一监管。

此外，美国由于其联邦体制所决定，有一些州在国家有关玩具法规与标

准之外,对填充玩具及洋娃娃的标签等做出了专门的规定①。具体 NQI 运行机制流程如图 3.6 所示。

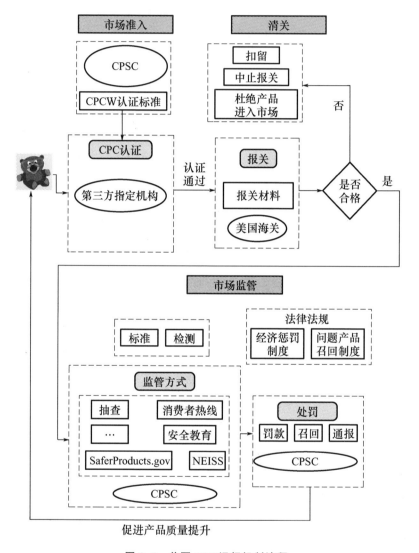

图 3.6 美国 NQI 运行机制流程

---

① 出自中华人民共和国商务部《出口玩具(美国、加拿大)技术指南报告》。

1. 合格评定——CPC 认证

CPC，儿童产品证书(Children's Product Certificate)，是经 CPSC 授权的第三方实验室按照法规测试产品后，基于测试数据所签发的证书。

CPC 认证的要求包括但不限于：①CPC 以及辅助测试报告必须是英文；②检测必须在 CPSC 认可的实验室进行；③儿童产品必须符合所有的儿童产品安全规则。

2. 市场监管

美国负责玩具安全监管的政府机构是美国消费品安全委员会(CPSC)，而美国玩具安全法律法规体系也由 CPSC 支撑，主要的玩具安全法律法规主要包括《消费品安全法案》《联邦危险物品法案》《危险物品包装法案》等。

CPSC 作为消费品安全执法机构，工作重点主要放在对消费品安全性能及强制标准的执行和监管。为确保玩具符合安全条例，保护消费者的安全和健康，CPSC 采取的措施包括但不限于：①定期抽检；②提供多种渠道收集、追踪不安全产品；③严厉的惩罚机制；④问题产品召回；⑤安全教育，CPSC 通过向公众提供免费的安全警讯、安全资源、海报及其他材料传播消费品安全信息。

3.3.2 欧盟

2009 年 6 月 30 日，欧盟在《官方公报》上发布了玩具安全新指令 2009/48/EC(代替旧指令 88/378/EEC)对玩具产品提出强制性的基本安全要求和合格评定程序，而后欧洲标准化组织根据新指令制定符合指令基本要求的技术规范，即"协调标准"。玩具生产企业需根据协调标准对产品进行合格评定。产品评定合格后必须加贴唯一的法律标志"CE"标志，才可在欧盟市场内自由流通。欧盟各成员国负责市场监管。具体 NQI 运行机制流程如图 3.7 所示。

1. 合格评定——CE 认证

根据中华人民共和国商务部发布的《出口玩具(欧盟)技术指南报告》，新指令将玩具分为两大类：第一类是全部或部分不能由相关协调标准(如 EN71、EN62115 等)涵盖的玩具，这类玩具应由欧盟的 Notified Body 进行 CE 型式试验，并出具带有公告号(NB)的 CE 型式试验证书，制造商再根据 CE 型式试验证书进行型式合格声明，模式 B(CE 型式检验)＋模式 C(型式合格声明)；

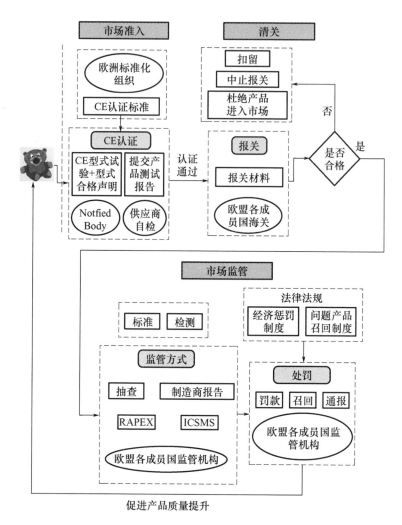

图 3.7 欧盟 NQI 运行机制流程

第二类是能完全由相关协调标准涵盖的玩具，这类玩具不需要由 Notified Body 进行 EC 型式试验和出具 CE 型式试验证书，可由制造商自行验证并加贴 CE 标志，但必须提交测试报告等验证文件，即采用模式 A（内部生产控制）。除了一些危险机械类产品有特殊要求，其他一般电子电器类产品，按照欧盟测试要求，出具国内第三方机构的 CE 认证证书，欧盟市场同样认可①。

---

① 出自中华人民共和国商务部《出口玩具（欧盟）技术指南报告》。

专栏 3—1

Notified Body

Notified Body，欧盟直属公告机构，绝大多数处于欧盟盟成员国境内，每年都会受到欧盟的审查。所有欧盟直属公告机构均会在欧盟公报上公布。

2. 市场监管

欧盟有着非常严格的市场监管法律法规体系，如通用产品安全指令 2001/95/EC、严格 CE 标志认证规定的欧盟条例（EC）No765/2008 以及第 768/2008/EC 决议、2019 年最新颁布的欧盟市场监督和产品合规的法规（EU）2019/1020 以及其他玩具相关的法律法规等。值得注意的是，（EU）2019/1020 不仅规定了市场监督机构的指定和运作规范，同时明确了欧盟各成员国对在线销售的商品的监督细则，这对于跨境电商行业可能产生一定影响。

此外，欧盟拥有丰富的市场监督 IT 系统资源，如 RAPEX 系统和 ICSMS 系统。依托这两个系统，欧盟极大地提高了监管效率，保护了消费者利益。

专栏 3—2

RAPEX 和 ICSMS

RAPEX，欧盟非食品类商品快速报警系统。欧盟委员会于 2001 年依据通用产品安全指令 2001/95/EC 设立的一个全欧盟范围内的非食品类商品快速报警系统。RAPEX 设立的主要目的是为了便于各成员国与欧盟委员会之间就危险商品处理情况进行快速沟通，也便于消费者及时了解危险商品的情况。

ICSMS，市场监管信息和通信系统。欧盟为了提高监管效率所建立的市场监管信息交流平台。平台中用来交换的信息主要包括：市场监管最佳实践方法、不合规产品信息、风险评估以及各国市场监管项目的情况等。

3.3.3 中国

中国儿童玩具行业的行业监管部门是国家市场监管总局，行业主管部门主要是国资委下属的事业单位轻工业联合会。中国对童车、电动玩具、弹射玩具、金属玩具、娃娃玩具、塑胶玩具、机动车儿童乘员用约束系统等七类儿童用品规定了强制性认证(3C认证)，由国家认监委统一监管。其他玩具类型施行自愿性认证。中国3C认证所采用的认证标准主要为轻工业联合会提出的GB 6675。对于需要获得3C认证的儿童玩具产品，必须经由第三方指定的检测认证机构通过认证之后才能在中国市场流通。中国儿童玩具市场监管主要由国家市场监督管理总局负责。具体NQI运行过程如图3.8所示。

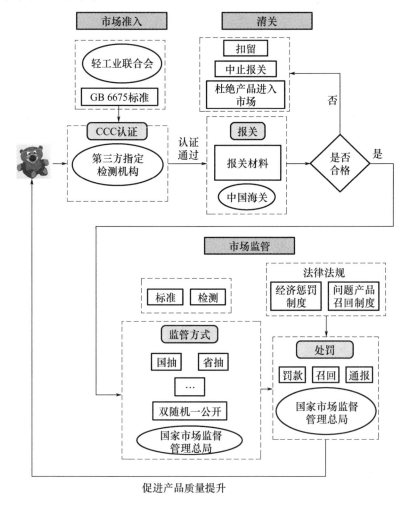

图3.8 中国NQI运行机制流程

1. 合格评定——CCC 认证

CCC 认证，也称 3C 认证，全称为"中国强制性产品认证"，是中国政府为保护消费者人身安全和国家安全、加强产品质量管理、依照法律法规实施的一种产品合格评定制度。

中国玩具 3C 认证所依据的型式试验标准主要为 GB 6675，某些特殊类别的玩具还有其他试验标准，如电玩具相关标准 GB 19865—2005《电玩具的安全》。

2. 市场监管

中国儿童玩具行业的质量安全、市场环境等均由国务院直属部级单位国家市场监管总局统一管理。中国儿童玩具市场监管主要包括国抽和省抽，监管模式为"双随机一公开"，即指在监管过程中随机抽取检查对象，随机选派执法检查人员，抽查情况及查处结果及时向社会公开。

中国玩具产品的国家标准、行业标准以及强制性认证等规则组成了中国玩具行业的主要法律法规体系。如《玩具安全系列国家标准》《产品质量监督抽查管理办法》《进出口玩具检验监督管理办法》《儿童玩具召回管理规定》等。此外，儿童玩具行业的召回管理由市场监管总局缺陷产品管理中心负责。

第二部分

实 证 篇

第4章 评价与方法
第5章 指标与分析
第6章 经济影响分析

第 4 章　评价与方法

NQI 是一个包含了多种要素的复杂系统，其水平及综合状况评价方法既可以从组成要素角度开展，也可以从能力和效果角度开展，甚至可以利用大数据方法，从最相关因素角度开展。归根结底，对 NQI 的评价只为了客观分析其发展的过程或结果。本章介绍 NQI 评价的基本内涵和主要特点、NQI 评价指标体系构建方法，以及基于能力视角和效果视角的 NQI 评价因素分析。

4.1　NQI 评价的基本内涵和主要特点

4.1.1　NQI 评价的基本内涵

NQI 评价是对一个国家在标准、计量、认可、合格评定的现有水平及综合状况进行的评价。最终形成的评价指标体系需要关注两点：第一，发掘真正反映 NQI 实际水平的指标，不仅需要关注总量指标，也需要关注强度指标，防止评价指标体系出现设计性缺陷；第二，评价指标与评价目的需要保持一个较强的相关性，防止评价指标与评价目的的实际情况产生偏离。考虑到这些因素，NQI 评价的内涵主要体现在以下两个方面。

一方面，对 NQI 的评价定位在国家层级。从技术角度看，NQI 各要素的水平和能力是分层级的，具体表现为微观的机构层级、中观的行业层级和宏观的国家层级。随着评价层级的提升，涉及的评价要素的范畴更宽广、更通用。

微观层级反映的是各要素最微观"主体"所具有的能力和水平，以及各要素耦合后所表现出来的综合能力和水平。体现在标准上，反映的是某项标准能力和水平。体现在计量上，反映的是计量服务机构所具有的、提供计量检定和校准及其他相关服务的能力和水平。体现在合格评定上，反映的是合格评定机构所具有的、提供检验检测和认证服务的能力和水平。在这些基础上，以生产过程（或消费过程、出口过程）中某项具体微观需求为对象，系统性考虑各要素耦合后满足该微观需求的程度，就能反映出 NQI 的微观水平。

中观层级反映的主要是各要素在行业层面所具有的能力和水平，以及各要素耦合后所表现出来的综合能力和水平。体现在标准上，反映的是某行业范畴的标准能力和水平。体现在计量上，反映的是计量满足行业的计量检定、校准及其他相关服务需求的程度。体现在合格评定上，反映的是服务业中的检验检测与认证行业所具有的能力和水平。在这些因素水平的评价基础上，系统性考虑各要素耦合后的水平，就能反映出 NQI 的中观水平。

宏观层级反映的主要是各要素在国家层面所具有的能力和水平，以及各要素耦合后所表现出来的综合能力和水平。对 NQI 开展宏观评价，根本上是对一个国家 NQI 履行职责、发挥作用、施加影响的可能性和多少进行系统性分析和评价。通过这种评价，发掘 NQI 中最能反映其履职能力、作用大小的关键指标，以及这些指标之间的耦合程度，以便反映出一个国家的 NQI 整体强弱状态。

另一方面，对 NQI 的评价不仅要考虑 NQI 自身的能力水平评价，还要考虑对 NQI 在支撑社会经济运行、技术进步方面的应用效果进行评价。以标准为例，如果标准水平定的较高，此时 NQI 自身的能力水平评价较高，但这一标准的使用率不高，实际上对质量提升、贸易保障等未产生作用，此时反映的是 NQI 的应用效果较弱。

因此，对 NQI 评价的关键点有两个：一是评价 NQI 履行职责的能力和水平，这方面侧重于评价 NQI 履行职责过程中国家给予的政策、资源等的支持，主要反映的是能力视角的 NQI 水平；二是评价 NQI 履行职责的效果和作用，这方面侧重于评价 NQI 在社会经济运行、技术进步过程中发挥的作用或造成的影响，主要反映的是效果视角的 NQI 水平。

通过将能力视角和效果视角的 NQI 水平进行综合评价，就能对一国 NQI

在社会经济运行过程中发挥作用的强弱进行判断。一方面能够对 NQI 履行职责时的"短板"因素进行识别,另一方面也能够判断 NQI 在国家经济运行过程中发挥的实际效果,有利于帮助 NQI 建设和研究人员更好地应用评价结果。

4.1.2 NQI 评价的主要特点

NQI 评价的主要特点体现在以下四个方面。

第一,NQI 评价是一种宏观评价。具体的评价方法既可以是定性分析,也可以是定量测评。宏观评价的特点意味着要从国家层面综合分析 NQI 在经济和技术领域所表现出来的支撑能力的强弱。在选择具体的评价指标和观测变量时,要重点选择那些能从总量、强度和宏观上反映一个国家在经济和技术领域的 NQI 水平和能力差距的指标和变量。如虽然标准数量是一个很好的指标,但本书并未直接采用,这是因为标准数量越高的国家,反映在经济发展和技术进步方面的 NQI 能力未必越高:一方面因为标准数量这一指标反映的总体情况,可能存在某国的标准总量大,但是其能力不强、应用程度不高这类情况;另一方面也因为"数量"这一指标反映的是水平状况,并不能反映出能力的强弱,必须进一步厘清使用。

第二,NQI 评价是一种相对评价。其相对性主要体现在纵向的相对性,即通过同一指标体系判断不同时间段的 NQI 水平,从而能够反映出 NQI 在支撑社会经济发展和技术进步方面能力的变迁。

第三,NQI 评价是一种综合评价。NQI 发挥作用的实际水平和能力,不仅涉及技术、管理、人才、制度和法律等多个维度,而且涉及机构、行业和国家等不同层级,还涉及经济、社会、文化、科技和贸易等多个领域,仅通过单个指标进行 NQI 评价既不科学也不现实。如 NQI 需要法律框架作为制度保障,其目标是通过法律手段,强制性地将生产、消费过程纳入 NQI 体系之中,最终实现生产、消费过程的秩序优化,从而促进经济发展。此外,不同要素之间的耦合程度、集成性发挥的程度也是 NQI 综合评价所需考虑的问题。为此,必须从影响 NQI 水平发展的方方面面,提炼出一组核心指标和观测变量,并建立系统性的评价指标体系和综合性的评价模型,才能实现对一国 NQI 水平"强弱"状况的系统分析和综合评价。

第四，NQI 评价是一种动态评价。一国的 NQI 水平和能力是不断发展的。随着某种制度的突破、技术的实现或资源的配给，可能给 NQI 水平带来跨越式发展。如随着我国 1976 年加入米制公约组织，相关物理量的测量得到国际认可，我国 NQI 对出口的支撑能力就有了显著的提升。

4.2　NQI 评价指标体系构建方法

NQI 评价指标体系的构建主要分为三个步骤：一是确定评价对象，评价对象为 NQI，研究 NQI 整体的发展水平；二是确定评价范畴，评价范畴为国家，研究国家的 NQI 发展水平；三是确定评价方法，选择适合 NQI 评价的指标体系构建方法，建立 NQI 评价指标体系。目前，构建评价指标体系主要有差距比较法、内涵解析法、计量建模法、因素分析法四种方法。这些方法各有优势和局限，适用于不同的评价对象。下文将对上述四种评价方法进行比较分析，以确定构建 NQI 评价体系的方法。

4.2.1　差距比较法

差距比较法也称为标杆分析法（Benchmarking）或水平对比法。差距比较法将评价对象与行业内外的最佳者进行比较分析，提出评价对象在行业提升的路径与方法，以弥补自身的不足。它的优势在于可以对不同行业进行标杆比较，拓宽了评价对象行业内提升的思路，目前已经广泛应用于企业、单位和相关管理机构。

差距比较法通常涉及目标确定、分析比较、提出构想及实施方案四个步骤。

第一步，目标确定。实施差距比较法的第一步是确定分析主题及标杆对象，这个主题可以是企业、产业和国家层次最关心的问题或关键的决定因素，主要根据其战略目标进行设定。

第二步，分析比较。依据分析主题及对象，搜集相关信息，进行调查对象之间的比较研究，确定各个调查对象之间存在的差距，明确差距形成的原因和过程。

第三步，提出构想。在明确标杆对象的基础上，找出弥补自身和标杆对象之间差距的具体途径或改进机会，设计具体的实施方案，并进行实施方案的经济效益分析。

第四步，实施方案。将方案付诸实施，并将实施情况不断和标杆对象进行比较，监测偏差出现的可能并采取有效的校正措施，以努力达到甚至超过标杆对象。在完成差距比较活动之后，对实施效果进行全面评判，并进行经验总结。

差距比较法主要适用于评价主题较为明确，且标杆对象易于确定的评价研究。由于不同国家的 NQI 有着自己的国情特色，无法简单、直接地得出结论，如德国 NQI 最好或者美国 NQI 最好，因此第一步就无法实现，导致这一方法并不适用于 NQI 评价。

4.2.2 内涵解析法

内涵解析法的特点是将定性分析和定量分析相结合，对于一些难以直接量化的因素，如文化、环境等，采取专家意见或者问卷调查的方式进行分析判断。该方法侧重于分析影响评价对象的内涵性因素，而非外延性指标。其主要优点是可对评价对象的核心能力进行定性和定量分析，分析结论比较深刻并且具有明确的针对性，适用于评价对象的纵向对比分析，以揭示出评价对象发生变化的内在因素。

使用内涵解析法来量化 NQI 已有先例，如前文所述中 UNIDO 发布的贸易标准符合性能力指数，即这一方法的实践。由于本书中的 NQI 评价模型试图从一个更为客观的角度对各国 NQI 发展水平进行评价，也受到研究时间和经费限制，因此打算全部采用经济、质量领域的统计数据进行评价，不采纳内涵解析法。

4.2.3 计量建模法

计量建模法是通过将相互联系的各种评价指标建立成一组联立方程式，来描述整个评价对象的运行机制，利用历史数据对联立方程式的参数值进行估计，根据建立的模型确定各个相关因素对评价对象的影响模式和贡献大小。计量建模法的应用通常包括四个主要步骤：一是选择一组样本，并考虑样本的代表性；二是按照事先确定的评价指标采集定量数据，必要时对这些数据进行标准化处理，以便去除不同评价指标的量纲；三是建立评价指标之间的关系模型，必要时引入虚拟变量，并进行偏最小二乘回归分析，以便获得有关评价对象的定量模型；四是对回归结果进行统计检验与分析，确定各个相关因素对评价对象的影响模式和贡献大小，同时联系经营发展活动的实际，确定重要相关因素的经济与管理意义。

运用计量建模法进行定量评价时，有时会因无法直接获得对评价对象的定量评价，需要引入一些代理变量或虚拟变量。如由一些专家对参与比较的指标进行主观评价并打分，作为计量模型的变量，然后通过偏最小二乘回归方法，确定虚拟变量与真实变量之间的关系，以便获得明确的结构方程。

本书中的 NQI 评价，不单纯为了量化评估不同国家的 NQI 发展水平，也希望为如何提升 NQI 提供具体路径。显然，通过计量建模法所构建的 NQI 评价模型难以实现这一目标。因此，本书不采纳这一方法。

4.2.4 因素分析法

因素分析法就是运用数学方法对可观测的事物在发展中所表现出的外部特征和联系进行由表及里、由此及彼、去粗取精、去伪存真的处理，从而得出事物普遍本质的概括。使用因素分析法可以使复杂的研究大为简化，并保持其基本的信息量，研究者能够把一组反映事物性质、状态、特点等的变量简化为少数几个能够反映出事物内在联系的、固有的、决定事物本质特征的因素，从最表面和最容易感知的属性和因素入手，逐步深入更为内在的属性和因素。一般来说，越是内在的因素对评价对象的影响越深刻，效果越持久，但其产生作用的逻辑机理也可能越复杂；而越是表面的因素对评价对象的影响越直接，其效果也越短暂，产生作用的逻辑机理也越简单。由此，最表面、最容易感知的属性或因素可以表征为评价对象的显示性指标，这类指标可以选择能够直接反映评价对象的因素。

评价对象的因素可以分成影响因素和结果因素。影响因素是评价对象的直接决定因素，也是内在的和更深层次的因素，而结果因素则是评价对象的显性的和表层的因素。显然，对评价对象的量化离不开对这些影响因素和结果因素的定量测量与评估。因素分析法的基本要求就是尽可能地将决定和影响评价对象的各种内在因素分解和揭示出来。对每一个评价要素，要分别列出相应的评价指标及观测变量,并尽可能分解到相互独立的层次。随着评价因素的逐步分解和细化,在技术层次上提高了评价指标及其观测变量的可操作性,但是也逐渐地剔除了一些相对不太重要的评价因素,从而使得信息的丢失总量越来越大。除非能够确保评价因素之间的分解和传递都是围绕评价对象的本质因素进行,并在最大程度上保持了真实信息,否则对评价对象的评价因素不宜进行太多层次的分解。

因素分析法的应用主要涉及以下五个步骤。

第一步,确定评价对象的影响因素和结果因素。这是因素分析法的第一步,也是最基础的一步。影响因素和结果因素决定着评价对象的分析维度和研究方向,因而在确定影响因素和结果因素时,要选择主要和关键的因素,而不是罗列出所有的因素,以避免给后期评价维度的确定带来不必要的干扰。

第二步,选取与评价对象相关的评价指标及观测变量,构造出各个评价指标及观测变量之间的因果关系。这种关系可以是自然形成的,也可以是人为构造的。对于人为构造的因果关系,必须能够从逻辑上进行验证。

第三步,确定各个评价指标及观测变量各自所占的权重。这是一项非常关键的工作,由于在不同的评价指标及观测变量之间总存在一定程度的相关性,权重的分配对于确定评价指标及观测变量的重要性是非常关键的。因此,对于与其他评价指标及观测变量关系明显的评价指标及观测变量通常要降低分配的权重,而对于较为独立的评价指标及观测变量可适当增大分配的权重。

第四步,计算出各个因素共同发生作用所导致的评价对象的计量值,即对各个评价因素对评价对象的贡献进行综合。在因素分析法中,这也是一项非常重要的工作,涉及的关键问题是如何对评价指标及观测变量的实际测量值进行标准化转换。在评价指标及观测变量的量化中,由于不同评价指标及观测变量的量纲可能有所不同,要对这些评价指标及观测变量建立统一的比较基准,使得不同的评价指标及观测变量均可以利用相应的比较基准生成无量纲的标准化数据,再进行数据的定量测算。

第五步,对测算结果进行合理性判断和技术性分析,从而对评价对象的现状做出评价。

NQI评价体系的构建比较适合采用因素分析法。使用因素分析法可以概括出 NQI 的本质内涵，确定 NQI 的能力因素和效果因素，为评价和建设 NQI 提供框架和方向，同时也为 NQI 发展水平的量化提供基础。

4.3　基于能力视角的 NQI 评价因素分析

基于能力视角的 NQI 评价因素分析也就是分析那些能够影响 NQI 履行职责的因素。由于这些因素总是整体性地发挥作用，在进行分析时，要避免人为割裂其内在的联系。

4.3.1　NQI 的国际影响

NQI 的国际影响主要涉及两方面的内容：一是一国加入 NQI 相关国际组织的情况；二是一国在 NQI 相关国际组织内部的影响力情况。

加入相关国际组织是参与国际贸易、融入全球制造体系的基本前提。这些相关国际组织主要包括 IAF、ILAC、IEC、ITU、ISO、BIPM、OIML 等，也包括签署 IAF-MLA、ILAC-MRA、CIPM-MRA 等多边互认协议。

一国在 NQI 相关国际组织内部的影响力决定了该国 NQI 体系对国际秩序的影响程度。主要包括在 ISO、IEC、BIPM，以及国际认可和合格评定组织中的任职人数和任职地位。通常认为，占据相关国际组织的领导者职位将有利于(或稍微有利于)该国 NQI 体系的国际化。

4.3.2　NQI 的制度建设

NQI 的制度建设主要涉及两方面的内容，即法律法规和市场监管。

法律法规建设为 NQI 的发展提供法律保障，主要涉及计量法律及行政法规、标准法律及行政法规、认可法律及行政法规、合格评定法律及行政法规、产品质量法律及法规、消费者保护法律及法规等内容。以我国为例，如《中华人民共和国计量法》《中华人民共和国标准化法》《中华人民共和国消费者权益保护法》《中华人民共和国产品质量法》《中华人民共和国进出口商品检验法》《中华人民共和国进口计量器具监督管理办法》等，都属于 NQI 法律法规体系的组成部分。

市场监管建设为法律执行提供力量支撑，主要涉及 NQI 相关法律威慑力、法律效力等内容。

归根结底，NQI 的制度建设水平高不高，一要看法律法规体系制定得合不合理，二要看执行力度是否有效。不同国家的法律实际效力是存在差异的，对 NQI 的制度建设也将产生较大的影响，必须加以考虑。

4.3.3 NQI 的资源供给

NQI 资源供给是一国 NQI 水平最直观的反映，也是影响其履职效果的重点。从履职效果来看，NQI 的资源供给需要考虑三个层面的水平：能不能、好不好、快不快。可以发现，一国 NQI 资源供给的能不能、好不好、快不快不仅取决于其 NQI 资源的科技水平，也取决于该国对于 NQI 各要素的空间布局和人力分配，这两者是密不可分的，有必要整体考虑。

NQI 资源供给主要涉及三方面内容，即计量资源、标准资源、认可及合格评定资源。计量资源供给主要通过校准、检定、测量等开展，需要实体场地、设备和人员支撑，其发展水平必然涉及服务供给时间、服务供给数量、服务供给科技水平等因素。标准资源供给则可以通过互联网完成标准情报的传递、检索和获取，对于实体的场地、设备的需求相对较弱，其发展水平主要体现在其与国际贸易的结合程度。本书认为，某项标准越适应国际贸易、国际生产制造分工需要，其发展水平越高。认可及合格评定资源供给主要包括合格评定服务供给时间、供给数量、供给的权威性和稀缺性等。

4.3.4 评价要点

综上分析，基于能力视角的 NQI 评价因素有国际影响、制度建设、资源供给三大因素，其评价要点见表 4-1。

表 4-1 基于能力视角的 NQI 评价因素的评价要点

评价因素	评价要点
国际影响	①国际影响的范围 ②国际组织中的影响力
制度建设	①法律法规建设情况 ②市场监管建设情况

续表

评价因素	评价要点
资源供给	①计量资源供给情况 ②标准资源供给情况 ③认可及合格评定资源供给情况

4.4 基于效果视角的 NQI 评价因素分析

基于效果视角的 NQI 评价因素分析也就是分析那些能够反映 NQI 影响经济体作用的效果因素。本书认为，NQI 对经济体的主要影响包括促进贸易、提高质量、保障安全等。本书基于深入的研究认同这一观点，认为上述三者也是反映了 NQI 的实施效果。

4.4.1 NQI 促进贸易

从便利贸易流通角度看，计量是确保贸易中数量关和质量关的重要手段，计量器具量值是否准确将直接影响买卖双方的贸易达成和结算。标准是规范、约束和调节市场行为主体的基本准则，是在更大范围内统一技术要求、维护公平竞争、保护消费者利益的重要载体和手段。检验检测和认证认可有助于解决贸易往来中的信息不对称问题，特别是通过第三方认证和国际互认，有助于建立更加便利高效的贸易环境，消除贸易壁垒，降低贸易成本和风险，并获得国际市场的认可。

4.4.2 NQI 提升质量

现代化大生产是以先进科学技术和高度社会化为表征的。前者表现为生产过程的速度加快、质量提升、生产的连续性和节奏性增强；后者表现为社会分工越来越细，各利益相关方之间的经济联系日益密切。从社会化大生产过程中发挥的作用看，没有准确的计量，就没有可靠的数据；没有可靠的数据，就谈不上科学的管理，无法控制正常的工艺过程，更谈不上质量。标准是社会化大生产中建立规则和秩序的重要工具，缺乏标准的规范效用和自我约束作用，就不能对现代化大生产从技术上和管理上进行协调和统一。检验检测与认证认可是质量管理和标准化的实施途径，是保证标准和技术规范得以有效实施，进而改善产品质量、提高管理水平的重要手段。

4.4.3　NQI 保障安全

建立和强化 NQI 可以支撑国民生活和社会经济活动。如长度、重量等计量标准可以确保国民生活的安全，增强消费者对企业的信任；医药卫生等领域的标准开发可以直接增进国民健康。同时，如果没有整合性的 NQI，会导致国民生活的安全性下降。一是由于标准、计量等活动具有典型的公共产品特征，在政府没有提供这些公共服务的情况下，国民日常生活的判断基础将会遭到破坏，威胁国民的日常生活。二是由于规模经济的存在，企业自行制定标准、计量等活动将会耗费大量的时间和成本，导致企业营利机会的损失和效率的降低，同时也会降低公众对企业的信任。

4.4.4　评价要点

综上所述，NQI 的发展主要给经济体带来贸易、质量、安全等方面的益处，这也是基于效果视角的 NQI 评价因素的评价要点，见表 4-2。

表 4-2　基于效果视角的 NQI 评价因素的评价要点

评价因素	评价要点
服务发展	① 贸易便利 ② 质量提升 ③ 安全保障

第 5 章 指标与分析

NQI 评价反映了 NQI 在国家层面的潜在服务能力和直接服务效果,其表现形态涉及国际影响、制度、资源、贸易便利化、质量提升和安全保障等多个维度。基于第 4 章所分析的评价要点,本章构建了 NQI 评价指标体系,详细介绍了评价指标体系的观测变量含义、计算方法和权重体系,并对世界主要国家的 NQI 发展水平进行了测评和分析。

5.1 NQI 评价指标体系

5.1.1 整体架构

前文对 NQI 评价因素的分析为 NQI 评价指标体系框架确立明确了方向。通过对能力视角和效果视角下 NQI 评价因素及评价要点的深入分析,发现一个完善的 NQI 体系需要在以下四个方面达到要求水平。第一,在 NQI 领域有较高的国际影响力,拥有被世界各国认可的计量、标准、认可及合格评定体系,能在国际上主导 NQI 相关规则的制定;第二,拥有较为完善的制度体系和法律法规体系,能够保证 NQI 体系得到良好实施;第三,保障计量、标准、认可及合格评定等方面的资源供给,相关产业形成规模化发展;第四,NQI 体系对社会经济发展有着显著的支撑和促进作用,合理的 NQI 体系应有效地促进贸易便利化发展、提升产品质量、保障产品安全。由此,本书从能力和效果两个视角,具体细化为从国际影响、制度建设、资源供给和服务发展四个维度设计 NQI 发展水平指数,并据此设置了 4 个二级指标和 10 个三级指标。每个二级指标下对应 2~3 个三级指标。如国际影响维度下设置了影响范围、机构任职 2 个三级指标；制度建设维度下设置了法律法规、市场监管 2 个三级指标；资源供给维度下设置了计量资源、标准资源、认可及合格评定资源 3 个三级指标；服务发展维度下设置了贸易便利、质量提升、安全保障 3 个三级指标。

由以上分析确定了 NQI 评价指标体系（后文统称为 NQI 发展水平指数）的基本框架，下一步需要基于对数据的稳定性、准确性和指标的科学性等的考虑，深化研究观测变量的选取问题。在选取评价各国 NQI 发展水平观测变量时，各国 NQI 体系、制度的不同和语言的差异给搜集数据带来很大困难。例如，法律法规指标所对应的观测变量是 NQI 相关的法律法规部数，然而各国 NQI 相关法律法规部数，不仅是简单地涉及英语、日语、韩语、法语、德语等近十种语言，还需考虑各国法律体系的异同，在统计法律法规数据时必须将各国不同的法律体系相匹配，建立统一的统计口径。又如，体现 NQI 影响范围的观测变量为一国加入 WTO、ITC、ISO 等 8 个国际组织的数量，需要分别从 8 个国际组织的官网查询每位成员国信息，部分较早年份的数据需要从历史文件中寻找，无法直接爬取或下载数据，工作量十分庞大。根据科学性与操作性并举的原则，结合前期积累的实际数据情况，本书最终优化形成了可操作性优先，兼顾科学性的 NQI 发展水平指数，包括 1 个一级指标，4 个二级指标，10 个三级指标，19 个观测变量。NQI 发展水平指数的基本框架见表 5-1。

表 5-1　NQI 发展水平指数的基本框架

一级指标	二级指标	三级指标	观测变量
NQI 发展水平指数	国际影响	影响范围	一国加入 WTO、ITC、ISO、IEC、BIPM、OIML、IAF、ILAC 等国际组织数量
		机构任职	一国在 ISO/CASCO 中任职人数
			一国在 IEC 中任职人数
			一国在 BIPM 中任职人数
			一国在国际认可及合格评定组织中的任职人数

续表

一级指标	二级指标	三级指标	观测变量
NQI发展水平指数	制度建设	法律法规	一国 NQI 相关法律及行政法规部数
		市场监管	一国法律框架解决纠纷的实际效力
	资源供给	计量资源	一国仪器仪表行业出口占全球仪器仪表行业出口比重
			一国仪器仪表行业出口单位价值
			一国国际认可的校准测量能力数（CMCs）
		标准资源	一国单位 GDP 的主导制定 ISO 标准数
			一国国际标准采标率
		认可及合格评定资源	一国单位 GDP 的 IEC 合格评定体系证书数
			一国单位 GDP 的 ISO 9001 认证证书数
			一国原创的认可及合格评定制度数
	服务发展	贸易便利	一国商品进口过程中满足文件合规要求所需时间
			一国商品出口过程中满足文件合规要求所需时间
		质量提升	一国出口商品质量溢价指数
		安全保障	一国出口商品通报召回指数

5.1.2 指标解释

1. 国际影响

NQI 作为一项国际性的制度安排，通过加强多边和双边合作，积极加入多边互认体系，主动参与标准、合格评定等国际规则的制定和修改，提高在国际上的主导权和话语权。国际影响包括"影响范围""机构任职"2 个三级指标。

"影响范围"主要反映一国加入 NQI 相关国际组织的情况，对应的观测变量是"一国加入 WTO、ITC、ISO、IEC、BIPM、OIML、IAF、ILAC 等国际组织的数量"。

"机构任职"主要反映一国在国际 NQI 相关组织业务运行及管理中发挥

的引领作用，也能反映一国的国际影响力，观测变量是"一国在 ISO/CASCO 中任职人数""一国在 IEC 中任职人数""一国在 BIPM 中任职人数"和"一国在国际认可及合格评定组织中的任职人数"。

2. 制度建设

制度建设包括"市场监管""法律法规"2 个三级指标。制度建设的主要目的在于为一国 NQI 的工作有序平稳开展提供保障。

"市场监管"对应的观测变量是"一国法律框架解决纠纷的实际效力"，这一变量主要来自世界经济论坛（World Economic Forum，WEF）发布的《全球竞争力报告》，由于 NQI 相关法律法规也是法律框架中的一部分，本指标体系用这一观测变量来反映一国 NQI 相关法律法规体系实际发挥作用的效力。

"法律法规"对应的观测变量是"一国 NQI 相关法律及行政法规部数"。实际上，这是兼顾科学性和数据可得性"妥协"后的选择。因为任何国家的法律法规体系都存在结构性差异，单纯用数量无法完全反映差距。以我国为例，有些法律法规与 NQI 直接相关，如《中华人民共和国计量法》《中华人民共和国标准化法》等。有些法律法规与 NQI 并不直接相关，如《中华人民共和国产品质量法》《中华人民共和国对外贸易法》等。此外，不同法律法规的作用层级、作用对象存在差异，在量化一国 NQI 相关的法律制度水平时，这些法律的权重应该是不同的。因此，单纯用法律法规部数作为一国的 NQI 法律法规体系的发展水平是值得商榷的，应当从整个法律法规体系完备性、互补性的角度对其开展分析和调查。但由于时间、精力和专业领域的限制，加上本指标体系的主要评估对象是 NQI 宏观整体，使用法律法规部数作为法律法规体系要素的评价指标虽然存在一定误差，但本书认为是可以接受的。

为了使得这一观测变量可落地、可比对，这一指标只统计两个层级的数据。第一个层级是"法律"，指人大（我国）、议会（欧美国家）发布的法律。我国涉及 NQI 现行有效的法律有 21 部，如《中华人民共和国产品质量法》《中华人民共和国计量法》等。第二个层级由行政法规构成，发布部门为国务院（我国），联邦政府、内阁、总统令、首相令等（欧美国家）。我国涉及 NQI 的行政法规有 17 部，如《中华人民共和国认证认可条例》《中华人民共和国进出口商品检验法实施条例》等。

3. 资源供给

资源供给包括"计量资源""标准资源""认可及合格评定资源"3 个三级指标。

"计量资源"不仅需要考虑一国的计量资源供给水平，还需要考虑所提供的这些资源在全球范围内的科技水平。本指标体系分别采用"一国仪器仪表行业出口占全球仪器仪表行业出口比重""一国仪器仪表行业出口单位价值""一国国际认可的校准测量能力数(CMCs)"3 个观测变量代表其发展水平。由于计量器具大多归类为仪器仪表行业，一国的仪器仪表行业发展水平在一定程度上能够反映计量资源的供给水平。基于这些考虑，本指标体系使用"一国仪器仪表行业出口占全球仪器仪表行业出口比重"与"一国仪器仪表行业出口单位价值"作为观测变量来代替一国计量资源的供给水平。"一国国际认可的校准测量能力数(CMCs)"能够直接反映计量水平的国际认可度及一定程度的计量科技水平。因此，本指标体系综合采用上述 3 个指标来反映计量资源的实际水平。

"标准资源"的供给情况主要考虑在国际贸易中发挥作用的标准数量，一方面体现在国家主导、制定国际标准的能力，另一方面体现在采用国际标准的比例。因此，本指标体系采用"一国单位 GDP 的主导制定 ISO 标准数"和"一国国际标准采标率"作为观测变量来反映标准资源的供给水平。

"认可及合格评定资源"从发展能力和资源供给数量两方面考虑，本指标体系采用"一国单位 GDP 的 IEC 合格评定体系证书数""一国单位 GDP 的 ISO 9001 认证证书数""一国原创的认可及合格评定制度数"为观测变量。

4. 服务发展

服务发展包括"贸易便利""质量提升""安全保障"3 个三级指标。

对于国际贸易而言，NQI 可能带来的"贸易便利"影响主要体现在两个方面：一是满足国际贸易中的合规性所需时间减少；二是满足合规性所需额外成本降低。受数据可得性的影响，本指标体系只使用了第一个方面作为 NQI 影响贸易便利的结果，亦即使用"一国商品进口过程中满足文件合规要求所需时间"和"一国商品出口过程中满足文件合规要求所需时间"2 个观测变量来反映一国 NQI 在促进贸易便利化方面的水平。

反映一国"质量提升"程度的指标尚不多见。本指标体系使用了一个基于出口商品单价的综合指数——"一国出口商品质量溢价指数"作为观测变量，反映一国商品的综合质量水平。这一指数主要通过价格数据，测算出一国商品由于质量差距所获得相对于同类商品平均市场价格的溢价程度。通常认为，这一指数得分越高，一国产品质量水平越高。

类似的，本指标体系使用了基于美国 CPSC 和欧盟 RAPEX 通报召回的综合指数——"一国出口商品通报召回指数"作为观测变量反映一国商品的安全保障水平。这一指数反映了一国出口商品在美国及欧盟（含英国）市场上的加权通报召回数。指数越高，表明该国制造业出口商品被通报、召回的次数越多，质量达不到进口国要求的商品出现频率越高，安全保障就越低。

5.2 观测变量的含义和计算公式

为了确保评价指标体系中的各个观测变量的原始数据统计口径基本保持一致，需要给出各个观测变量的具体含义和计算式。由于观测变量的形成总是与特定的观测范围及统计口径相关，为了确保观测变量的定义可靠，基于在不同国家之间进行比较的研究目的，分别就各个观测变量在国家层面的具体含义和计算式进行分析。为了便于使用，对于那些已有明确的解释、得到广泛使用，而且基本含义符合指标评价需要的观测变量，将直接加以引用。而对于那些尚不通用的观测变量，将根据实际研究需要自行加以定义。

根据表 5-1 确立的基础架构，表 5-2 列出了 19 个观测变量的技术含义、计算公式、数据来源和类型。

表 5-2　NQI 发展水平指数的观测变量的技术含义、计算公式、数据来源和类型

观测变量	技术含义	计算公式	数据来源	类型
一国加入 WTO、ITC、ISO、IEC、BIPM、OLML、IAF、ILAC 等国际组织数量	在报告期 t 内，一国在 WTO 等国际组织中，加入或者成为其成员国的数量	$M_i(t)$	各国际组织官网的成员国信息	年度

续表

观测变量	技术含义	计算公式	数据来源	类型
一国在 ISO/CASCO 中任职人数	在报告期 t 内,一国在国际组织 ISO/CASCO 中的任职人数	$N_{iISO}(t)$	《认证认可强国评价指标体系研究与应用》	年度
一国在 IEC 中任职人数	在报告期 t 内,一国在国际组织 IEC 中的任职人数	$N_{iIEC}(t)$	《认证认可强国评价指标体系研究与应用》	年度
一国在 BIPM 中任职人数	在报告期 t 内,一国在国际组织 BIPM 中的任职人数	$N_{iBIPM}(t)$	BIPM 官网	年度
一国在国际认可及合格评定组织中任职人数	在报告期 t 内,一国在国际认可及合格评定组织中的任职人数	$N_{iCA}(t)$	《认证认可强国评价指标体系研究与应用》	年度
一国 NQI 相关法律及行政法规部数	在报告期 t 内,一国法律法规体系中有效的质量基础设施法律(法规)部数	$TN_i(t)$	《认证认可强国评价指标体系研究与应用》	累计数
一国法律框架解决纠纷的实际效力	在报告期 t 内,一国法律法规框架解决纠纷的效力	$E_i(t)$	《全球竞争力报告》	年度
一国仪器仪表行业出口占全球仪器仪表行业出口比重	在报告期 t 内,一国仪器仪表行业的出口额 $E_{iE}(t)$ 占全球仪器仪表行业总出口额 $E_E(t)$ 的比重	$E_{iE}(t)/E_E(t)$	联合国贸易数据库,经本书撰写组测算	年度
一国仪器仪表行业出口单位价值	在报告期 t 内,一国仪器仪表行业的出口单位价值	$EUV_{iE}(t)$	联合国贸易数据库,经本书撰写组测算	年度
一国国际认可的校准测量能力数(CMCs)	在报告期 t 内,一国获得认可的校准测量能力数	$N_{iCMC}(t)$	BIPM 官网	累计数
一国单位 GDP 的主导制定 ISO 标准数	在报告期 t 内,一国主导制定的 ISO 标准数 $N_{iS}(t)$ 与该国 $GDP_i(t)$ 的比值	$N_{iS}(t)/GDP_i(t)$	《认证认可强国评价指标体系研究与应用》	年度

续表

观测变量	技术含义	计算公式	数据来源	类型
一国国际标准采标率	在报告期 t 内，一国采用国际标准的比率	$R_{iS}(t)$	国家标准馆	年度
一国单位 GDP 的 IEC 合格评定体系证书数	在报告期 t 内，一国颁发的 IEC 合格评定体系证书数 $N_{iIEC}(t)$ 和该国 $GDP_i(t)$ 的比值	$N_{iIEC}(t)/GDP_i(t)$	《认证认可强国评价指标体系研究与应用》	年度
一国单位 GDP 的 ISO 9001 认证证书数	在报告期 t 内，一国颁发的 ISO 9001 体系认证证书数 $N_{iISO}(t)$ 和该国 $GDP_i(t)$ 的比值	$N_{iISO}(t)/GDP_i(t)$	《认证认可强国评价指标体系研究与应用》	年度
一国原创的认可及合格评定制度数	在报告期 t 内，一国首创制定并得到两个（含）以上国家或地区的政府、组织、企业采信的认证认可制度数	$TN_i(t)$	《认证认可强国评价指标体系研究与应用》	累计数
一国商品进口过程中满足文件合规要求所需时间	在报告期 t 内，一国商品进口过程中满足文件合规要求所需的平均时长	$TI_i(t)$	世界银行数据库	年度
一国商品出口过程中满足文件合规要求所需时间	在报告期 t 内，一国商品出口过程中满足文件合规要求所需的平均时长	$TE_i(t)$	世界银行数据库	年度
一国出口商品质量溢价指数	在报告期 t 内，一国某种出口商品由于质量差异所获得的相对于同类商品平均市场价格的溢价程度	$R_q(t)$	联合国贸易数据库，经本书撰写组测算	年度
一国出口商品通报召回指数	在报告期 t 内，一国某种出口商品在美国及欧盟（含英国）市场上每十亿美元商品出口额发生的通报召回次数	$WS_i(t)$	美国 CPSC 及欧盟 RAPEX 召回数据库，经本书撰写组测算	年度

5.3 观测变量的数据采集和标准化[①]

为了保证评价指标体系测算结果的稳健性,本书选择了 2009—2016 年共 8 年的数据进行测算分析,数据来源如表 5-2 所示。为了消除观测变量的不同量纲和数量级别差异对最终指标测算的影响,可以通过实施标准化转换将不同国家不同性质的观测变量原始数据(称为原始值)转化为基于百分制得分的标准化数据(称为标准值)。用于标准化转换的典型方法较多,针对 NQI 发展水平指数,以下主要介绍最常用的四种方法。需要注意的是,在同一指标体系的建立中应尽可能使用同一方法,以增加指标体系测算结果的横向和纵向可比性。

5.3.1 基于最大值、最小值的标准化转换

假设各项指标转换后的最高值为 100,最低值为 0。不同指标观测变量原始值的标准化转换公式如下。

(1) 正相关指标的标准值。

$$s_{ij}(t) = \frac{x_{ij}(t) - \text{Min}\{x_{ij}(t); i=1, \cdots, n\}}{\text{Max}\{x_{ij}(t); i=1, \cdots, n\} - \text{Min}\{x_{ij}(t); i=1, \cdots, n\}} \times 100 \tag{5-1}$$

(2) 负相关指标的标准值。

$$s_{ij}(t) = \frac{\text{Max}\{x_{ij}(t); i=1, \cdots, n\} - x_{ij}(t)}{\text{Max}\{x_{ij}(t); i=1, \cdots, n\} - \text{Min}\{x_{ij}(t); i=1, \cdots, n\}} \times 100 \tag{5-2}$$

其中,$s_{ij}(t)$ 表示 i 国家 t 期内第 j 项观测变量的标准值,$x_{ij}(t)$ 表示 i 国家 t 期内第 j 项观测变量的原始值,$\text{Max}\{x_{ij}(t); i=1, \cdots, n\}$ 表示所有 n 个国家 t 期内第 j 项观测变量的最大值,简记为 $\text{Max}_j(t)$;$\text{Min}\{x_{ij}(t); i=1,$

[①] 观测变量的数据采集和标准化是指标体系构建中的两个主要的技术点,但这两个技术点是属于一种通用技术,评价指标权重体系建立具有广泛通用性。基于这一特点,本书主要借鉴并基本采纳了《质量竞争力研究与应用》一书的相关章节内容,并征得了作者的认同,在此特别说明。

…, n} 表示所有 n 个国家 t 期内第 j 项观测变量的最小值,简记为 $\text{Min}_j(t)$。由于该标准化转换方法属于线性变换方法,而且易于操作,因而在各种指标体系类研究中得到广泛应用。为减小得分范围(如将得分区间限制在 60～100 之间),有时也采用下列的标准化转换公式。

(1) 正相关指标的标准值。

$$s_{ij}(t) = \frac{x_{ij}(t) - \text{Min}\{x_{ij}(t); i=1, \cdots, n\}}{\text{Max}\{x_{ij}(t); i=1, \cdots, n\} - \text{Min}\{x_{ij}(t); i=1, \cdots, n\}} \times 40 + 60$$

(5-3)

(2) 负相关指标的标准值。

$$s_{ij}(t) = \frac{\text{Max}\{x_{ij}(t); i=1, \cdots, n\} - x_{ij}(t)}{\text{Max}\{x_{ij}(t); i=1, \cdots, n\} - \text{Min}\{x_{ij}(t); i=1, \cdots, n\}} \times 40 + 60$$

(5-4)

基于最大值、最小值的标准化转换方法在各种不同指数的测算中得到了广泛应用。但考虑到数据采集中偶尔会出现的数据异常现象(多数情况下是数据记录误差引起的,也可能因某个国家的某项观测变量发展迅速引起的),为确保测算结果的稳健性,在参考该方法的同时,要对其进行适当的改造,以增强其对统计异常值的适应性。

5.3.2 基于均值、标准偏差的标准化转换

假设不同国家各项指标转换后在小概率事件意义(以 5 倍标准偏差为判断依据)上的最高值为 100,最低值为 0。不同国家观测变量原始值的标准化转换公式如下。

(1) 正相关指标的标准值。

$$s_{ij}(t) = \frac{x_{ij}(t) - E[X_{ij}(t)]}{\sqrt{D[X_{ij}(t)]}} \times 10 + 50 \qquad (5-5)$$

(2) 负相关指标的标准值。

$$s_{ij}(t) = \frac{E[X_{ij}(t)] - x_{ij}(t)}{\sqrt{D[X_{ij}(t)]}} \times 10 + 50 \qquad (5-6)$$

其中,$s_{ij}(t)$ 表示 i 国家 t 期内第 j 项观测变量的标准值,$x_{ij}(t)$ 表示 i 国家 t 期内第 j 项观测变量的原始值,$X_{ij}(t)$ 表示 i 国家 t 期内第 j 项观测变量的随机变量,$E[X_{ij}(t)]$ 表示所有 n 个国家 t 期内第 j 项观测变量的期望值,$D[X_{ij}(t)]$ 表示所

有 n 个国家 t 期内第 j 项观测变量的方差。这里，$E[X_{ij}(t)]$ 和 $D[X_{ij}(t)]$ 的计算公式如下。

$$E[X_{ij}(t)] \cong \overline{x}_j(t) = \frac{1}{n}\sum_{i=1}^{n} x_{ij}(t) \quad (5-7)$$

$$D[X_{ij}(t)] \cong \frac{1}{n-1}\sum_{i=1}^{n}[x_{ij}(t)-\overline{x}_j(t)]^2 \quad (5-8)$$

在随机变量 $X_{ij}(t)$ 服从正态分布的条件下，99.73% 的观测变量原始数据的变换值将落在 20~80 之间。在某些特殊情况下，可能有某些极端值落在 0 之下或落在 100 之上。为了克服这一缺陷，可以引入半升梯形模糊隶属度函数进行调整，相应的标准化计算公式如下。

（1）正相关指标的标准值。

$$s_{ij}(t) = \begin{cases} 0 & [z_{ij}(t)<-3] \\ \left[\dfrac{z_{ij}(t)}{3}+1\right]\times 50 & [-3\leqslant z_{ij}(t)\leqslant 3] \\ 100 & [z_{ij}(t)>3] \end{cases} \quad (5-9)$$

（2）负相关指标的标准值。

$$s_{ij}(t) = \begin{cases} 100 & [z_{ij}(t)<-3] \\ \left[1-\dfrac{z_{ij}(t)}{3}\right]\times 50 & [-3\leqslant z_{ij}(t)\leqslant 3] \\ 0 & [z_{ij}(t)>3] \end{cases} \quad (5-10)$$

其中，$s_{ij}(t)$ 表示 i 国家 t 期内第 j 项观测变量的标准值，$z_{ij}(t)$ 表示 i 国家 t 期内第 j 项观测变量的标准分，计算公式如下。

$$z_{ij}(t) = \frac{x_{ij}(t)-E[X_{ij}(t)]}{\sqrt{D[X_{ij}(t)]}} \quad (5-11)$$

该标准化转换方法的应用范围较广，比较适用于与时间无关的数据组之间的转换。当要将测算指标用于纵向比较时（如来自不同年份的多组数据），由于无法保证统计分布的参数估计值基本保持不变，往往需要不断变换比较基准，并对已经测算的数据进行技术修正，适用性不如基于最大值、最小值的标准化转换方法好。

5.3.3 基于特定基准值的标准化转换

假设不同国家各项指标在经济意义上有一个公认的基准值。与公认的基准值相比，不同国家观测变量原始值的标准化转换公式如下。

（1）正相关指标的标准值。

$$s_{ij}(t) = \frac{x_{ij}(t)}{b_j(t)} \times 100 \tag{5-12}$$

（2）负相关指标的标准值。

$$s_{ij}(t) = \frac{b_j(t)}{x_{ij}(t)} \times 100 \tag{5-13}$$

其中，$s_{ij}(t)$ 表示 i 国家 t 期内第 j 项观测变量的标准值，$x_{ij}(t)$ 表示 i 国家 t 期内第 j 项观测变量的原始值，$b_j(t)$ 表示 t 期内第 j 项观测变量的特定基准值。有时用所有 n 个国家 t 期内第 j 项观测变量的期望值 $E[X_{ij}(t)]$ 作为特定基准值。该标准化转换方法属于非线性变换方法，不适用于观测变量及其基准值为 0、接近 0 或负数的场合，而且经转换后的标准值不确定。

在各个观测变量的测量值均为正数的情况下，为了克服上述缺陷，可以选用最大值或最小值作为比较基准，相应的计算公式如下。

（1）正相关指标的标准值。

$$s_{ij}(t) = \frac{x_{ij}(t)}{\text{Max}\{x_{ij}(t); i=1,\cdots,n\}} \times 100 \tag{5-14}$$

（2）负相关指标的标准值。

$$s_{ij}(t) = \frac{\text{Min}\{x_{ij}(t); i=1,\cdots,n\}}{x_{ij}(t)} \times 100 \tag{5-15}$$

其中，$s_{ij}(t)$ 表示 i 国家 t 期内第 j 项观测变量的标准值，$x_{ij}(t)$ 表示 i 国家 t 期内第 j 项观测变量的原始值，$\text{Max}\{x_{ij}(t); i=1,\cdots,n\}$ 表示所有 n 个国家 t 期内第 j 项观测变量的最大值，而 $\text{Min}\{x_{ij}(t); i=1,\cdots,n\}$ 表示所有 n 个国家 t 期内第 j 项观测变量的最小值。

由于在实际测评中，某些观测变量的原始数据可能出现取值为 0 或接近 0 的情况（如认可及合格评定资源、质量溢价指数、机构任职等指标的观测变量），在这种情况下该标准化转换方法有可能失效。而且，用该标准化转换方法转换后的标准化数据容易出现过度偏倚，如数据多数集中于 0 或 1 附近，因而适用性较差。

5.3.4 基于分级比较的标准化转换

根据评价指标体系中的各个观测变量的大小，将其分为若干组，再按每个指标求出其全距,然后按一定比例和规则(通常按照专家的意见确定)给出每个观测变量应得的标准值。假设某一观测变量的最高值为 41%,最低值为 11%,所有观测变量的平均值为 17.9%,则可以按照表 5-3 所示的某一观测变量的综合评分标准确定各个观测对象观测变量的标准值。

表 5-3 某一观测变量的综合评分标准

原始值(%)	<11	[11, 11.9)	[12, 13.9)	[14, 15.9)	[16, 17.9)
标准值	10	20	30	40	50
原始值(%)	[18, 20.9)	[21, 25.9)	[26, 30.9)	[31, 40.9)	≥41
标准值	60	70	80	90	100

这一标准化转换方法的缺点是必须针对每一个观测变量分别制定各自的评分标准,当观测变量较多时,操作的难度就会显著增大。而且,当观测变量的原始数据接近评分标准的边界时,容易出现得分的跳跃性变化,进而引起争议。因此,该标准化转换方法属于非线性变换方法,比较适用于观测变量自身是分类或分级数据的情形,如优、良、中、差等类型的评价数据或国际标准、国外先进标准、国家标准、地区标准、行业标准、团体标准和企业标准等类型的观测变量。

NQI 发展水平指数的测算将主要基于最大值、最小值的转换方法,并且将得分区间限制在 60~100 之间。

5.4 评价指标的权重体系建立

建立 NQI 发展水平指数权重体系的核心问题是如何确定各个评价指标及其观测变量在指标体系测算中的权重大小。一个基本思路是,由一组专家按照德尔菲法对各个评价指标及其观测变量对上一层次评价指标的影响进行评价,并基于层次分析法(Analytic Hierarchy Process,AHP)最终确定各个子层次评价指标的权重及其与更高层次评价指标之间的逻辑关系,最后获得对 NQI 发展水平指数的综合评价。根据 AHP 的基本原理,NQI 发展水平指数的各个评价指标及其观测变量权重的确定,最终归结为求解有关判断矩阵的最大特征根所对应的特征向量的问题。

5.4.1 组建评价专家组

按照德尔菲法建立具有适当规模的 NQI 发展水平指数权重体系的评价专家组[①]，专家组由 NQI 各个相关领域的专家、学者、技术与管理人员组成，负责对 NQI 发展水平指数中的各级评价指标及其观测变量的重要性进行打分。

5.4.2 确定评价准则和标度含义表

评价准则和标度含义表是专家组对各级评价指标及其观测变量进行评价、对比和打分的依据。专家组将基于特定评价准则的要求，按照各级评价指标及其观测变量之间的相对优越程度或相对重要程度赋予相应的比值。根据心理学的研究成果，通常可以制定基于 5 种判断的 9 级标度含义表，见表 5-4。在依据标度含义表进行指标评价时，应注意以下三点。

(1) 表 5-4 中的标度是相对正向比较（甲与乙比）而言的，若是进行反向比较（乙与甲比），则应取相应标度的倒数。例如，若甲与乙比较的标度为 5，则乙与甲比较的标度为 1/5。

(2) 同一事物自身相比，标度恒为 1。

(3) 在比较三个或三个以上评价指标及其观测变量之间的相互关系时，要避免比较优势之间的传递关系超过表 5-4 中给定的最大标度 9 或最小标度 1/9。提出这一要求的逻辑上的合理性在于在建立 NQI 发展水平指数时，已经剔除了那些相对而言影响比较小的评价指标及其观测变量，保留下来的都是影响相对较大的评价指标和观测变量。例如，如果甲与乙比的标度为 4，而乙与丙比的标度为 5，则甲与丙比的标度就应该是 20，这就大大超过了最大标度 9；类似地，丙与甲比的标度就应该是 1/20，这就远远小于最小标度 1/9。说明或者"甲与乙比的标度为 4"的判断不合理，或者"乙与丙比的标度为 5"的判断不合理，或者两个判断皆不合理，应该综合考虑甲、乙、丙三者之间的相对重要性，重新评价和打分，否则将严重削弱判断矩阵的一致性。

[①] 对于比较简单的决策问题，专家组的规模可以适当小一些，如由 7～9 人组成。对于比较复杂的决策问题，专家组的规模可以适当大一些，如由 17～19 人，甚至更多的人组成。在下文的权重测算中，建立了由 9 名专家组成的 NQI 发展水平指数权重体系的评价专家组。

表 5-4 标度含义表

标 度	标 度 含 义
1	甲与乙同等重要
3	甲比乙稍微重要
5	甲比乙明显重要
7	甲比乙强烈重要
9	甲比乙极端重要
2、4、6、8	分别为上述两个相邻判断的折中

5.4.3 构造判断矩阵

按照评价组中各个专家的评价结果，构造判断矩阵，包括分判断矩阵和总判断矩阵。例如，若某一层次有 3 个评价指标，评价专家组由 m 位专家组成，则可以分别构造 m 个分判断矩阵和 1 个总判断矩阵如下。

（1）m 个分判断矩阵。

$$A_i = \begin{pmatrix} 1 & a_{12,i} & a_{13,i} \\ \frac{1}{a_{12,i}} & 1 & a_{23,i} \\ \frac{1}{a_{13,i}} & \frac{1}{a_{23,i}} & 1 \end{pmatrix} \quad (i=1,2,\cdots,m) \quad (5-16)$$

（2）1 个总判断矩阵。

$$A = \begin{pmatrix} 1 & a_{12} & a_{13} \\ a_{12}^{-1} & 1 & a_{23} \\ a_{13}^{-1} & a_{23}^{-1} & 1 \end{pmatrix} = \begin{pmatrix} 1 & \left(\prod_{i=1}^{m} a_{12,i}\right)^{\frac{1}{m}} & \left(\prod_{i=1}^{m} a_{13,i}\right)^{\frac{1}{m}} \\ \left(\prod_{i=1}^{m} a_{12,i}\right)^{-\frac{1}{m}} & 1 & \left(\prod_{i=1}^{m} a_{23,i}\right)^{\frac{1}{m}} \\ \left(\prod_{i=1}^{m} a_{13,i}\right)^{-\frac{1}{m}} & \left(\prod_{i=1}^{m} a_{23,i}\right)^{-\frac{1}{m}} & 1 \end{pmatrix}$$

$$(5-17)$$

显然，总判断矩阵仍然满足正的互反矩阵的基本条件，并包含两个一致性的假设：一是各个评价专家在自身评价尺度上的一致性；二是不同评价专家之间在评价尺度上的一致性。这种一致性是通过传递性满足的。但是,从实际操作过程看,各个评价专家在自身评价尺度上的一致性是相对的,而不同评价专家在评价尺度上的一致性也是相对的,否则就没有必要建立评价专家组。建立评价专家组的目的是避免个别专家的极端偏好对整个权重体系带来不利影响,因而评价专家组的评价结果在理论上是对不同专家评价结果的平均化过程。因此,总判断矩阵仍然具有一般意义上的判断矩阵的基本属性,可以按照求解一般判断矩阵最大特征根的思路求解其最大特征根。

5.4.4 求解特征根并进行检验

求解总判断矩阵的最大特征根并进行一致性检验。可以利用迭代法求解总判断矩阵的最大特征根 $\lambda_{\max}$,计算一致性水平指标 CI 或一致性比例 CR,并按照平均随机一致性指标数值表(表 5-5)的要求进行一致性检验。这里,迭代法也称幂法,其具体步骤是对某一给定的初始向量 W_0,利用 $W_k = AW_{k-1}(k=1, 2, \cdots; W_{k-1}$ 为经归一化处理后的向量)得到 $W_1, W_2, \cdots$,$W_k, \cdots$ 然后,根据给定的精度确定出最大的特征根和特征向量。

表 5-5 平均随机一致性指标数值表

阶数	2	3	4	5	6	7	8	9	10
RI	0.00	0.58	0.90	1.12	1.24	1.32	1.41	1.45	1.49

此外,$CI = \dfrac{\lambda_{\max} - n}{n-1}$ 且 $CR = \dfrac{CI}{RI}$。

一般认为,当 $CR < 0.1$ 时,判断矩阵具有可接受或令人满意的一致性。否则,应认为判断矩阵偏离完全一致性程度过大,应对总判断矩阵进行修改。例如,要求一致程度较差的评价专家重新进行评价,以提高其一致性程度,也可以要求专家组的所有成员都重新进行评价,以便获得新的分判断矩阵和总判断矩阵,并根据既定的精度要求求解出新的最大特征根和特征向量。

5.4.5 制定权重分配表

进一步地,根据专家组提供的权重调查结果,应用 AHP 模型计算出不同维度的量化权重。进而结合 NQI 发展水平指数各个层级中不同指标之间的相互关系,及其对上一层级指标的影响水平,权衡确定了 NQI 发展水平指数各层级指标的权重，形成了 NQI 发展水平指数的权重体系，见表 5-6。

表 5-6　NQI 发展水平指数的权重体系

一级指标	二级指标	三级指标	观 测 变 量	权重
NQI 发展水平指数	国际影响	影响范围	一国加入 NQI 相关国际组织数量（主要是 IAF、ILAC、IEC、ITU、ISO、BIPM、OIML 等组织）	10.0%
		机构任职	一国在 ISO/CASCO 中任职人数	2.5%
			一国在 IEC 中任职人数	2.5%
			一国在 BIPM 中任职人数	2.5%
			一国在国际认可及合格评定组织中的任职人数	2.5%
	制度建设	法律法规	一国 NQI 相关法律及行政法规部数	10.0%
		市场监管	一国法律框架解决纠纷的实际效力	10.0%
	资源供给	计量资源	一国仪器仪表行业出口占全球仪器仪表行业出口比重	3.5%
			一国仪器仪表行业出口单位价值	3.5%
			一国国际认可的校准测量能力数（CMCs）	5.0%
		标准资源	一国单位 GDP 的主导制定 ISO 标准数	4.5%
			一国国际标准采标率	4.5%
		认可及合格评定资源	一国单位 GDP 的 IEC 合格评定体系证书数	2.5%
			一国单位 GDP 的 ISO 9001 认证证书数	2.5%
			一国原创的认可及合格评定制度数	4.0%
	服务发展	贸易便利	一国商品进口过程中满足文件合规要求所需时间	6.0%
			一国商品出口过程中满足文件合规要求所需时间	6.0%
		质量提升	一国出口商品质量溢价指数	9.0%
		安全保障	一国出口商品通报召回指数	9.0%

从技术层次上看，为了确保 NQI 发展水平指数的相对稳定性，权重分配表一旦制定，就应在一段时期内保持基本稳定。在经过一段时间的应用后，即使指标体系中的各级评价指标和观测变量自身没有发生变化，也应该组织专家组对评价指标及其观测变量的相对重要性进行重新评价，并建立新的 NQI 发展水平指数权重体系。当然，如果分析表明，判断矩阵的一致性较差，

导致所生成的权重体系与主观判断出入很大,则可以考虑重新构建判断矩阵,计算新的权重体系。必要时,可以调整专家组的构成,以提高判断矩阵的一致性。

5.5　NQI 发展水平测评

5.5.1　世界主要国家 NQI 发展格局

为全面分析世界主要国家 NQI 发展水平,根据全球不同国家的发展情况,最终筛选确定了 11 个国家作为开展 NQI 发展水平指数对比研究的对象国,包括中国、美国、英国、日本、德国、瑞士、韩国、泰国、印度、南非、俄罗斯。主要依据在于:第一,美国和英国都有着作为世界经济霸主的历史经历,很多 NQI 基础制度都起源于美国和英国,选择这两个国家可以对比分析我国与上述两国之间的差距;第二,日本、德国和瑞士既是质量强国,又是发达国家,通过与这些国家开展比对工作,有助于了解我国与这些以质量闻名的国家的差距;第三,中国、日本、韩国、泰国作为亚洲邻国,文化属性差别不大,通过研究这些国家的 NQI 发展水平指数,有助于分析我国未来 NQI 领域发力的方向;第四,中国、印度、南非、俄罗斯同属新兴经济体国家,泰国、印度和俄罗斯又是"一带一路"沿线国家,选取这三个国家有助于分析新兴经济体国家 NQI 发展面临的共性问题。

根据对 11 个国家 2009—2016 年的数据处理和 NQI 发展水平指数的测算,得出 2009—2016 年世界主要国家 NQI 发展水平指数,如图 5.1 所示。

从测算结果可以看出,在 11 个国家中,英国、美国、德国的 NQI 发展水平稳居高位;日本、瑞士、韩国作为发达国家,其 NQI 发展水平指数较英国、美国、德国有一定差距,但相比其他国家仍然有明显优势;我国和其他国家落后于上述国家,但我国 2016 年的 NQI 发展水平指数跃居第七,赶超态势十分明显。从图 5.1 中可以看出,2009—2011 年,各国的 NQI 水平呈现梯队划分,从 2012 年开始,各国 NQI 水平逐渐拉开差距。2013—2015 年,南非和俄罗斯一度超过我国,但我国在 2016 年迅速上升,处于第三梯队第一的位置。德国作为传统质量强国,与英国、美国形成第一梯队,略显突兀但又

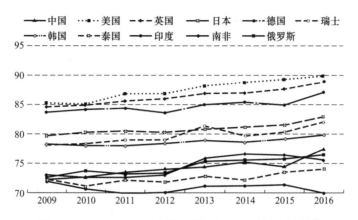

图 5.1　2009—2016 年世界主要国家 NQI 发展水平指数

在意料之中,说明高质量的产品与 NQI 体系的支持是密不可分的。日本虽为传统质量强国,但其近些年屡次被爆出质量丑闻,体现在 NQI 发展水平指数上,可以明显看出日本近些年和德国的差距。印度在 11 个国家中排名最后,其 NQI 发展水平较差,与其质量水平相匹配,较为符合预期。

根据以上测算结果对 11 个国家进行聚类分析,可划分出三个阵营,如图 5.2 所示。聚类分析结果与上述分析基本吻合,NQI 发展水平指数分为三个梯队,英国、美国、德国为第一梯队;瑞士、日本、韩国为第二梯队;其他国家为第三梯队。

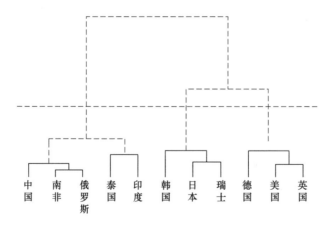

图 5.2　世界主要国家 NQI 发展水平聚类分析

5.5.2 国际影响

2009—2016年世界主要国家的"国际影响"得分如图5.3所示。可以发现，美国的NQI国际影响得分在2013年成为第一，并且上升极快，在2016年，其国际影响力超出第二名德国5.17分，遥遥领先。德国的国际影响力比较稳定，虽然逐渐落后美国，但分数变化不大，且2015—2016年也有较大幅度的增长，这与德国部分机构（如PTB、柏林工业大学等）在NQI学术领域持续产出前沿学术成果有关。值得关注的是，中国作为综合排名在第三梯队的国家，其国际影响力排在第三，这和我国近些年来培养大量优秀人才，使得优秀人才有能力进入国际机构任职有关。同时，我国综合国力的提升也使得我国在国际组织中能够取得更高的职位。如前ISO主席张晓刚、现UNIDO主席李勇等均为中国人。英国与中国基本持平，瑞士、南非以及其他国家排名较为靠后，且与前四国差距较大。

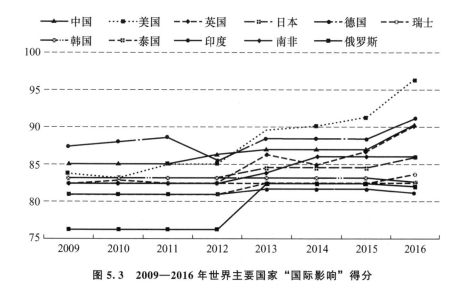

图5.3　2009—2016年世界主要国家"国际影响"得分

5.5.3 制度建设

图5.4为2009—2016年世界主要国家"制度建设"得分，从图中可以看出，英国、美国的制度建设得分最高，处于世界领先水平，德国排第三，瑞

士、日本紧随其后。我国的法律法规和英美两国还存在较大差距。截至2016年年底，美国有关NQI的法律及行政法规153部、英国154部、韩国109部、俄罗斯102部、德国84部、日本45部、中国38部。现阶段我国NQI法律法规体系的核心法律和法规是《中华人民共和国认证认可条例》《中华人民共和国标准化法》《中华人民共和国计量法》。其中，《中华人民共和国认证认可条例》是一部行政法规，其法律位阶低于《中华人民共和国标准化法》及《中华人民共和国计量法》。

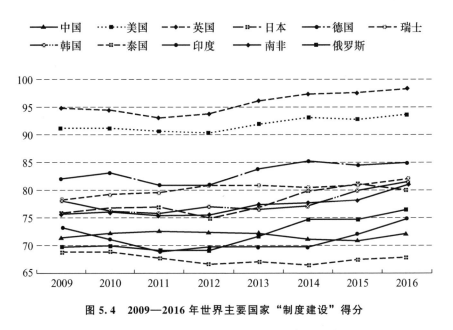

图 5.4　2009—2016 年世界主要国家"制度建设"得分

图 5.5 为 2009—2016 年各国"法律法规"与"法律框架解决纠纷的实际效力"散点图。将该图的横坐标与纵坐标的 80 分点设置为原点，将图划分为四个象限。由图可以看出，英国、美国处在第一象限，英国两项得分都处在最高点，其法律制度十分完善，并且法律框架解决纠纷的实际效力也较高。美国的 NQI 法律及行政法规多达 153 部，法律法规框架也十分健全，其实际解决纠纷的效力在 80~90 分之间，比英国稍差，但其完善的法律法规框架应该能够弥补其法律效力的细微差距。韩国、俄罗斯处在第四象限，说明其尽管法律法规部数较多，但现行法律法规制度解决纠纷的实际效力偏低，即其未发挥出法律法规应有的解决纠纷的能力。相比之下，一些处在第二象限的传统发达国家，如德国、

日本、瑞士等国，其法律法规部数较少，但发挥作用的效力较高。值得注意的是，南非也跻身这一行列，这与南非政府高度重视法制建设和 NQI 建设有关。南非早在 1974 年就已建立国家认可体系，2008 年，南非在标准局基础上，组建成立了国家强制性规范监管机构，其现有强制性规范监管机构发布的技术和强制性法规 52 部。此外，南非政府联合 NQI 国际权威机构开展国内 NQI 建设和优化，使其 NQI 设施的合理配置和效能发挥得到充分改善。中国、印度和泰国处在第三象限，虽然法律框架解决纠纷的实际效力相比法律法规得分较高，但其法律体系本身不够完善，整体水平还有一定差距，不论是法律体系还是法律效力都急需提高。

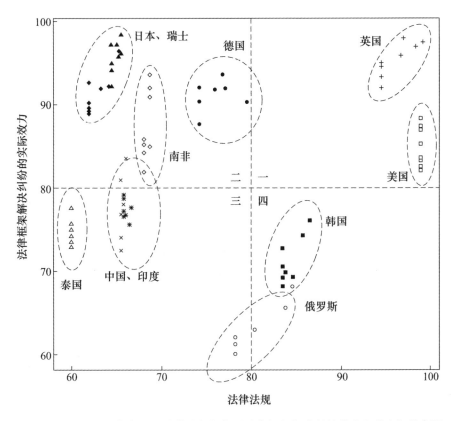

图 5.5　2009—2016 年各国"法律法规"与"法律框架解决纠纷的实际效力"散点图

5.5.4 资源供给

图 5.6 为 2009—2016 年世界主要国家"资源供给"得分,从图中可以看出,美国在资源供给上占据绝对优势,英国和德国次之,日本和中国得分相近,排在第四位。其原因在于美国的仪器仪表行业出口、认可的校准测量能力数及原创合格评定制度数这三项的得分遥遥领先。英国的原创合格评定制度数得分也较高,但其他两项与美国差距较大。从美国仪器仪表行业出口和认证认可校准测量能力数可以看出,美国在基础学科和高技术产业领域仍然有明显优势。英国是最早的工业化国家之一,NQI 发展较早,如原创合格评定制度数较多。我国的 NQI 资源供给在 2009—2016 年总体保持增长。具体而言,我国 ISO 体系认证证书数从 2009 年的 26.6 万增长到 2016 年的 66.8 万,仪器仪表行业出口占比从 2004 年的 1.5% 增长到 2016 年的 4.84%,增长迅猛。

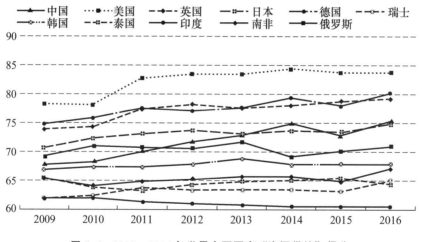

图 5.6 2009—2016 年世界主要国家"资源供给"得分

5.5.5 服务发展

图 5.7 为 2009—2016 年世界主要国家"服务发展"得分,从图中可以看出,中国的服务发展得分最低,瑞士得分最高,德国、美国、英国、日本、韩国等次之。具体而言,与发达国家相比,中国在"服务发展"下

的三个三级指标"贸易便利""质量提升""安全保障"均有较大差距。在"贸易便利"方面，经统计，各国主要港口的商品进出口所需时间，中国平均需要 22 小时，美国、日本、德国、瑞士均在 10 小时以下，美国主要港口的商品平均进口时间只需要 5 小时，极大地反映了各国贸易便利化差异。在"质量提升"方面，德国、瑞士、日本等国的平均出口单价的质量溢价率均远高于中国，其根本原因就在于这些国家已经建立起优质制造的国家制造形象，能够获取较高的质量效益。在"安全保障"方面，2009—2016 年期间我国商品的出口通报召回指数分别为 3.88、3.62、3.42、3.67、3.89、3.55、3.50、2.58，虽然基本保持下降趋势，但出口召回比例依然较高，形势不容乐观。

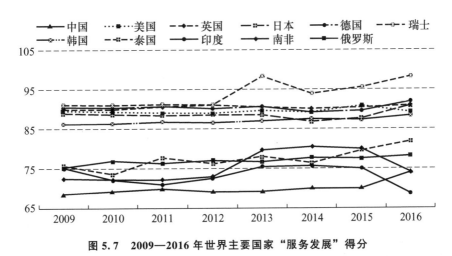

图 5.7　2009—2016 年世界主要国家"服务发展"得分

总体来看，我国的 NQI 国际影响力不断增强，在各国际组织中任职人数逐渐增加，中国人在各国际组织中也逐渐担任重要岗位，使得我国在国际上有较高的话语权和影响力。在资源供给方面，我国高度重视 NQI 的建设和发展，计量仪器发展水平逐渐提升，合格评定和国际标准在商品贸易市场逐步推广，总体发展态势向好。

第6章 经济影响分析

与交通、通信、水利、文化教育、医疗卫生等基础设施一样，NQI 也是保障经济和社会发展的基础，是维护国家秩序的工具。实践证明，NQI 对一个国家的经济，特别是制造业的发展有着非常重要的支撑作用。本章在宏观经济增长模型的基础上，构建了 NQI 影响经济增长的理论模型，并基于 11 国的面板数据深入分析了 NQI 对经济增长的影响。

6.1 NQI 对经济的影响

中国经济在改革开放以来取得了高速发展，许多因素都起到了推动作用，其中，基础设施建设的影响一直受到广泛关注。现有研究大都关注传统"硬"基础设施（如交通、信息等）对经济增长的影响，随着理论研究和应用实践的逐步深入，基础设施领域已经从传统领域向新兴领域延伸，以 NQI 为代表的"软"基础设施的积极作用得到了广泛认可。在经济学理论中，基础设施与经济发展之间的关系问题，一般被归结为生产端投资的"乘数效应""挤出效应""挤入效应"[①] 和消费端的"消费效应"（郭广珍等，2019）。然而，学者们认为仅仅从投资和消费两个角度并不能穷尽基础设施对经济的全部作用，其自身所独有的特征对经济的影响也十分重要，如 NQI 的制度特征和技术特征。制度特征体现在：标准是规范性文件之一，认证认可是由认证机构证明相关技术规范的强制性要求或者标准的合格评定活动。技术特征体现在：计量解决量的准确性和传递性问题，标准解决量的统一性和合规性问题，合格评定解决产品、服务质量

---

① 乘数效应是指一定规模的政府投资通过投资乘数的放大作用，带动相关产业的增长，进而促进经济发展。挤出效应则相反，基础设施也可能不利于长期经济增长。挤入效应在经济学理论中与挤出效应概念相对应，是指在考虑投资组合时，政府支出的增加可以导致投资增加的一种情况。新增投资不仅仅来自储蓄存量，还来自政府举债带来的储蓄流量。

安全的符合性问题，都是国民经济和社会发展的技术基础。

那么，NQI 本身是否能够通过自身的制度特征和技术特征影响生产行为来推动经济发展呢？事实上，以诺斯(North)为代表的新制度学派认为制度是经济增长的重要源泉；以罗默(Romer)为代表的内生增长理论学者，主张技术是经济增长的源泉；以纳尔逊(Nelson)为代表的众多学者，支持制度与技术协同演化共同决定经济增长。总之，制度和技术是经济增长的重要因素，拥有制度特征和技术特征的 NQI 理论确实能够推动经济发展。

6.2　影响模型与数据处理

6.2.1　实证策略与变量选择

为验证前述假说，在 Islam(1995)的宏观经济增长模型的基础上，本书构建了 NQI 影响经济增长的理论模型，如式(6-1)所示。其中 α 为常数项，LNY 表示一国人均 GDP 的对数，X 为控制变量，NQI 表示一国质量基础设施，i 表示国家，j 表示控制变量的个数，t 为年份，u_i 和 δ_t 表示分别控制地区和时间效应，$\varepsilon_{i,t}$ 表示白噪声。

$$\mathrm{LNY}_{i,t} = \alpha + \gamma_1 \mathrm{NQI}_{i,t} + \sum_{j=1}^{n} \beta_j X_{i,t} + u_i + \delta_t + \varepsilon_{i,t} \quad (6-1)$$

NQI 具有制度特征和技术特征，本书从这两个角度验证其对经济增长的影响，因此在模型(6-1)的基础上，将 NQI 替换为制度特征(ZD)和技术特征(JS)变量，如式(6-2)、(6-3)所示。

$$\mathrm{LNY}_{i,t} = \alpha + \sum_{j=1}^{n} \beta_j X_{i,t} + \gamma_1 \mathrm{ZD}_{i,t} + u_i + \delta_t + \varepsilon_{i,t} \quad (6-2)$$

$$\mathrm{LNY}_{i,t} = \alpha + \sum_{j=1}^{n} \beta_j X_{i,t} + \gamma_1 \mathrm{JS}_{i,t} + u_i + \delta_t + \varepsilon_{i,t} \quad (6-3)$$

1. 被解释变量和解释变量

(1) 被解释变量。本书用人均 GDP 的对数作为 Y 的替代变量，其中各国实际 GDP 按名义 GDP 根据 GDP 平减指数调整为 2009 年不变价格，最后计算出每年各国对应的实际增加值。

(2) 解释变量。目前学术界尚无权威的指标来衡量一国 NQI，本书在前期研究的基础上提出了一国 NQI 评价指标体系，见表 6-1①。本书按照 Delphe 法对各个评价指标及其观测变量对上一层次评价指标的影响大小进行评价，并基于 AHP 最终确定各个子层次评价指标的权重及其与更高层次评价指标之间的逻辑关系，最后获得对一国 NQI 指数的综合评价。

表 6-1 一国 NQI 评价指标体系

一级指标	二级指标	三级指标	观测变量
NQI 发展水平指数	制度特征	影响范围	加入 NQI 相关国际组织数量（主要是 IAF、ILAC、IEC、ITU、ISO、BIPM、OIML 等组织）
		机构任职	在 ISO/CASCO 中任职人数
			在 IEC 中任职人数
			在 BIPM 中任职人数
			在国际认可及合格评定组织中的任职人数
		法律法规	NQI 相关法律及行政法规部数
		市场监管	法律框架解决纠纷的实际效力
	技术特征	计量资源	仪器仪表行业出口占全球仪器仪表行业出口比重
			仪器仪表行业出口单位价值
			国际认可的校准测量能力数（CMCs）
		标准资源	单位 GDP 的主导制定 ISO 标准数
			国际标准采标率
		认可及合格评定资源	单位 GDP 的 IEC 合格评定体系证书数
			单位 GDP 的 ISO 9001 认证证书数
			原创的认可及合格评定制度数
		贸易便利	商品进口过程中满足文件合规要求所需时间
			商品出口过程中满足文件合规要求所需时间
		质量提升	出口商品质量溢价指数
		安全保障	出口商品通报召回指数

---

① 该评价指标体系与表 5-1 中的评价指标体系是一致，只是为验证 NQI 的经济影响，对表 5-1 中的评价指标体系在二级指标层次进行了重整，即将"国际影响"与"制度建设"纳入"制度特征"范畴，而将"资源供给"与"服务发展"纳入"技术特征"范畴。

2. 控制变量

选取研发强度（R&D，用来控制技术进步的影响）、人口增长率（POPGR，用来控制人口规模的影响）、产业结构（IND，用来控制产业升级的影响）、政府干预（GOV，用来控制政府行为的影响）。

变量计算方法与定义见表6-2。

表6-2 变量计算方法与定义

变 量	变量名称	符 号	定义与计算说明
被解释变量	经济增长	LNY	人均GDP的对数
国家质量基础设施	总体水平	NQI	NQI发展水平指数
	制度特征	ZD	NQI制度特征指数
	技术特征	JS	NQI技术特征指数
控制变量	研发强度	R&D	研发支出占GDP的比重
	人口增长率	POPGR	（第t年人口－第$t-1$年人口）/第$t-1$年人口
	产业结构	IND	第三产业增加值占总增加值的比重
	政府干预	GOV	政府消费支出占GDP的比重

6.2.2 数据来源与处理

本书数据主要来源于WTO、ISO、IEC、BIPM、OIML、IAF等机构官网数据和万德数据库、联合国商品贸易统计数据库、美国消费品安全管理委员会网站、欧盟食品及饲料类快速预警系统数据库、欧盟消费者网站等数据源，以及WB、PTB、WEF等组织的官方报告。鉴于数据的可获得性以及国家结构安排的合理性，本书选择2009—2016年11个国家（中国、美国、英国、日本、德国、瑞士、韩国、泰国、印度、南非、俄罗斯）共88个样本观察值。

本书以Winsorize方法处理连续性变量的异常值，即把1%以下与99%以上的数值分别替换为1%和99%。处理后的变量描述性统计结果见表6-3。

表 6-3 处理后的变量描述性统计结果

变量	符号	平均值	方差	最小值	最大值
经济增长	LNY	9.730	1.210	6.994	11.390
国家质量基础设施	NQI	78.575	5.694	69.724	89.933
制度特征	ZD	16.277	1.072	14.530	19.004
技术特征	JS	62.297	4.717	54.468	70.929
研发强度	R&D	0.021	0.012	0.003	0.044
人口增长率	POPGR	0.619	0.534	-1.850	1.440
产业结构	IND	0.955	0.052	0.823	0.995
政府干预	GOV	0.165	0.033	0.103	0.216

资料来源：根据样本数据库计算而来。

6.3 NQI 对经济影响的实证分析

在实证分析之前，为避免控制变量中明显有变量与解释变量之间可能存在多重共线性的问题，本书使用方差膨胀因子（VIF）进行分析，结果显示 VIF 平均系数为 2.95，小于 5，说明系数之间共线性的可能性比较小。鉴于此，本书着重从以下五个方面进行分析。

6.3.1 基准回归

作为分析的起点，本文考虑 NQI 与一国经济增长的基准关系，采用普通 OLS 和静态模型进行回归分析，基准回归结果见表 6-4。为节省篇幅，本文省去了对常数项的回归结果。静态模型中，本文利用 STATA14 统计软件，通过 Hausman 检验的 P 值（$P=0.002<0.05$）可知，选取固定效应模型（FEM）进行估计。为了排除年份增长及一国所处地理因素不同的影响，所有实证分析中均控制了年份和地区，下文皆如此处理。

表 6-4 基准回归结果

变量	混合回归	固定效应模型		
	(1)	(2)	(3)	(4)
NQI	0.194***	0.025***		
	(0.023)	(0.007)		
ZD			0.074***	
			(0.025)	
JS				0.030***
				(0.009)
R&D	30.505**	10.631**	14.389***	10.435**
	(12.747)	(4.772)	(4.614)	(4.859)
POPGR	−0.541***	−0.009	−0.009	−0.006
	(0.196)	(0.028)	(0.029)	(0.028)
IND	−18.990***	8.286***	9.085***	8.294***
	(3.588)	(1.735)	(1.740)	(1.751)
GOV	2.620	−1.171	−1.159	−1.516
	(4.382)	(1.318)	(1.392)	(1.299)
R2	0.994	0.932	0.907	0.925
F 的 P 值	0.000	0.000	0.000	0.000
观察值	88	88	88	88

注：括号中为标准误，*、** 和 *** 分别代表在 10%、5% 和 1% 的显著性水平下显著，下表同。

从表 6-4 中可知，第一，一国 NQI 对一国经济增长有显著的正向作用，并且均在 1% 的置信水平下显著。以第 (1) 列为例，NQI 提高 1 个百分点时，各国总体人均经济增长将提高 0.025 个百分点。第二，分别考虑 NQI 的制度特征 (ZD) 和技术特征 (JS) 对经济增长的影响发现，两者均对经济增长有正向促进作用，并且均在 1% 的置信水平下显著。第三，进一步发现 NQI 的制度特征指标对经济增长的影响系数为 0.074，技术特征指标的影响系数为 0.030，可见 NQI 制度因素对经济增长的影响要大于技术因素的影响。由此可知，在 2009—2016 年期间，NQI 对经济增长的促进作用，主要来自于制度因素的影响，技术因素对经济增长有促进作用，但是贡献程度有待提高。

对于控制变量而言，第一，研发投入（R&D）对经济增长的贡献比较突出，影响系数较大，现有文献认为研发投入有助于创新能力的提升，进而提高全要素生产率，刺激经济增长。第二，人口增长率（POPGR）与经济增长之间呈现出负相关关系，这意味着人口增长越快的地区，经济增长相对趋缓。第三，产业结构（IND）越趋于优化，经济增长越快，这与现有文献的结果基本保持一致。第四，政府干预（GOV）与经济增长之间基本呈现负向关系，说明市场机制越完善、开放程度越高、政府干预越少的国家经济增长越快。

6.3.2 分国别的估计结果

以上通过总体样本的计量分析，证实一国 NQI 对经济增长有促进作用，并且其制度特征和技术特征的两种表现均对经济增长有正向影响。然而，以上分析存在一定的内生性问题，一种可能性是越发达的国家可能在长时间内积累了 NQI 的相关机构与要素，与经济增长存在互相促进的因果关系，由此引致了内生性。因此，本书对样本进行了国别类型层面的划分，区分了发展中国家和发达国家，进一步验证前文的理论假说，分国家类别的估计结果见表 6-5。

表 6-5 分国家类别的估计结果

变量	发展中国家			发达国家		
	(1)	(2)	(3)	(4)	(5)	(6)
NQI	0.016***			0.046***		
	(0.004)			(0.014)		
ZD		0.046***			0.128**	
		(0.013)			(0.052)	
JS			0.019***			0.055***
			(0.005)			(0.018)
控制变量	控制	控制	控制	控制	控制	控制
R2	0.891	0.876	0.884	0.864	0.815	0.849
F 的 P 值	0.000	0.000	0.000	0.000	0.000	0.000
观察值	48	48	48	40	40	40

从表 6-5 中可知，第一，从 NQI 总体来看，无论是发达国家还是发展中国家，NQI 对一国经济增长都有显著的正向促进作用，并且不同类别的国家影响程度不同。从其影响系数来看，NQI 对发达国家经济增长的影响更大（0.046＞0.016），这可能是因为发达国家经济水平较高，质量偏好更强，NQI 机构、要素、技术人员更齐全，质量安全保障与市场监管体系更健全，质量敏感型产业更集聚，质量效益更加明显。第二，从 NQI 的制度特征和技术特征来看，本书观察到与 NQI 的总体表现一致，NQI 的制度特征和技术特征对发达国家经济增长的影响比发展中国家的影响更大（0.128＞0.046；0.055＞0.019），并且制度因素对经济增长的影响要大于技术因素的影响（0.046＞0.019；0.128＞0.055）。

6.3.3 排除拥有标准和合格评定制定权国家的估计结果

上述结果虽然证实了 NQI 对经济增长的正向影响不因为国家类别的不同而改变，但是这种基于经济视角划分的国家类型（按照人均 GDP 划分）并没有考虑到一国 NQI 的具体表现。如标准和合格评定制定权一直都是国际竞争的主战场，拥有标准和合格评定制定权的国家能够掌握某些领域的话语权，占领该领域产业链、价值链、创新链的高端，将竞争对手锁定在中低端，进而促进该国经济增长。但是，拥有标准和合格评定制定权的国家不一定都是发达国家，也有发展中国家。如果不排除拥有标准和合格评定制定权的国家，回归的结果可能会受到拥有标准和合格评定制定权国家样本的影响，从而使得估计结果有偏。因此，本书对样本进行了是否拥有标准和合格评定制定权的区分，进一步验证前文的理论假说，排除拥有标准和合格评定制定权国家的估计结果见表 6-6。

表 6-6 排除拥有标准和合格评定制定权国家的估计结果

变量	排除拥有合格评定制定权			排除拥有标准制定权		
	(1)	(2)	(3)	(4)	(5)	(6)
NQI	0.031***			0.014		
	(0.010)			(0.017)		

续表

变量	排除拥有合格评定制定权			排除拥有标准制定权		
	(1)	(2)	(3)	(4)	(5)	(6)
ZD		0.091**			0.083*	
		(0.036)			(0.044)	
JS			0.036***			0.005
			(0.012)			(0.023)
控制变量	控制	控制	控制	控制	控制	控制
R2	0.832	0.803	0.824	0.854	0.804	0.842
F的P值	0.000	0.000	0.000	0.000	0.000	0.000
观察值	64	64	64	32	32	32

从表6-6中可知，第一，NQI对样本国家经济增长具有显著的促进作用，影响系数为0.031，并在1%的置信水平下显著，并且NQI的制度特征和技术特征均对经济增长有显著的促进作用。第二，NQI对样本国家经济增长有正向促进作用，但是这一作用并不显著；NQI的制度特征对样本国家的经济增长有显著促进作用，但是技术特征对经济增长的正向促进作用并不显著，由此说明争夺国际标准话语权对一国经济发展的重要性，尚未拥有标准制定权的国家应该以标准为核心加快NQI建设。

6.3.4 固定窗宽滚动的估计结果

本书关心的最后一个问题是，NQI对经济增长的促进作用是否会随着时间的推移而出现其他变化？就我国而言，在2009—2016年期间，我国经济增长从数量型向质量型过渡，市场经济程度在加深，NQI建设在逐步完善，质量水平逐步提高。由此可以推测，随着时间的推移，NQI对经济增长的影响程度会不断加深。为了验证这一点，本书对2009—2016年11国按每5年为一个时间段进行滚动估计，固定窗宽滚动的估计结果见表6-7。

从表6-7中可知，第一，从NQI总体来看，NQI对一国经济增长的影响程度随着时间的推移而逐渐增强。NQI对一国经济增长的影响系数从2009—2013年期间的0.019，逐渐增长到2012—2016年期间的0.022。第二，从 NQI 的制度特征和技术特征来看，NQI 的制度特征对经济增长的影响在 2009—2014 年期间并不是十分显著，而在 2014 年以后变得十分显著。另外，NQI 的技术特征对经济增长的影响程度随着时间的推移总体上逐渐加深，但其影响系数仍然低于制度特征的影响系数。由此可知，NQI 之前一直以技术体系运作，随着国际贸易摩擦的加剧，NQI 的重要性越来越突出，相应的制度供给和体系完善也越来越被广泛关注与重视。

表 6-7 固定窗宽滚动的估计结果

变量	2009—2013 年			2010—2014 年		
	(1)	(2)	(3)	(4)	(5)	(6)
NQI	0.019*			0.020***		
	(0.009)			(0.007)		
ZD		0.031			0.039	
		(0.042)			(0.028)	
JS			0.024**			0.032***
			(0.011)			(0.008)
控制变量	控制	控制	控制	控制	控制	控制
R2	0.412	0.360	0.423	0.550	0.426	0.572
F 的 P 值	0.000	0.000	0.000	0.000	0.000	0.000
观察值	55	55	55	55	55	55
变量	2011—2015 年			2012—2016 年		
	(1)	(2)	(3)	(4)	(5)	(6)
NQI	0.022***			0.022***		
	(0.007)			(0.007)		
ZD		0.049**			0.078***	
		(0.024)			(0.021)	
JS			0.030***			0.032**
			(0.009)			(0.010)
控制变量	控制	控制	控制	控制	控制	控制
R2	0.527	0.465	0.531	0.422	0.475	0.370
F 的 P 值	0.000	0.000	0.000	0.000	0.000	0.000
观察值	55	55	55	55	55	55

6.3.5 内生性检验和稳健性分析

为了验证上述结论,本书做了两种稳健性检验。第一,为了克服 NQI 与经济增长之间存在内生性,本书利用工具变量法(IV)应用模型。由于 NQI 是合成指标,难以获取其他工具变量,因此借鉴前人经验选择其二阶和三阶滞后项作为工具变量。第二,剔除美国的样本。美国是世界超级大国,其特殊的政治、经济地位与一般国家有所不同,因此在分析时有必要剔除美国。稳健性检验结果见表 6-8。

表 6-8 稳健性检验结果

变量	工具变量法(IV)			排除美国		
	(1)	(2)	(3)	(4)	(5)	(6)
NQI	0.201***			0.025***		
	(0.026)			(0.008)		
ZD		0.916***			0.079***	
		(0.113)			(0.028)	
JS			0.248***			0.030***
			(0.035)			(0.010)
控制变量	控制	控制	控制	控制	控制	控制
Sargan 的 P 值	0.151	0.102	0.112			
弱工具变量	0.000	0.000	0.000			
Wald 的 P 值	0.000	0.000	0.000			
F 的 P 值				0.000	0.000	0.000
观察值	66	66	66	80	80	80

从表 6-8 中可知,在两类方法下各系数与显著性均和上述分析基本一致,并且 Sargan 过度识别检验均通过,认为工具变量外生,与扰动项不相

关。另外弱工具变量检验也通过，P 值在 1% 显著性水平下均显著，拒绝"存在弱工具变量"的原假设。Wald 外生性检验结果也显著，这充分说明了计量结果是稳健和可靠的。

6.3.6　简要结论

通过以上分析，得出如下结论。

（1）NQI 能够促进国家经济增长，其制度特征对经济增长的影响要大于技术特征的影响。

（2）NQI 对发达国家经济增长的影响更大，其制度特征和技术特征对发达国家经济增长的影响比发展中国家的影响更大。

（3）排除拥有合格评定制定权国家样本后发现，NQI 对样本国家经济增长具有显著的促进作用；排除拥有标准制定权国家样本后发现，NQI 对样本国家经济增长有正向促进作用，但是这一作用并不显著。

（4）NQI 对一国经济增长的影响程度随着时间的推移而逐渐增强，其制度特征对经济增长的影响在 2009—2014 年期间并不是十分显著，而在 2014 年以后变得十分显著，其技术特征对经济增长的影响程度随着时间的推移总体上逐渐加深。

第三部分

专题篇

第7章　案例：NQI对行业、企业发展的影响
第8章　应用：儿童玩具行业NQI评估

第 7 章　案例：NQI 对行业、企业发展的影响

理论上，NQI 对行业发展、企业经营业绩提升是有显著作用的。本章将通过三个案例详细说明 NQI 是如何影响行业（企业）发展。这三个案例分别是 NQI 对乌拉圭葡萄酒行业的影响；NQI 对柳州市电动汽车产业发展的影响；国家电网 NQI 的建设对企业效益的影响。三个案例从发展背景、行业现状、发展过程与管理机制以及成果与效益四个层面详细分析了 NQI 相关要素是如何影响该行业或企业的发展，并从案例中总结了相关的经验与启示。

7.1　NQI 对乌拉圭葡萄酒行业的影响[①]

乌拉圭技术实验室（Laboratorio Tecnologico del Uruguay，LATU）对乌拉圭的葡萄酒厂提供科学计量、认证、培训（技术支持）、检验检测等服务，并持续调查、跟踪葡萄酒行业的质量水平，组织评价葡萄酒行业 NQI 水平，引导葡萄酒行业 NQI 发展。从 2006 年开展各项促进 NQI 的活动以来，乌拉圭葡萄酒行业在生产工艺、产品质量、质量形象等方面均得到了显著提升。

7.1.1　发展背景

乌拉圭位于南美洲东南部，乌拉圭河与拉普拉塔河的东岸，是南美第四大葡萄酒生产国。乌拉圭的人均 GDP、生活水平、政治稳定度位于南美洲前茅，

---

① 本案例主要来源于德国 PTB 报告：*Measuring the impact of quality infrastructure in Latin America: experiences, achievements and limitations*

是一个中等水平的发达国家。2000—2009 年乌拉圭部分宏观指标见表 7-1。

表 7-1　2000—2009 年乌拉圭部分宏观指标

年份	GDP（现价美元）	人口总数/人	农业增加值占GDP比/%	工业增加值占GDP比/%	服务业增加值占GDP比/%
2000	2.3×10^{10}	3.3×10^{10}	6.96	24.51	68.53
2001	2.1×10^{10}	3.3×10^{10}	6.52	24.53	68.95
2002	1.4×10^{10}	3.3×10^{10}	8.69	24.33	66.99
2003	1.2×10^{10}	3.3×10^{10}	11.14	26.06	62.80
2004	1.4×10^{10}	3.3×10^{10}	12.88	25.61	61.51
2005	1.7×10^{10}	3.3×10^{10}	10.09	27.42	62.50
2006	2.0×10^{10}	3.3×10^{10}	10.40	26.72	62.88
2007	2.3×10^{10}	3.3×10^{10}	9.88	27.49	62.63
2008	3.0×10^{10}	3.4×10^{10}	10.54	26.17	63.29
2009	3.2×10^{10}	3.4×10^{10}	8.98	27.43	63.59

乌拉圭经济规模较小，产业结构单一，依赖出口，能源依赖进口。农牧业较发达，主要生产并出口肉类、羊毛、水产品、皮革和稻米等。工业以农牧产品加工业为主。服务业占国民经济比重较高，以金融、旅游、物流、交通业为主。2000—2009 年乌拉圭 GDP 及三产业占比如图 7.1 所示。

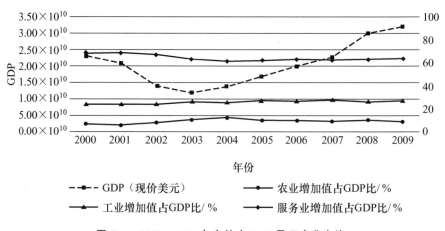

图 7.1　2000—2009 年乌拉圭 GDP 及三产业占比

2000年南美洲爆发经济危机,巴西和阿根廷率先成为重灾区,乌拉圭出口依赖巴西和阿根廷,因此受到严重影响,出口大跌,失业率上升。2004年起,乌拉圭经济开始随着巴西、阿根廷复苏。2008年国际金融危机爆发后,乌政府积极应对,保持经济稳定增长。2000—2009年乌拉圭出口货物构成见表7-2。

表7-2 2000—2009年乌拉圭出口货物构成

年份	出口贸易总额 (现价美元)	农业原材料出口占比/(%)	食品出口占比/(%)	燃料出口占比/(%)	矿物和金属出口占比/(%)	制成品出口占比/(%)
2000	2.30×10^{10}	9.37	46.68	1.56	41.90	0.49
2001	2.06×10^{10}	10.91	44.54	1.98	41.98	0.58
2002	1.86×10^{10}	12.81	49.15	0.84	36.72	0.46
2003	2.21×10^{10}	10.81	52.96	1.62	34.07	0.54
2004	2.93×10^{10}	8.44	54.74	4.44	31.86	0.51
2005	3.42×10^{10}	7.51	55.23	4.86	31.88	0.52
2006	3.99×10^{10}	8.11	55.79	3.59	31.69	0.82
2007	4.52×10^{10}	9.20	53.96	4.36	31.60	0.86
2008	5.94×10^{10}	7.81	59.46	3.36	28.99	0.38
2009	5.40×10^{10}	8.43	64.23	1.51	25.55	0.27

7.1.2 行业现状

乌拉圭作为南美洲第四大葡萄酒生产国,它的现代葡萄酒历史可追溯至1870年,从20世纪90年代开始,乌拉圭就向拉美各国、美国输送高品质葡萄酒。乌拉圭葡萄品种众多,其中数丹拿(Tannat)葡萄品种生产的葡萄酒最为著名。乌拉圭很多酒庄的规模都很小(平均面积为5公顷),只有15%的酒庄能够生产质量最好的VCP等级(优质葡萄酒级别)葡萄酒[1]。乌拉圭人喜好喝国产葡萄酒,乌拉圭本国葡萄酒销量也非常高,是世界上10个葡萄酒销量最高的国家之一[2]。因此,乌拉圭生产的葡萄酒绝大多数被本国消费者消费,用于出口的葡萄酒不足产量的

---

[1] [2020-01-08]. http://www.wine-world.com/culture/cq/20170504160409638
[2] [2020-01-08]. http://www.wines-info.com/Briefing/Country.aspx?class=299

5%。为促进葡萄酒的出口，1998 年，乌拉圭政府为葡萄酒出口提供了近 250 万美元的补助，1999 年补助金增加到 700 万美元。为刺激乌拉圭葡萄酒工业的发展，乌拉圭政府制定了一系列制度和办法，同时，乌拉圭各葡萄酒企业也为改进葡萄酒酿造方式等做出了巨大努力。在各方努力下，乌拉圭的葡萄酒出口有了显著增长，涨幅一度达到 170%[①]。2004 年，乌拉圭葡萄酒出口量达 1 200 吨，出口额为 330 万美元；2008 年出口量和出口额分别增长到 1.34 万吨和 1 060 万美元。2009 年，乌拉圭葡萄酒业遭遇了全球金融危机的重创，出口量骤降至 2 000 吨，出口额仅为 600 万美元。但随着经济回暖，由于性价比高于其他国家产品，乌拉圭葡萄酒迅速收复失地。

一直以来，乌拉圭葡萄酒行业的发展与 NQI 有紧密联系，LATU 作为乌拉圭 NQI 的研究和质量活动开展的先驱，对乌拉圭葡萄酒行业质量基础的改善做出了重要贡献。从 1970 年开始，LATU 针对乌拉圭葡萄酒行业开展质量相关的研究。乌拉圭政府为确保出口产品的质量，制定了葡萄酒出口强制性认证体系，并指定 LATU 执行认证。随着国际市场和全球供应链的兴起，与贸易相关的技术法规、合格评定、卫生与检验检疫等 NQI 相关因素变得越来越重要。

7.1.3　发展过程与管理机制

LATU 对乌拉圭葡萄酒行业 NQI 的改进和研究大致分为质量改进、评价方案、成果研究三个阶段。第一个阶段：LATU 对参与测试的葡萄酒厂的实验室测量结果进行合格评定、计量仪器校准，并对葡萄酒样本进行检测，针对葡萄酒行业开展有关培训课程；第二阶段：对第一阶段的成果进行评估，评估该质量提升行动是否对乌拉圭葡萄酒业的各方及社会有积极的影响，LATU 筛选了葡萄酒 NQI 改善后产生影响的直接利益相关方和外部间接利益相关方，建立影响指标体系。第三阶段：根据第二阶段的影响指标体系，调查、测算、研究葡萄酒行业 NQI 对社会的积极影响，评估 LATU 的 NQI 服务对乌拉圭葡萄酒业发展的贡献。

三个阶段的研究显示，乌拉圭葡萄酒业受到了显著影响：被调查的酒厂没有一家因不符合国外的质量标准而遭到出口拒收；检测技术的提升也使得

---

① 1999 年数据：[2020-01-08]. http://www.wines-info.com/Briefing/Country.aspx? class=299

葡萄酒的分析质量(如钠、钾含量等)得到提升；制造商反馈良好，80%的酒厂认为 LATU 提供的酒精水平测试使得他们的质量得到了改善；葡萄酒厂在钠用量、酸碱水平、制冷、温度检测等多项技术和工艺水平均进行了改进。此外，葡萄酒出口的目的地市场也显著增加。

除此之外，LATU 也形成了有效的针对葡萄酒行业的质量管理机制，成立专门的认证、检验实验室、培训中心等部门，专门负责针对葡萄酒厂的科学计量、出口认证、实验室检验、技术人员培训等工作。相对完善的质量管理机制保障了 NQI 各要素作用的发挥。LATU 提供的服务、所涉区域和预期影响如图 7.2 所示。

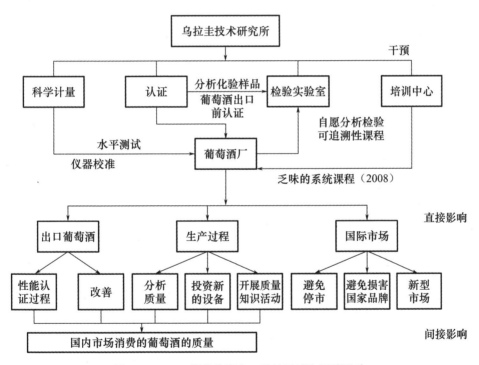

图 7.2 LATU 提供的服务、所涉区域和预期影响

7.1.4 成果与效益

NQI 的内涵在乌拉圭政府对葡萄酒行业的质量改善中充分体现，LATU 对乌拉圭 NQI 的各个要素及葡萄酒行业整体 NQI 框架均开展了持续改进，包括新增葡萄酒出口前认证管理、增加实验室检测环节、改进实验室检测方法、

校准计量仪器、新增各项标准等，见表7-3。NQI的认证、标准、检验检测、计量要素均有涉及。此外，NQI的效能在促进葡萄酒出口和质量提升方面得到了充分体现，正是由于葡萄酒业NQI的不断完善，使得葡萄酒出口量在2003—2008年明显增加，即使在遭遇经济冲击、葡萄酒出口量显著下降的情况下，葡萄酒出口范围仍未受明显影响，甚至在2009年之后有所上升，在国际市场中有效保护了本国葡萄酒的质量形象。

表7-3 实施影响表

利益相关方和直接参与者	预期效果	拟用指标	信息来源
A、葡萄酒厂和商会	确定并保证乌拉圭葡萄酒的质量形象达到国际水平	因为不符合分析特征要求而被目标市场拒收的交货次数 因为交付了不符合分析特征要求的葡萄酒而失去的生意次数（闭市）	葡萄酒厂调查
	改善可出口供应的优质葡萄酒的分析质量	减少在认证过程进行的分析试验中出现不合格继而被拒收的情况的次数	LATU
	创新和改善生产工艺	葡萄酒厂在水平测试中的变化	LATU
		葡萄酒厂在水平测试中的评估	葡萄酒厂调查
		已校准仪器数量的变化	LATU
		自愿测试需求的变化	LATU
		葡萄酒厂对培训课程的定性评价	葡萄酒厂调查
		确定生产工艺方面的变化和改善	葡萄酒厂调查
	增加乌拉圭葡萄酒出口目的地的数量	增加乌拉圭葡萄酒销售目的地的数量	海关

续表

利益相关方和直接参与者	预期效果	拟用指标	信息来源
B、LATU	降低因效率高而引起的认证过程相关费用	减少花在重新采样上的时间	LATU
C、乌拉圭消费者、国家葡萄栽培研究所（INAVI）、葡萄酒厂	改善国内市场上消费的葡萄酒的质量	葡萄酒厂的定性视觉	葡萄酒厂调查

可能已改变干预效果的外部因素

积极影响：
- 葡萄酒业的恢复过程
- INAVI 制定的规程和政策
- 该行业和国家政府进行的促销活动
- 葡萄酒厂的 ISO 标准认证

消极影响：
- 最近几年，不利的国际宏观经济形势
- 乌拉圭葡萄酒出售的一些主要国际市场对葡萄酒的消费量降低，国家竞争能力的不利变化

已进行的干预

主要干预：乌拉圭葡萄酒关于是否符合目标市场所需分析特征的强制性出口前认证

补充性或辅助性干预：
- 在葡萄酒厂控制实验室的参与下，进行水平测试，并在这类实验室推广计量学知识（仪器校准与控制）
- 国家葡萄酒厂领域关于处理文件可追踪性、生产和管理及葡萄酒业实施食品安全体系的培训课程
- 基于自愿的测试分析

其效益的改善，主要体现在以下方面。

第一，确定并维持乌拉圭葡萄酒的质量形象达到国际水平。该认证过程的核心目的是，确保出口的葡萄酒符合目标市场的质量标准和相关国家法规。该认证过程必须运行正常，确保认证过的葡萄酒能够顺利进入目标市场，并防止装运任何有损国家产品形象的缺陷货物。根据对相关出口葡萄酒厂进行

的调查结果发现，受调查的葡萄酒厂中，没有一家产品曾因不符合任何国外市场的质量标准要求而被拒收，也没有一家曾因第三方葡萄酒厂之前交付了有缺陷的产品而遭到任何市场的完全或部分闭市对待。因此可以证明，葡萄酒出口前认证过程的主要目的已完全达成。

第二，改善可出口供应的优质葡萄酒的分析质量。为衡量出口优质葡萄酒的分析质量的变化，分析了关于根据外部市场上确定的要求进行认证的申请中不合格品的百分比随时间的变化[①]。研究显示，乌拉圭优质葡萄酒符合国际市场上确定的分析质量标准。事实上，在最近几年里，检测发现乌拉圭葡萄酒中有关国际市场要求的任何不同参数出现不合格情况的次数有所减少，只有极少数无关紧要的不合格情况记录。然而，应该注意的是，欧洲关于这一参数的立法，远比其他市场的限制要严格得多，而且不符合欧洲市场要求的葡萄酒占出口申请的葡萄酒的比例不到2%。值得强调的是，检测出来的高钠水平问题与乌拉圭葡萄酒厂在葡萄酒保存过程中采用的技术(试剂)直接相关。在检测到高钠水平问题之前，大多数乌拉圭葡萄酒厂使用焦亚硫酸钠作为防腐剂，后来则被焦亚硫酸钾替代。这种变化降低了高钠水平，从而使其产品能够快速达到欧洲立法要求的质量标准。

从图7.3可以看出，从2006年(即第一轮水平测试开始进行的那一年)开始，由于酒精含量标示问题而出现的出口申请不合格的比例随着时间推移而逐步下降。事实上，酒精含量标签中不合格品比例的下降可直接归结于酒厂实验室对该参数测量的改进。反过来，这与其参加实验室合格水平测试直接相关，因为通过相关水平测试，可使葡萄酒厂提高其确定此参数的准确性。

第三，创新和改善生产工艺。文献中确定的NQI的一个预期影响是，有助于参与公司和领域对其生产过程进行改进和创新。因此，随着LATU进行的干预，葡萄酒厂的设备和仪器及生产和质量控制实验室使用的技术和程序都将有所改进。故研究中选择了一套定性和定量指标，来确定和量化葡萄酒厂生产过程中可能做出的改进和创新。

第四，已校准仪器数量的变化。继第一轮水平测试，发现一些属于葡萄

---

① 已分析的参数包括：二氧化硫、挥发性酸、柠檬酸、高钠、硫酸盐、赭曲霉毒素A、铅、甲醇、二甲花翠苷。

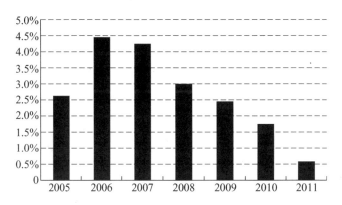

图 7.3　2005—2011 年期间酒精含量标签中的不合格比例

酒厂实验室的测量仪器（主要是酒精比重计）方面的误差后，校准服务需求大大增加，这都与所涉仪器和酒厂的数量有关。然而，在随后几年里，校准服务需求再次下降。因此，不能说"计量学知识"在国家葡萄酒行业内已经达到成熟。2005—2010 年校准仪器和参与校准的葡萄酒厂的数量如图 7.4 所示。

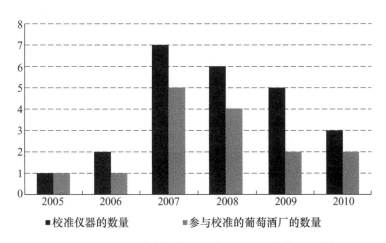

图 7.4　2005—2010 年校准仪器和参与校准的葡萄酒厂的数量

第五，自愿测试需求的变化。除了提供必要的基础设施，以便于对在认证过程中出口的葡萄酒的合格性进行评估外，LATU 测试实验室还自愿向第三方提供测试服务。因此，想要对其葡萄酒进行测试的葡萄酒厂，无论是因为缺乏必要的基础设施，还是想要证实其实验室获得的测量结果的准确性，都可以利用 LATU 实验室自愿提供的服务。图 7.5 为 2002—2011 年自愿测试发酵饮料（利用分析方法和光谱测定法进行测试）的数量。

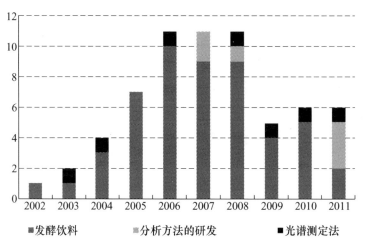

图 7.5　2002—2011 年自愿测试发酵饮料的数量

在 2002—2008 年期间，自愿测试需求呈上升趋势。然而，在 2009—2011 年，自愿要求进行测试的葡萄酒厂数量已经有所下降。这可能是因为，随着认证过程中不合格数量的减少，特别是在酒精含量标签方面，酿酒厂很少需要使用第三方实验室来提供分析测试服务。最后一点强调的是，葡萄酒厂实验室通过参与不同轮次的水平测试，采取相应改善措施，继而获得准确可靠的测量值的重要性。获得更准确的测量结果可使酿酒厂改善其生产过程的运行。例如，通过更适宜的二氧化硫用量，提高所获产品的质量。同时，还可使葡萄酒厂更好地确定其生产的葡萄酒的分析特征，尤其会影响酒精含量的声明（标签）的合格性。

第六，减少产品认证过程引起的相关费用。除了有助于全国酿酒业的发展，各种干预措施的实施将对认证过程本身产生积极影响，尤其是通过降低在多个场合要求样品提取和分析的认证应用的比例，使得在生产过程中发生的费用减少。遗憾的是，尽管 LATU 进行的干预有助于改进葡萄酒的生产工艺，但事实上它们并没有导致认证过程中再次采样的比例降低。因此，酿酒部门与参与认证过程的 LATU 部门一起进行深入分析是非常重要的。

第七，改善国内市场上消费的葡萄酒的质量。虽然 LATU 进行的干预集中于向国外出售优质葡萄酒的酒厂团体，但可以预测的是，这些酒庄的生产工艺的提高和出口葡萄酒的分析特性的改善，将引起国内市场销售的葡萄酒的质量的进一步提升。为了检验这一假设，在对进行的干预措施及所带来的变化结果进行分析的基础上，询问了被调查的酒厂是否改进了他们在国内市场销售的葡萄酒分析特性，其中60%的人给予了肯定的回答。

7.2 NQI对柳州市电动汽车产业发展的影响

柳州市针对新能源汽车产业发展中存在的实际问题，按照政府牵头引导、政策扶持、统筹协调、市场主体积极参与的思路，将产业NQI纳入新兴产业发展规划同步设计，通过综合运用标准、检验检测和认证，打造良好的新能源汽车应用环境，探索出了NQI服务电动汽车产业发展的"柳州模式"。柳州的经验表明，产业NQI示范应用应坚持链条式设计、一体化部署，加强计量、标准、检验检测和认证认可四方面的协调配合，形成能够解决实际需求的质量基础整体技术解决方案。

7.2.1 发展背景

新能源汽车是国家重点发展的七大战略性产业之一，也是广西壮族自治区"十三五"时期重点培育和发展的战略性新兴产业，更是柳州市汽车产业转型升级的重点方向。2017年，柳州市出台了《柳州市新能源汽车推广应用及基础设施建设的若干意见》及《柳州市推进新能源汽车产业发展的若干意见》，鼓励汽车企业加快新能源汽车产品研发与产业化进程，着重加强对于新能源汽车产业公共技术创新服务机构、公共检验检测机构、新能源汽车技术支撑平台等基础设施的支持力度，不断完善新能源汽车产业技术创新体系和产品质量保障体系。2017年，柳州市共有6款新能源汽车成功列入国家《道路机动车辆生产企业及产品公告》，全市的新能源汽车列入国家公告目录达11款，7款新能源汽车产品进入广西范围内示范运行。截至2017年年底，柳州市共计销售1.2万辆新能源汽车，个人消费约占90%。

7.2.2 行业现状

在新能源汽车消费中，充电难、停车难等问题是阻碍新能源汽车推广使用的"瓶颈"。电动汽车的充电基础设施在国内外均处于起步阶段，通常使用充电桩。但充电桩的建设涉及城市规划、建设用地、建筑物及配电网改造、居住地安装条件、投资运营模式等方面，建设造价高。为了解决充电难、停车难等方面存在的问题，一些新能源汽车企业进行了大胆创新。比如，柳州市新能源汽车企业上汽通用五菱推出了首款两座电动汽车——宝骏 E100。宝骏 E100 定义为"城市家庭的第二辆车"，是为解决城市拥堵、停车难、用车成本高、环境污染严重等城市出行痛点而研发的。它采用两门两座设计，长、宽、高分别为 2 488mm、1 506mm、1 617mm，整备质量 750kg，均为普通传统燃油汽车的 1/2，其综合工况下续航里程为 155km，最高车速达到 100km/h。宝骏 E100 采用一组容量为 14.9kW/h 的锂离子动力电池提供动力，可以直接使用普通家庭接地线的三插电源进行充电，充电功率小于 2kW（相当于 2 个电饭煲同时工作），充电时长不超过 8h。

相比普通充电桩，交流电充电插座方案造价非常低，给消费者提供了便捷的充电解决方案。然而，宝骏 E100 在推广过程中也发现，GB/T18487.1—2015 中规定了 4 种充电模式，针对模式 3 和模式 4 中的充电设施（交流充电桩和直流充电桩），国内外、地方和行业已经有相应的标准进行指导和规范。但针对模式 2 的供电设施（交流充电插座），还无相应的国家、地方或行业标准进行指导和规范。也就是说，国内交流充电插座的国家标准、行业标准和地方标准存在空白。此外，不论是充电桩，还是交流电充电插座方案，都涉及充电基础设施技术、安装和验收要求。这些领域的工作是否扎实直接关系到充电基础设施的安全性、可靠性，都需要综合运用 NQI 建立标准和规范，进行质量控制，确保充电设施的质量和安全。

7.2.3 成果与效益

第一，基础设施建设加速推进。通过建立政企联动机制、联合开展充电插座标准研究等措施，柳州市电动汽车基础设施建设得到快速推进。目前，柳州市依据《电动汽车用交流电充电插座》团体标准共建成新能源汽车充电插座 4 787 个，分布于全市各城区的公共场所、住宅小区及部分单位等处。由于电动汽车用交流电充电插座具有小容量、便利性、广覆盖的特点，大大方便了新能源汽车充电。

第二，产品销量大幅提升。自 2017 年 8 月上市以来，宝骏 E100 已累计销售达 11 446 辆。2017 年 12 月，宝骏 E100 在柳州的渗透率高达 27.7%（柳州每 100 辆上牌的汽车中就约有 28 辆为宝骏 E100）。2017 年 9—12 月，宝骏 E100 连续四个月蝉联纯电动乘用车单个产品、单个城市销售量全国第一。

第三，产业快速有序发展。柳州通过积极建立新能源汽车供应体系，引入卡耐新能源、联合电子、上海电驱动、杰诺瑞、万安科技等供应商落地柳州，在柳州本地建立直营店、体验馆，提供相应的售前售后服务，实现销售本地化。新能源整车工厂在柳东建成，具备年产 10 万辆生产能力。宝骏 E100 的电池供应商之一，上海卡耐新能源有限公司已在柳州投资建厂，并于 2018 年 1 月正式投产。此外，宁德时代、深圳比克、浙江方正、上海电驱动、苏州智绿等主要新能源车零部件配套厂商也纷纷开展柳州本地化配套工作。

第四，节能减排成效显著。相比建设充电桩，电动汽车用交流电充电插座累计节约电力容量 23 935kW，节约成本 3.2 亿元（每个充电桩按 7kW，7 万元成本测算）。此外，纯增新能源汽车专用泊位 3 536 个，相比传统车位，共节约城市空间 2.5 万平方米。宝骏 E100 的累计续驶里程达 1 963 万千米，相当于节约汽油消耗 157 万升，减少碳排放 2 434 吨，相当于种植约 13.3 万棵树。

7.2.4 实践启示

第一，聚焦产业发展瓶颈和需求。汽车产业是柳州市第一大支柱产业。柳州市聚集了一汽、东风、上汽和重汽四大汽车集团整车生产企业，20 世纪 90 年代起便成为中国四大汽车城之一。近年来，柳州市把新能源汽车作为引领产业升级的重中之重，新能源汽车产业规模迅速扩张，产值增长势头迅猛。但是，随着新能源汽车产业发展，柳州在新能源汽车推广应用和配套基础设施建设方面，面临着标准缺失等各种各样的新问题，对 NQI 有着强烈的需求。柳州市综合运用标准、检验检测和认证手段，制定并实施《电动汽车用交流电充电插座》团体标准，利用家用 220V 三插接地电源解决了以宝骏 E100 为代表的新技术、新产品的市场推广问题，深度契合了柳州市产业发展需求。NQI 服务产业发展的柳州经验表明，企业对计量测试、标准研制、检验检测认证等质量服务的需求非常旺盛，探索开展典型产业、典型区域质量基础示范试点，提升的服务能力必须聚焦产业发展瓶颈和需求，特别是要发挥龙头企业的重要作用，在 NQI 建设方面逐渐形成地方政府组织、龙头企业引领、中小企业跟进的 NQI 建设机制。

第二，政企三级联动工作机制。新技术、新产品的推广往往涉及方方面面，特别是在质量、安全高度敏感的电动汽车领域，任何单一主体的工作模式，都难以奏效。柳州市为了彻底改变在新能源汽车产业发展、推广应用和配套基础设施建设方面落后于全国先进地区水平的不利局面，启动了新能源汽车推广"政企三级联动工作机制"，建立了领导组、协调组和现场组三个工作组，如图 7.6 所示。"政企三级联动工作机制"由当地政府和汽车生产企业主要领导牵头，进一步细化新能源汽车推广运用中的问题，将新能源汽车的购车补助、充电优惠、停车优惠、充电桩建设等一系列措施落到实处，构建便捷使用新能源汽车的消费生态。2017 年通过"政企联动"提出需求，柳州市相关部门统一研究，发布了补贴、物价、交管、充电插座等多项政策及标准，全面统筹和保障扶持资源配置。政企联动现场组严格挑选示范效应良好的特定区域，开展示范点建设。2017 年落地的新能源汽车应用示范小区 26 个、示范机关单位 48 个、示范学校 53 所、示范医院 6 所、示范企业 18 家、示范商业区 16 个、示范道路 1 条。示范工程的推进，极大地发挥了示范效应，对推广传播起到巨大的促进作用，营造出浓厚的区域新能源汽车使用氛围。《电动汽车用交流电充电插座》团体标准在很短的时间内就完成了从立项到发布的各项工作，并完成了 4 787 个新能源汽车充电插座建设任务，也极大地受益于柳州市"政企三级联动工作机制"的强力推动。

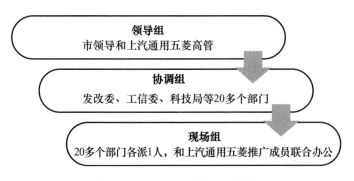

图 7.6 政企三级联动工作机制

第三，创新 NQI 服务机制。2017 年，中共中央在调研北京新能源汽车产业发展时强调，加强统筹规划，强化创新驱动，深化推广应用，推动新能源汽车产业做优、做强。要求要突出抓好"四个创新"。"四个创新"之一就是充电创新：瞄准标准化、网络化、智能化和大功率化，加快研发先进充电技术；加强设施建设，创新商业模式，解决好充电桩数量不足、老旧小区改造和车桩充电接口不兼容问题。柳州市深受中央政策的鼓舞，面对电动汽车产业领域存在的突出瓶颈问题，创造性地以团体标准，而不是行业标准的方式，在极短的时间内就解决了新技术、新产品产业化过程中的合法性问题，契合了互联网时代产品快速迭代的发展要求。

第四，强化 NQI 各要素融合互动。NQI 是一个有机整体，需要多方推进、协同创新。柳州市发布了《电动汽车用交流电充电插座》团体标准，然而并没有止步于此。柳州市还充分发挥认证认可的作用，规定只有具有资质的施工单位才能安装电动汽车用交流电充电插座，充电设施经中国质量认证中心（China Quality Certification Centre，CQC）验收合格后才能投入使用。此外，柳州市还协同各部门先后发布了《新能源汽车充电插座技术指南》《新能源汽车充电插座安装指南》《新能源汽车充电插座验收指南》《柳州市个人自用、公共服务充电基础设施报装流程》等一系列充电基础设施技术、安装、验收和报装要求。柳州市依托"政企三级联动工作机制"强化 NQI 执行监督检查，及时发现接地点、漏电保护开关、过程记录、标识等方面存在的问题，为持续改进提供了依据。

7.3　国家电网 NQI 建设对企业效益的影响

在 NQI 促进产业价值倍增方面，国家电网是一个成功典范。2009 年，国家电网有限公司（简称国家电网公司）[①]提出"建设坚强智能电网"战略，并引入 NQI 理念，建立了以计量检测为基础、以先进标准为引领、以合格评定为手段的质量管理体系，实现了智能电网的系统最优、质量最佳的效果。在智能电网建设中，NQI 促进了产业价值倍增，包括能耗减少、运行可靠性提高、效益大幅增加。

---

① 国家电网有限公司成立于 2002 年 12 月 29 日，以投资建设运营电网为核心业务，承担着保障安全、经济、清洁、可持续电力供应的基本使命。

7.3.1 发展背景

进入 21 世纪以来，随着科技和信息技术的快速发展和广泛应用，全球资源和环境问题日益突出，尤其是国外大面积停电所带来的强大冲击，使美国等国家对电力网络基础架构、电网运行水平、供电可靠性、电能质量等问题更加关注，欧盟等地区围绕如何更好地为用户提供可再生能源替代、分布式能源发展管理等方面，陆续启动了相关研究和实践。发展智能电网，适应未来可持续发展的要求，已经成为国际电力工业发展的必然趋势。近年来，中国新能源发展迅速，已成为推动世界新能源发展的重要力量。在产业迅速发展的同时也遇到了储能和并网接入的瓶颈，导致其在短期内很难展开大规模推广应用，产业化发展受到阻碍。智能电网因其能够有效地接纳光伏、风电等能源并网发电，可以有效地改善这种局面，从而为全世界电力工业在实现节能减排、绿色环保方面开辟了新的发展空间。2009 年 5 月，国家电网公司提出"建设坚强智能电网"战略，正式拉开了中国智能电网发展的序幕。

《中共中央 国务院关于开展质量提升行动的指导意见》于 2017 年 9 月 5 日正式发布，中国特色社会主义已进入新的时代，我国经济社会发展已由过去的高速度增长转入高质量发展阶段。国家电网公司以提高发展质量和效益为中心，积极培育智能电网领域国际竞争新优势，推进能源生产和消费革命，为构建清洁低碳、安全高效的能源体系奠定发展质量基础。智能电网产业的高质量发展无法仅依靠高质量的单一标准要素本身来完成，而需依靠 NQI 体系建设，统筹计量、标准、检验检测和认证认可资源，系统开展技术标准试验验证和实施评价，提升标准质量和国际竞争力，进而提升智能电网质量建设成效。智能电网质量建设过程中需要攻克相关技术、标准、工程、产业质量及协同建设等一系列重大的标准化问题。其中，技术基础扮演了至关重要的角色，发挥着至关重要的作用。

7.3.2 行业现状

当前我国电网发展滞后的问题依然突出，开发清洁能源、发展低碳经济已经成为世界能源发展的新趋势。各类大型能源基地特别是风能、太阳能发电基地的加快建设，对电网的安全性、适应性、资源配置能力等提出了新的要求。建设统一坚强智能电网，是我国特高压取得重大突破后，在新的起点上推动国家电网科学发展水平，满足未来各方面发展需求的必然选择；是应对未来电网发展的新形势，构建稳定、经济、清洁、安全的现代能源供应体系的客观需求；对于保障我国经济社会可持续发展，实现能源资源优化配置，加快产业结构调整，促进可再生能源集约化开发，保障我国能源安全，积极应对全球气候变化具有重要意义。

2009年5月，在"特高压输电技术国际会议"上，国家电网公司表示将"加快建设以特高压电网为骨干网架，各级电网协调发展，具有信息化、数字化、自动化、互动化特征的统一的坚强智能电网"。之前，我国在很多方面的研究成果已经为发展智能电网打下了基础。国家电网公司组织开展的大电网安全关键技术研究、数字化电网关键技术研究、电力电子关键技术研究、特高压同步电网安全稳定运行关键技术研究等相关研究实践及"SG186"工程、电力通信建设、用户用电信息采集系统等，都为建设我国智能电网奠定了坚实的基础。

7.3.3 发展过程与管理机制

智能电网在不同国家具有不同含义。我国坚强智能电网是指各级电网协调发展，具有信息化、智能化、互动化特性，包含电源接入、输电、变电、配电、用电和调度各个环节，覆盖所有电压等级的现代电网，具体要求包括发电清洁化、输电坚强化、用电智能化。

我国坚强智能电网建设阶段，如图7.7所示。

1. 第一阶段(2009—2010)——规划试点阶段

该阶段重点开展国家电网智能化发展规划工作，制定技术标准和管理标准，开展关键性、基础性、共用性技术研究工作，开展技术和应用试点工作。

2009年上半年，国家电网公司启动了智能电网技术标准体系研究，并成立了专家工作组和智能电网部。工作组结合国内外智能电网标准研究和制定工作的最新进展，从我国建设智能电网的需求出发，按照8个专业分支，在梳理已有的779项国际标准和772项国内标准的基础上，编制完成了《智能电网技术标准体系规划》，用于指导坚强智能电网企业标准的编制，并于2010年6月29日对外发布。

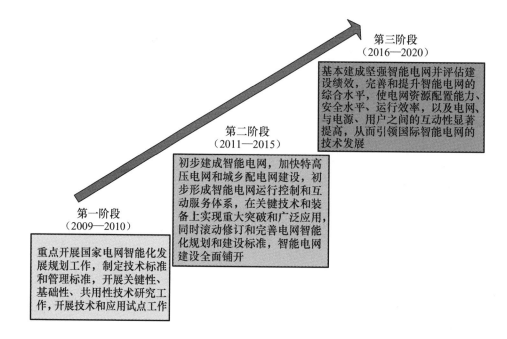

图 7.7　我国坚强智能电网建设阶段

同年 8 月 21 日，国家电网公司召开智能电网工作座谈会，部署了第一阶段智能电网建设重点关注内容，坚强智能电网第一阶段建设全面启动。2009 年下半年，国家能源局会同国家电网公司、中国电力科学研究院共同建立了风电并网系统研发（实验）中心和太阳能发电研发（实验）中心，为风电、光伏提供了公共研发平台，为计量、标准、检测、认证提供实际数据支撑，进行标准试验验证等。此外，工作组还组织启动了 10 类重大专项研究，共 205 个课题，并在试点工程中得到应用。

与此同时，国家电网公司特高压交流、直流、高海拔、工程力学四个试验基地正式投入运行，形成功能齐全的特高压计量检测和试验研究体系，全面掌握特高压输电技术，具备工程设计、建设和运行的能力。

国家电网公司筹划建立智能电网 NQI 体系：一是明确质量与标准的内在逻辑关系，单一标准要素无法保证质量，而质量的提升又不能离开标准，质量的提升需要依靠以标准化为中心的 NQI 体系建设；二是明确国家高质量发展与智能电网产业高质量发展的内在逻辑关系，落实国家质量发展的战略，需要各行各业都要向高质量发展转型，而各行各业除了自身"纵向"高质量发展外，还必须坚持横向协同；三是明确智能电网产业高质量发展与标准的内在逻辑关系，智能电网产业高质量发展依靠的是以标准为中心的 NQI 体系建设提升；四是明确智能电网产业高质量发展依托 NQI 体系的实现路径，NQI 在智能电网领域的应用，贯穿整个电网发展全过程，是支撑电网提质增效升级的重要技术基础。

国家电网公司筹划建立技术标准试验验证体系提升标准质量：一是"以点的突破实现线的突破"，通过技术标准试验验证，狠抓标准自身的科学性和可验证性，标准技术内容是标准的关键所在，直接影响标准的整体水平，标准验证是指借助检验检测的科学手段，运用定性定量相结合的方法，综合评价标准技术内容的科学合理性和适用性，标准验证工作是提升标准质量的迫切需要；二是"以点的突破实现横向协同突破"，通过技术标准试验验证，初步建立"标准、计量、检验检测和认证认可资源"横向协同与衔接的工作机制，推动实现横向的高质量协同，技术标准实施评价发现覆盖计量、检验检测、认证认可、业务领域标准的交叉、重复、矛盾等问题，依托技术标准试验验证体系综合解决，从技术标准试验验证的链条建立计量、标准、检验检测、认证认可的协同通道和衔接机制；三是以标准的质量提升推动 NQI 体系的完善，技术标准试验验证体系助力提升智能电网 NQI 的建设成效，沿着以标准为中心的 NQI 体系建设，以标准的质量提升促进智能电网 NQI 体系的完善，推动智能电网建设质量的提升。

2. 第二阶段(2011—2015)——全面建设阶段

该阶段要初步建成智能电网，加快特高压电网和城乡配电网建设，初步形成智能电网运行控制和互动服务体系，在关键技术和装备上实现重大突破和广泛应用，同时滚动修订和完善电网智能化规划和建设标准，智能电网建设全面铺开。

在智能电网关键技术方面，近年来，我国在智能变电站关键设备研制与技术标准体系构建方面不断填补国内空白，达到国际领先水平。截至 2011 年 3 月，国家电网公司制定了 15 项智能变电站标准，形成了世界首个智能变电站系列技术标准，申请专利 126 项，整体技术水平国际领先。这一阶段，我国已经建成了55座智能变电站，成为引领世界变电站技术发展的中坚力量。

我国风电、太阳能光伏发电等新能源发电发展迅速，目前已成为全球新能源发展最快、并网规模最大的国家。与火电、水电等常规电源相比，风电、太阳能光伏发电具有显著的间歇性、随机波动性和难以控制的特点，如果大规模无序接入，将对电能质量、供电可靠性甚至大电网的安全稳定带来严重影响。因此，为促进新能源大规模开发和利用，国家电网公司立足自主创新，攻克新能源并网关键技术，通过建立新能源并网技术标准体系、建设新能源发电试验检测能力、开展新能源发电并网认证，构建了完整的新能源发电质量基础体系。在保障我国新能源大规模并网和消纳的同时，也促进了我国新能源产业发展和产品升级。

2011年年底，集成风电、光伏、储能智能协调控制、高精度功率预测等关键技术的国家风光储输示范工程投产运行。该项目是财政部、科技部、国家能源局及国家电网公司联合推出的"金太阳工程"首个重点项目，是国家电网公司建设坚强智能电网首批重点工程，是目前世界上规模最大的集风力发电、光伏发电、储能及输电工程"四位一体"的可再生能源项目。

特高压交流1 000kV和直流800kV是目前世界上最高的输电电压等级。特高压输电工程师国家重大基础设施建设项目，投资规模大、产业链条长、经济带动力强，具有巨大的社会效益和经济效益。在国内首条特高压工程建设之初，既没有使用标准可以直接引用，也没有成熟的工程经验可以借鉴，更没有商业化的特高压设备可供选择，难度之大可想而知。国家电网公司坚持以特高压标准体系为基础，以自主创新技术为支撑，以完善的试验检测体系为手段，全面推动特高压设备质量提升，促进特高压设备国产化进程，实现了特高压电网的安全稳定运行。

随着我国特高压输电通道建设和大规模互联电网的形成，电网的运行特性日益复杂。同时，大规模新能源并网带来的不确定性因素增加，频发的自然灾害和网络安全事件也严重威胁着电网安全。这些都给电网的运行调度带来了巨大挑战。各级电网调度中心原有的能量管理、电能量计量、调度计划、广域相量测量等十余套业务系统，由于无统一标准，且互不兼容，使得互联大电网协同调度步履维艰。为满足多级电网调度一体化运作的需求，国家电网公司组织研发了新一代智能电网调度控制系统（D5000系统）。通过在

D5000工程建设过程中建立健全D5000系统技术标准体系和相关设备的检测体系，并促进两大体系的有机融合，有力支撑了科研成果向工程应用快速转化，有效保障了D5000工程建设质量。

智能电能表是电能贸易结算的计量器具，是智能电网与广大电力客户连接的重要途径，是保证计量公平、公正、准确的关键，具有显著的保障民生特性。国家电网公司提出"全覆盖、全采集、全费控"的用电信息采集系统建设目标。通过国家质量基础的建设和完善，我国成为世界上建设规模最大、覆盖面最广、数量最多的智能电能表应用的国家。国家电网公司遵循标准先行、标准引领的思路，组织编制并发布了统一的《智能电能表系列技术规范》和《用电信息采集系统系列技术规范》，形成完善的技术标准体系，规范了智能电能表、用电信息采集系统的功能、型式、技术指标、通信协议、安全认证等技术要求，有力支撑了国家阶梯电价政策执行、节能减排政策实施和电力客户互动化服务。标准解决了智能电能表计量芯片算法、安全芯片设计等核心技术，打破了国外进口芯片的垄断局面，推动了智能电能表、用电信息采集系统产业升级，确立了在该领域的国际话语权和核心竞争力。电能表外观型式由1 491种统一为4种，节约社会资源、降低企业生产制造成本；国产计量芯片的应用比例由原来的不足10%提升到90%；国产微处理器、安全芯片市场应用比例分别达60%和100%；100多个优秀电能表制造企业走向国际舞台。

3. 第三阶段(2016—2020)——引领提升阶段

该阶段基本建成坚强智能电网并评估建设绩效，完善和提升智能电网的综合水平，使电网资源配置能力、安全水平、运行效率，以及电网与电源、用户之间的互动性显著提高，从而引领国际智能电网的技术发展。

目前，国家电网公司创新提出基于机械、电气和软件流程设计"三位一体"的充电过程安全防护规范；首次提出充电设备产品规格划分等级，实现研发生产标准化、系列化、通用化；率先提出检验检测规范，建成国际先进的充换电设施实验验证中心。中国特高压交流电压等级标准已成国际标准。

国家电网公司以电网设备质量管理为主线，做好NQI体系的顶层设计，规范电网设备监造、选型、招标、安装、运行、报废等业务管理流程，明确电网设备质量管理相关单位的职责分工；充分发挥中国电力科学研究院和省级电力科学研究院两级技术机构专业齐全且计量、标准、检测、认证认可已有资源雄厚和技术支撑坚强的优势，依托两级电力科学院，建立四要素齐全，专业协同的电网 NQI 体系。持续提升电网 NQI 水平，补齐短板和不足部分；加强电网 NQI 四要素协调能力建设，发挥电网 NQI "四位一体"的整体效能，建立与之相适应的计量量值溯源体系、技术标准、检验检测能力和认证认可方法。

国家电网公司着眼于"互联、互通、互认"，构建以计量为基础、以标准为依据、以检验检测和认证认可为手段的全过程质量管理体系，利用"大云物移智"等信息通信新技术，建立全域覆盖、数据融合、多方共赢的电网设备质量信息共享与服务平台，形成汇聚各类资源的枢纽，打通设备供应商、检测机构、电网公司、政府之间的质量数据孤岛，覆盖全品类电网设备，覆盖设计选型、生产制造、入网检测、招标采购、设备监造、验收检测、安装运行、周期检测、拆除报废等全环节，实现设计、生产、检测、安装、运行、拆除各环节质量数据的全量采集和深度共享。以质量数据为基础，提供分析、检测、认证等质量一站式服务，解决政府质量监管、公司质量强网、企业质量提升面临的痛点，助力电网高质量发展和产业转型升级。具体来说，体现在以下四个方面。

（1）计量方面。深化中国电力科学研究院和省级电力科学研究院的功能和作用，建立健全计量量值溯源体系，全面建成国际领先的智能计量体系；依托国家高电压计量站和国网计量中心，开展电学计量标准设备能力验证和国际比对，实现主要电学计量量值的国际互认。

（2）标准方面。利用在特高压、新能源、智能电网、大电网安全运行等领域的技术优势，加快能源行业国家级标准创新基地建设，打造能源行业标准孵化基地，深入贯彻实施标准化战略；依托 IEC/TC 和 OIML 技术标准工作组，开展电网设备相关国际标准制修订，加强与"一带一路"沿线重点国家市场标准互认，提高中国标准的国际影响力和国际话语权。

（3）检验检测方面。加强覆盖全品类电网设备、工程和服务的检验检测能力建设，形成以中国电力科学研究院为龙头、以省级电力科学研究院为协同的检验检测综合基地;加强与美国 NIST、荷兰 KAMA 等权威检测机构的沟通,推动电网装备检验检测方法及结果国际互认。

(4)认证认可方面。加快电网产品、体系和服务的认证中心建设,积极采信认证结果,搭建业务范围广、技术实力强、服务水平高的电网认证体系;参照国际质量认证体系,开展电网设备供应商质量体系认证,开展电网设备生产和运行水平认证,加快认证结果的全面应用和采信,提升电力认证的影响力和公信力。

7.3.4 成果与效益

本案例中,坚强智能电网的 NQI 内涵体现在标准、计量和检测、认证认可。在标准方面,国家电网公司组织编制了《智能电能表系列技术规范》,与坚强智能电网建设同步,研究制定了世界上首套特高压技术标准体系,发布了国际上首套由企业制定的智能电网技术标准体系,制定了 1 000 余项标准,其中,特高压国标 50 项、智能电网国标 226 项,编制通用设计、标准化作业指导书等标准实施载体,有效统一了质量要求。在计量和检测方面,国家电网公司建立了量值传递体系,建设和完善 18 个国家级实验室、72 个企业级实验室,形成世界上最完善的智能电网实验室集群,极大地提升了计量和检测能力。在认证认可方面,国家电网公司积极联合社会各界力量,搭建了智能电网认证认可体系,并在新能源等重点领域实现国际互认,不断加深质量信任。

国家电网公司遵循标准先行、标准引领的思路,形成完善的 NQI 体系。标准解决了智能电能表计量芯片算法、安全芯片设计等核心技术问题,打破了国外进口芯片的垄断局面,推动了智能电能表、用电信息采集系统产业升级,确立了在该领域的核心竞争力和国际话语权,大幅度提高发电、输电和用电效率,促进可再生能源的开发利用和节能减排,有力拉动国民经济发展,社会综合效益提升显著。NQI 投入与所产生的效益见表 7-4。

表 7-4　NQI 投入与所产生的效益

NQI 投入	所产生的效益	
	社 会 效 益	经 济 效 益
解决计量芯片算法、安全芯片设计核心技术问题	提升核心竞争力和国际话语权，打破国外芯片垄断局面	微处理器和安全芯片新增产值约 50 多亿元/年
国际首套用电信息采集系统标准体系、外观标准化设计	推动国家能源政策的落实	节约抄表人力成本约 21.53 亿元/年，减少窃电损失约 5.6 亿元/年
智能化生产检测关键技术	自动化检定率超过 90%，检定效率提高 10 倍以上	节约产品检定人力成本约 20.8 亿元/年
入网前产品认证	节约社会资源、降低企业生产制造成本	电能表外观由 1 491 种统一为 4 种，节约招标成本约 448 亿元

在实施坚强智能电网战略的过程中，国家电网公司将继续完善设备购置、设备运行、设备维护等环节的检验检测、认证认可机制，促进检测标准、计量标准等相关标准的有效实施；建设相关试验能力为标准研制提供良好的试验环境和支撑平台；加强智能电网标准体系设计，促进计量、检验检测、认证认可的实施水平提升；加强 NQI 管理体制建设，推进国际互认，为标准研制、检验检测、认证认可提供扎实的技术基准。

在不断完善的 NQI 建设过程中，坚强智能电网相关的设备制造、软件制造、工程设计、工程管理、合格评定服务等将力争保持国际领先水平或逐步发展至国际领先水平，推动"中国制造"和"中国设计"的电力产品和电力工程在世界范围内推广应用。这将有利于世界各国了解和接受利用特高压技术推动能源资源优化配置，构建全球能源互联网，实现全球电网互联互通，积极消纳新能源发电、保障安全可靠供电、应对全球能源问题的伟大构想，更好地服务和支撑国家"一带一路"倡议实施。

第 8 章 应用：儿童玩具行业 NQI 评估

我国儿童玩具行业长期处在全球价值链低端，玩具的设计和研发能力较为薄弱，缺乏国际知名品牌。近些年，我国儿童玩具行业凭借成熟的制造工艺和相对低廉的价格水平，出口量保持高位，但行业总体大而不强，企业呈现小而散的特征，国际歧视和行业壁垒依然明显。尤为突出的是，我国儿童玩具行业作为供应商，缺少国际话语权。因此，不论是为满足消费者需求，回应社会关切，还是为提高儿童玩具行业品牌竞争力，适应世界价值链竞争，走高质量发展道路，全面提升儿童玩具的质量与安全保障，都是我国儿童玩具行业的当务之急和必由之路。本章深入分析了我国儿童玩具行业 NQI 各环节、各层级的发展现状，厘清了儿童玩具行业与 NQI 相关的质量问题，评估了儿童玩具行业 NQI 的建设水平和效能情况，并针对儿童玩具行业 NQI 的短板问题提出了明确的建议。

8.1 儿童玩具产业链的突出质量问题

我国儿童玩具行业目前已经形成成熟的生态系统和完整的产业链条。从制造角度来看，玩具产业链上游主要是原材料供应商，主要包括塑料、橡胶、五金、电子配件以及包装。玩具制造企业需要通过经销商将产品推向消费者，所以下游主要包括零售、批发、电商等销售渠道。玩具的品类繁多，产品有多种分类方法。按照主要功能分类，玩具可分为益智玩具、机动玩具、电动玩具、电子玩具、智能玩具等；按主要材质分类，玩具可分为木制玩具、纸制玩具、塑胶玩具、金属玩具、毛绒玩具、布制玩具等；按照强制性认证范围分类，玩具可分为童车、电玩具、弹射玩具、金属玩具、娃娃玩具、塑胶玩具六类。

8.1.1 产业链上游

在产业链上游，涉及质量问题最多的是原材料塑料和含电池零部件。

我国儿童玩具行业中，塑料玩具产量大、涉及面广。在塑料制品行业，循环再生塑料（俗称"二料"）的使用十分广泛。使用多次回收的废旧"二料"生产出来的劣质塑料玩具的质量安全风险较为突出，主要表现在：①塑化剂及有机溶剂残留；②劣质塑料韧性和强度不够，容易破碎或折断，产生小碎片及尖锐边缘。

儿童玩具的电池主要存在两方面的安全隐患：一是电池本身不合格，或者属于假冒伪劣产品；二是厂家在玩具外包装上对电池的使用不做任何说明和警示，导致消费者（家长）对玩具电池的正确操作不了解，容易引发危险。

8.1.2 制造环节

儿童玩具的制造环节最突出的问题除原材料之外，还有产品设计导致的安全问题。安全问题出现较多的产品类别有童车类、含小零件的玩具、仿真枪械类玩具。我国消费者协会曾指出儿童玩具存在的六大问题：零件太小、绳子太长、形状太怪、孔隙太窄、"子弹"太差、警示太少。

我国报告的儿童玩具伤害主要原因包括：误食磁性玩具、吸入玩具的小部件、被玩具的锋利部分割伤、涉及头发伤害的汽车玩具车、化学物质伤害。美国消费品安全委员会（Consumer Product Safety Commission，CPSC）报告称2017 年儿童玩具中导致儿童死亡的前五类为：非机动滑板车、三轮车、球（气道阻塞）、毛绒玩具等（气道阻塞或窒息）、含电池玩具（摄入电池）。国家市场监督管理总局组织开展的产品伤害监测工作显示，2018 年前三季度，从全国17 地 56 家哨点医院采集到与产品相关伤害信息有 11.6 万例，其中涉及儿童玩具及用品伤害的有 1 283 例。从伤害案例分析中发现，儿童玩具及用品致伤问题增速较快，0～14 岁儿童在总伤害案例中的占比持续增长，从 2012 年的11.31%增长到 2018 年前三季度的 16.21%。儿童玩具及用品导致的伤害中，因儿童误食或误塞小零件等导致的伤害占比达 53.23%，与童车类产品相关的伤害占 13.17%。此外，受"吃鸡"游戏（手机射击游戏）风靡的带动影响，玩具枪等弹射类玩具引发的伤害达 39 例。

8.1.3 消费市场

我国儿童玩具行业是出口导向型产业,多数产品用于出口,也有部分产品用于内销。我国是世界上最大的玩具制造和出口国,儿童玩具出口量占据全球玩具市场份额的近 75%,美国和欧盟是我国玩具出口的主要目标市场。伴随玩具出口量的持续增长,我国儿童玩具被召回批次也高居全球榜首,质量风险凸显。召回原因一方面是玩具所含的有害物质超标,另一方面是容易引发物理伤害。当然,欧美市场逐年提升儿童玩具标准要求也是导致我国生产的儿童玩具不符合规定被频频召回的重要原因。

国内市场主要涉及各大超市、玩具专卖店,以及天猫、京东等电商平台。各大超市、玩具专卖店由于有特定的供货品牌和渠道,玩具质量通常较高,玩具包装基本符合标准,但也普遍存在物流运输损坏、供应商监管疏漏等问题。而电商平台的质量问题则较为突出:电商平台售卖的玩具存在强制性认证品类未标明认证标识、玩具材料描述不规范、未明确规定玩具适用年龄等问题;未对假冒伪劣产品采取有效监管措施;对于质量合格的产品,也存在不当运输导致玩具损坏、售后服务不及时等问题。

8.2 儿童玩具行业 NQI 评估体系

行业 NQI 评估体系是通过建立行业 NQI 的评估框架,以指南形式指导具体行业的 NQI 评定或评级,在评级过程中对标先进 NQI,发现薄弱环节,寻求改革依据,进而为行业 NQI 建设和改革设立标杆。

本框架从"设计—执行—反馈"的流程角度和"程序正确—行为正确—结果正确"的判断角度出发,建立了行业 NQI 评估框架的三个层面:制度层面、技术层面和监管层面。其中,制度层面是基础,是保障 NQI 其他环节效能发挥的强制力,以及引导技术研发、发挥监管作用的基调;技术层面是工具和方法,直接决定了制度要求能否传达和落实到位;监管层面是效果指针,通过负反馈的形式对各要素环节的具体实施情况进行监督、调节,对制度建设未能涉及的方面进行补充。将三个层面进一步细分,划分出行业 NQI 评价体系,见表 8-1。

表 8-1 行业 NQI 评价体系

二级指标	序号	指导观测变量	NQI 要素
制度层面	1	法规范围：行业法律法规规定了强制性认证的产品范围	法律法规
	2	法规明细：行业质量相关法律法规安全类条款详细程度	法律法规
	3	处罚力度：行业质量相关法律法规违法处罚力度	法律法规
技术层面	4	强标明细比对：强标中，行业重点关注内容明细与国际先进标准比对（如欧盟、美国、ISO 标准）	标准
	5	检测水平：行业重点项目检测技术是否达到国际水平	检验检测
	6	检出能力：行业强制性认证检测项目要求（即不符合标准的能否有效检出，仅适用于标准明细比对不全面的情况）	检验检测
	7	法定计量：法定计量在行业企业内的普及程度	计量
	8	机构资质：行业认证机构是否具备欧美认证资质	认证
	9	认证水平：自愿性认证水平	认证
监管层面	10	监管投入：政府监督投入力度	市场监管
	11	召回管理：行业产品召回体系投入力度	市场监管

观测变量"6. 检出能力"只在标准比对项目不能完全覆盖检测项目的情况下有效，适用于标准体系较为复杂、强制性标准较多的行业，故儿童玩具行业测算不考虑观测变量6。由于儿童玩具检测和认证所需的计量方法和计量器具较为常见，计量不属于严重制约行业 NQI 效能实现的因素，而玩具企业大多为中小企业，企业计量数据搜集难度较大，所以观测变量"7. 法定计量"也不计在玩具行业指标体系测算中。根据行业 NQI 评价体系制定儿童玩具行业

观测变量及测算方法，删除儿童玩具行业不适用的观测变量 6 和 7 之后，得到儿童玩具行业 NQI 评价体系观测变量，见表 8-2。

表 8-2 儿童玩具行业 NQI 评价体系观测变量①

二级指标	序号	儿童玩具观测变量及解释
制度层面	1	儿童玩具相关法律规定强制性认证所涉及的玩具产品范围
	2	儿童玩具相关法律是否规定了详尽的安全条款，如化学品限量等内容（对比欧美玩具法规）
	3	儿童玩具制造商到零售商等利益相关者违反召回处罚条例等法律的罚款金额与美国法律对比
技术层面	4.1	儿童玩具相关强制性标准是否包含"机械与物理性能""易燃性能""特定元素""有害化学品""电玩具安全"5 个独立标准目录（对比欧美强制性标准）
	4.2	儿童玩具有害物质限量水平达到欧美标准的种类数
	4.3	儿童玩具强制性标准有无产品追踪要求，如在外包装上打印追踪码等
	4.4	针对玩具伤害率和致死率最高的标准相关条款内容达到欧美标准水平的比例（机械与物理性能标准比对）
	4.5	儿童玩具强制性标准中有关电池安全的检测项目要求，覆盖欧美电池安全检测项目数的覆盖率
	4.6	特殊玩具有关使用安全说明及警示标识的要求是否等效于欧美标准
	5	强制性要求规定限量有害化学品的检测技术是否达到欧美水平
	6	国内儿童玩具认证机构中能够发放美国、欧盟准入认证的机构比例
	7	儿童玩具高于强制性认证的自愿性认证水平

---

① 测算方法：各项指标得分主要基于标杆对比，一类标杆对比是与最优情况对比，例如召回最优的情况为"零召回"，"零召回"即召回相关指标的标杆；另一类是无法直接判断最优情况时，以欧盟和美国等行业质量较高地区的水平作为标杆进行对比。标杆对比不同于以往简单的数值测算，主要依据研究人员的经验和对现状的理解，最终得分主观性较强，但更容易深入挖掘 NQI 得分背后的问题，因此，在测算分析过程中充分理解材料和咨询行业专家显得至关重要。

续表

二级指标	序号	儿童玩具观测变量及解释
监管层面	8	政府对儿童玩具产品抽查频率和抽查批次
	9.1	国内儿童玩具单位销量主动召回批次与单位销量被动召回(被欧美召回)的批次比
	9.2	欧美召回我国生产儿童玩具的种类数或批次增长率

8.3 儿童玩具行业 NQI 现状

通过各项细节对比与测算，得出儿童玩具行业 NQI 观测变量得分见表 8-3。总体来看，我国儿童玩具行业 NQI 建设最需要完善的部分是制度层面；技术层面各要素发展水平参差不齐，但处于基本满足现状的阶段；监管层面情况最好，国内召回与国外被召回在数量上的差距缩小，玩具出口量逐年增长，欧美市场对华召回总量下降。但如果不真正提升制度水平和技术水平，想通过传统的加强监管力度的方式来促进整个行业的质量提升，其投入和收益比较低，效能不会很高。

法律和标准是基石，技术将法律标准的要求传递给机构，机构以服务的形式、政府以监管的形式作用于企业或产品。如果基石不牢，行业 NQI 的效能发挥较差，整个 NQI 体系会显得摇摇欲坠。

表 8-3 儿童玩具行业 NQI 观测变量得分

二级指标	序号	儿童玩具观测变量及解释	要素	测算结果
制度层面	1	儿童玩具相关法律规定强制性认证所涉及的玩具产品范围	法律法规	80%
	2	儿童玩具相关法律是否规定了详尽的安全条款，如化学品限量等内容(对比欧美玩具法规)	法律法规	0%
	3	儿童玩具制造商到零售商等利益相关者违反召回处罚条例等法律的罚款金额与美国法律对比	法律法规	30%

续表

二级指标	序号	儿童玩具观测变量及解释	要素	测算结果
技术层面	4.1	儿童玩具相关强制性标准是否包含"机械与物理性能""易燃性能""特定元素""有害化学品""电玩具安全"5个独立标准目录(对比欧美强制性标准)	标准	100%
	4.2	儿童玩具有害物质限量水平达到欧美标准的种类数(比例)	标准	67%
	4.3	儿童玩具强制性标准有无产品追踪要求,如在外包装上打印追踪码等	标准	50%
	4.4	针对玩具伤害率和致死率最高的标准相关条款内容达到欧美标准水平的比例(机械与物理性能标准比对)	标准	80%
	4.5	儿童玩具强制性标准中有关电池安全的检测项目要求,覆盖欧美电池安全检测项目数的覆盖率	标准	100%
	4.6	特殊玩具有关使用安全说明及警示标识的要求是否等效于欧美标准	标准	60%
	5	强制性要求规定限量有害化学品的检测技术是否达到欧美水平	检验检测	100%
	6	国内儿童玩具认证机构中能够发放美国、欧盟准入认证的机构比例	认证	64%
	7	儿童玩具高于强制性认证的自愿性认证水平	认证	80%
监管层面	8	政府对儿童玩具产品抽查频率和抽查批次	市场监管	数据不全
	9.1	国内儿童玩具单位销量主动召回批次与单位销量被动召回(被欧美召回)的批次比	市场监管	49%
	9.2	欧美召回我国生产儿童玩具的种类数或批次增长率	市场监管	100%

8.3.1 制度建设滞后导致行业监管乏力

质量提升，标准先行。制度建设和相关标准建设是 NQI 各要素发展的前提，如果没有法律和政策的保障，产品质量提升的要求和检测技术无法有效落实、应用，监督抽查也仅仅是点对点的修正，其强制力不足，无法形成自我净化的质量监督环境。

我国儿童玩具及消费品相关法律法规建设起步较晚，1993 年才开始陆续出台有关产品（或消费品）质量及保护消费者安全的法律法规。而美国早在 1953 年就出台了第一部明确针对易燃织物类消费品（包含相关儿童玩具）安全性要求的法律，之后陆续推出有害物质、儿童安全等各项与儿童玩具或消费品密切相关的法律法规。欧盟在 1976 年出台与消费品相关的有害物质限制指令，同样远早于我国。国家标准方面，美国、欧盟均在 1988 年推出儿童玩具标准或指令，我国首次推出玩具国家标准是 2003 年，不过美国儿童玩具标准 ASTM F963 最初一直作为自愿性标准在行业内广泛应用，直到 2008 年，美国才将该玩具标准写入法律条文，认定为强制性标准。中国、美国、欧盟儿童玩具相关法律和标准时间轴详如图 8.1 所示。

1. 相关法律方面

我国儿童玩具产品认证及检测没有专门的法律法规，从最高强制力层级对儿童玩具产品质量基础活动直接规定的文件为行政规章，即质检总局第 117 号令《强制性产品认证管理规定》（2009 年 5 月）及一系列相关支撑文件。与儿童玩具质量要求直接相关的法律有《中华人民共和国产品质量法》《中华人民共和国进出口商品检验法》《中华人民共和国消费者权益保护法》《中华人民共和国侵权责任法》等。这几部法律主要通过规定消费品或产品需满足的最基本质量要求，以及对侵害消费者权益行为的处罚来约束生产者和销售者，对儿童玩具行业产品并没有针对性。

与我国形成对比的是，美国、欧盟均有单独或主要针对儿童玩具质量安全的法案或法令出台，如美国消费品安全改进法案（CPSIA）、欧盟玩具安全指令（2009/48/EC），均针对儿童玩具的认证、检测提出具体要求。

2. 强制性认证覆盖范围方面

我国强制性认证的产品实行清单管理，列在清单内的产品要求实施强制

年份	中国	美国	欧盟
1953		《易燃织物法》(FFA)	
1960		《联邦有害物质法案》(FHSA)	
1970		《危险艺术材料标签法》(LHAMA)	
1972		《毒物预防包装法》(PPPA)	
1976		《消费品安全法》(CPSA)	76/769/EEC限制指令
1978		《消费品安全委员会改进法》	
1981		《紧急暂行消费品安全法授权法》	
1983		《消费品安全法修正案》	
1988		《铅污染控制法》	《欧盟玩具安全指令(第88/378/EEC号)》
1990		ASTM F963-86	
1992	《中华人民共和国产品质量法》	《消费品安全改进法1990》	《欧盟玩具安全指令(第92/59/EEC号)》
1993	《中华人民共和国消费者权益保护法》		《欧盟玩具安全指令(第93/68/EEC号)》 94/62/EC包装和包装废物指令
2001			2001/92/EC通用安全指令
2002	《强制性产品认证目录》	《儿童安全保护法》	2002/96/EC WEEE指令 2002/95/EC RoHS指令
2003	GB6675《国家玩具安全技术规范》	ASTM F963频繁修订	
2006	《儿童玩具召回管理规定》		2006/66/EC欧盟电池和蓄电池指令 REACH法规, 2007
2007			
2008	《中华人民共和国侵权责任法》	《消费品安全改进法案》(CPSIA)	
2009	《强制性产品认定管理规定》	《儿童汽油烧伤预防》(CGBPA)	《欧盟玩具安全指令(第2009/48/EC号)》
2011	《中华人民共和国消费者权益保护法》	修订《消费品安全改进法》	EN 71-2011
2013			
2014	GB6675《玩具安全》		
2018	《中华人民共和国产品质量法》	ASTM F963-17	EN 71-3:2019

图 8.1　中国、美国、欧盟儿童玩具相关法律和标准时间轴

性认证(简称 CCC 认证或 3C 认证)①，并加贴 CCC 认证标志，获得认证的产品方可出厂、销售、进口或者在其他经营活动中使用。从 2006 年起，六种儿童玩具被列入强制性认证目录，根据规定，童车、电玩具、塑胶玩具、金属玩具、弹射玩具、娃娃玩具六种玩具需在出厂前到 CCC 认证指定机构申请 CCC 认证，不采取自我声明形式。强制性认证玩具清单见表 8-4。除这六种玩具之外，还有部分玩具不需要进行强制性认证，表 8-5 列举了部分非强制性认证玩具。经行业专家研讨，我国强制性认证的玩具在全部玩具产品中占比约为 80%。

我国对产品是否属于儿童玩具的界定没有一个最终解释机构，②也并未针对界定玩具制定规范章程，因此有一些投机商家声称自己生产的产品不为儿童设计，不需要遵守儿童玩具标准，却将产品送往学校周边卖给儿童，导致一些有极大安全隐患的儿童玩具流入市场。

表 8-4　强制性认证儿童玩具清单

产 品 大 类	产 品 名 称
童车类	儿童自行车、儿童三轮车、儿童推车、婴儿学步车、玩具自行车、电动童车、其他玩具车辆
电玩具	电动玩具、视频玩具、声光玩具
塑胶玩具	静态塑胶玩具、机动塑胶玩具
金属玩具	静态金属玩具、机动金属玩具
弹射玩具	—
娃娃玩具	—

---

① 认证与标准：我国强制性认证与非强制性认证目录的玩具所依据的标准相同，依据《中华人民共和国标准化法》规定，这两类玩具产品都必须遵循儿童玩具强制性标准，但强制性目录的玩具需到指定机构申请 CCC 认证，非强制性目录的玩具不需要进行第三方认证或自我声明，产品是否合格(即符合强制性标准规定)主要取决于生产商的自主意愿和市场监管行为。

② 我国儿童玩具的界定主要根据儿童玩具的定义，"设计或预定供 14 岁以下儿童玩耍时使用的所有产品和材料"(GB 6675.1 玩具安全 第一部分：基本规范)。其具体操作主要参看 GB/T 28022—2011《玩具适用年龄判定指南》，该指南修改采用 CPSC 发布的《年龄判定指南 2002：将适用儿童年龄与玩具特性及儿童玩耍行为相联系》。CPSC 发布的指南详细列举了现阶段绝大多数儿童玩具的适用年龄和玩具类型，基本可以覆盖市面上大部分玩具。但由于此指南是美国 2002 年订的标准，所以无法覆盖新产品、有中国特色的玩具。而且，该指南在美国也只作为参考，不作为最终判断依据。

表 8-5 部分非强制性认证玩具（中国强制性认证清单外玩具）

产品大类	产品名称
软体填充玩具类产品	—
纸及纸板玩具类产品	纸质玩具书、拼图玩具、折纸玩具
口动玩具类产品	口哨、喇叭、出牙器、玩具奶嘴
竹木玩具类产品	—
类似文具玩具类产品	水彩、油画、指画等颜料；蜡笔、油画棒；各种笔类；文具盒类
软性造型玩具类产品	—
充气玩具	气球、各种塑胶充气玩具
水上玩具	—
落地式玩具	摇椅、摇马
运动玩具	旱冰鞋、滑板、儿童健身球

美国和欧盟要求所有境内销售的儿童玩具都开展强制性认证。

美国对儿童玩具及用品有十分严格的规定。所有美国境内销售的儿童用品都必须进行儿童用品认证（CPC 认证），且必须是第三方认证。美国对儿童玩具的认定不实行清单管理，大致分两种情况。第一种情况适用于生产者自己认定自己产品为儿童玩具，并确定其适用年龄。美国 CPSC 出台的《年龄判定指南 2002：将适用儿童年龄与玩具特性及儿童玩耍行为相联系》详细列出了各年龄段儿童的活动特点、适用玩具，以及分年龄段玩具清单，为玩具的年龄认定提供参考。同时，CPSC 规定了一系列儿童玩具产品的认定特征，如产品的小尺寸、简化使用的功能、吸引儿童的图案和鲜亮的色彩等，这些特征用于辅助生产商界定自己的产品是否是儿童玩具。第二种情况为，如果生产商无法界定自己的产品，需联系 CPSC，CPSC 会派专家进行认定，一旦 CPSC 认定该产品为儿童玩具，生产者将必须以儿童玩具的出厂、销售规定执行相关操作。美国对儿童玩具的年龄认定方式从根本上杜绝了生产厂商打着"不是儿童玩具"的旗号规避强制性认证的行为[①]。

欧盟安全指令要求所有欧盟境内销售的儿童玩具（14 岁以下）都必须进行

---

① 更多详情请参考 CPC 官网：美国玩具 CPC 认证相关法律和规定。

CE 认证，并粘贴 CE 标识。欧盟玩具指令 2009/48/EC 在附录一中列出所有不属于该指令规定的产品，除附录一之外的儿童用品均需遵循 2009/48/EC 指令，附录一中的产品需要遵循其他各自的指令。欧盟销售的儿童玩具大部分以自我声明的形式进行认证，有大约 5%～10% 的新型玩具或特殊玩具需要被寄送到欧盟指定机构（通常为欧盟境内检测机构）进行第三方认证[①]。欧盟指定机构会根据产品专门设计一套检测方案进行检测，并提交欧盟标准化委员会用于更新标准。

中国、欧盟、美国的儿童玩具强制性认证及标准覆盖产品范围见表 8-6。

表 8-6 中国、欧盟、美国的儿童玩具强制性认证及标准覆盖产品范围

儿童玩具执行强制性认证及产品认定	中 国	欧 盟	美 国
儿童玩具产品认定年龄	14 岁以下	14 岁以下	12 岁以下
强制性标准覆盖产品范围	100%	100%	100%
强制性认证覆盖产品范围	大约 80%	100%	100%
强制性认证产品中第三方认证产品比例	100%	大约 5%	100%
强制性认证产品中自我声明产品比例	0	大约 95%	0
覆盖所有玩具类型的其他监管手段	监督抽查	投诉、召回等	投诉、召回等

3. 法律规定相关细则方面

我国对儿童玩具的质量安全要求基本都通过标准形式，尚未上升到法律法规层面。2003 年推出的《国家玩具安全技术规范》是我国首部玩具安全强制性标准，这部标准在 2014 年重新修订，形成现在的玩具安全国家标准，即 GB 6675—2014。现阶段并无特别针对儿童玩具的法律条款，只有最基本的《中华人民共和国产品质量法》。我国即将出台的《消费品安全法》可能会成为规范儿童玩具质量安全、召回管理的主要法律，但该法的立法研究工作从 2013 年才开展，多次动议但仍未确立。

美国和欧盟均从法律层面对儿童玩具的安全细则规定了详尽内容。例如，CPSIA(2008)、CPSA(1972)针对儿童玩具的铅含量、邻苯二甲酸盐、产品跟

---

① 《欧盟官方公报》(*Official Journal of the European Union*)上公布的标准无法覆盖的玩具产品，需呈送第三方进行检测，即 EC 型式检验(EC-type examination)。

踪标签、强制性标准、召回责任、处罚条件等多项内容进行了明确规定。欧盟 2009/48/EC 玩具指令是专门针对玩具产品提出的指令，其针对玩具定义、利益相关各方责任、合格评定要求、物理与机械性能基本要求、化学性能及易燃性能基本要求等多项内容均有明确规定。

4. 违法处罚力度方面

欧美国家十分重视儿童用品的质量安全和相应的召回管理，也制定了一系列罚款力度较大的法律。

美国 CPSA 第 20 条规定，故意违反第 19 条部分规定的（召回相关、销售不合格产品、储存不合格产品、未在规定时间内告知委员会的），每次（或每天）违法处以 10 万美元罚款，对于一系列知情违法行为，最高可处以 1 500 万美元罚款，并追究必要的刑事责任。欧盟玩具安全指令要求各成员国制定经济从业者处罚条例，针对此前对该指令有过类似违反行为的，可以从重处罚。因此，欧盟各成员国对召回的处罚金额不等。如德国法律规定，发现玩具产品安全风险而不向当局立即通知的，行政处罚最高可达 10 万欧元；法国法律规定，如果有人因缺陷产品受伤或死亡，会受到最高 37.5 万欧元罚款和监禁。

相比之下，我国的处罚力度较轻。我国《儿童玩具召回管理规定》（2007 年 8 月发布）第三十七条至第四十条规定，对生产者违反相关规定的，处以 3 万元以下罚款。《中华人民共和国产品质量法》（1993 年 2 月，2018 年 12 月第三次修正修订）针对生产、销售不符合相关要求的产品的，会处以货值金额等值三倍以下罚款，情节严重的，吊销营业执照，还可能被依法追究刑事责任。《中华人民共和国消费者权益保护法》（1993 年 10 月通过，2013 年 10 月第二次修正）对违法经营者处以更重的处罚。该法第五十六条针对十种损害消费者权益的情节，规定了经营者违法所得一倍以上十倍以下罚款。对于没有违法所得的，最高处以五十万元罚款。《中华人民共和国侵权责任法》（2009 年 12 月通过）明确了产品侵害公民民事权益时需承担的责任，但未明确规定侵权责任的赔偿金额。各国玩具相关法律违法罚款金额如图 8.2 所示。

我国法律处罚金额较少，力度较轻，对生产商、供应商等经济从业者的督促作用十分轻微，受害者的合法权益也难以得到有效保障。由于《中华人民共和国产品质量法》规定的罚金均以"货值"衡量，使得不法生产商和供

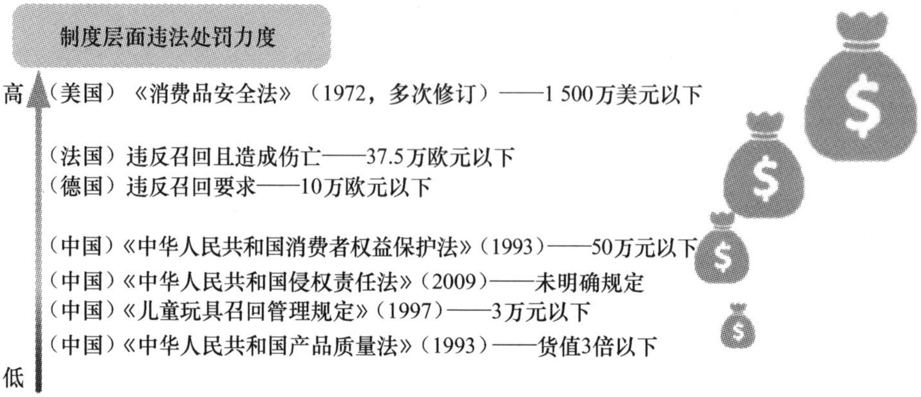

制度层面违法处罚力度

高 ↑
（美国）《消费品安全法》（1972，多次修订）——1 500万美元以下

（法国）违反召回且造成伤亡——37.5万欧元以下
（德国）违反召回要求——10万欧元以下

（中国）《中华人民共和国消费者权益保护法》（1993）——50万元以下
（中国）《中华人民共和国侵权责任法》（2009）——未明确规定
（中国）《儿童玩具召回管理规定》（1997）——3万元以下
（中国）《中华人民共和国产品质量法》（1993）——货值3倍以下
低

图 8.2　各国玩具相关法律违法罚款金额

应商有机可乘，他们将大部分产品与实际售卖的产品分开储存，以降低"货值"额度。也有部分产品本身价格较低，但安全隐患极大，所以以货值衡量罚金，在实际操作中难以达到处罚的效果。表 8-7 列举了《中华人民共和国产品质量法》相关处罚金额。

表 8-7　《中华人民共和国产品质量法》相关处罚金额

条　款	条款规定违法行为	罚款金额
第四十九条	生产、销售不符合相关标准的产品	货值三倍以下的罚款
第五十条	掺杂、掺假、以次充好等	货值金额百分之五十以上三倍以下的罚款
第五十一条	生产国家淘汰的产品	货值等值以下罚款
第五十二条	销售失效、变质产品	货值等值二倍以下的罚款
第五十三条	伪造及冒用产地、厂名、厂址	货值等值以下的罚款
第五十四条	产品标识不符合规定	货值金额百分之三十以下的罚款
第五十五条	不知道产品真实来源	从轻或减轻处罚
第五十七条	机构出具虚假证明或伪造检验结果	对单位处以五万元以上十万元以下的罚款；对个人处以一万元以上五万元以下的罚款

同样,《中华人民共和国消费者权益保护法》的内容规定相对模糊,在实际案例中,对消费者的保护也作用不足。

专栏 8—1

产品侵害消费者权益罚款案例[①]

案例 1

1999 年,北京 5 岁女童熊某和她的家人及其保姆一起去肯德基用餐。保姆将吸管插入热饮料的杯盖上的"插孔"后交给了熊某饮用(纸杯上注明了"小心热饮烫口,请勿用吸管")。结果熊某被烫了嘴,又反射性地放开杯子用手去捂嘴,杯子掉落并将其中的饮料洒在她的身上。此后,肯德基作为被告被推上了法庭。法庭辩论主要围绕"警示是否充分"进行。虽然,原告方强调警示没有清楚地表明危险程度,最终法庭还是认定,肯德基已经提供了警示,是原告的保姆疏忽造成事故,因此判决原告败诉。

案例 2

美国也发生过一起与案例 1 极其相似的"Liebeck 诉麦当劳"案。1994 年,79 岁的 Liebeck 老太在麦当劳的专门面向开车司机而设的售卖处购买了一杯热咖啡,由于车内无处放下杯子,为了将糖和奶粉加入咖啡,Liebeck 老太将杯子夹在两膝之间后打开了盖子,导致杯壁突然向内凹陷,热咖啡迅速洒了出来并渗入裤子,Liebeck 老太因此遭受严重烫伤。Liebeck 老太将麦当劳告上法院,法院最后裁决原告胜诉,被告赔偿 680 000 美元。

案例 3

安徽阜阳奶粉导致 171 名婴儿出现营养不良综合征,其中因并发症死亡 13 人。总经销商获罪 8 年,处罚金 5 000 元;分销商处 4~8 年徒刑,罚金 2 000~5 000 元。

案例 4

美国一位 50 岁的护士将正燃着的香烟掉在了睡衣上,随即睡衣被引燃。护士受了 3~4 级烧伤,该件睡衣的纤维结构被认为有缺陷,法院判决生产商赔偿 200 万美元。

[①] 郑立伟. 国内外产品责任立法比较研究 [J]. 航空标准化与质量,2012(01):4-7.

8.3.2 现行强制性标准紧跟欧美水平，但发展后劲不足

我国儿童玩具强制性标准各项要求总体水平基本达到欧盟、美国标准水平，例如，机械与物理性能标准除少部分内容之外，大多数要求都达到欧盟标准同等水平；电玩具的安全标准 GB 19865—2005 为等同采用欧盟电玩具 EN 62115 标准；我国还先于欧盟制定了有害化学物质测定方法的标准，用于指导产品检测。然而，我国现有儿童玩具强制性标准普遍存在标准订立操作性差、标准条款不够明确等问题。从近几年的国内抽检和玩具召回结果来看，有将近一半的不合格品是由于警告和说明不合格。对应到标准内容上能看出，相关标准(GB 6675)对警告和说明的要求有一些不够明确，警告标识的字体、字号等要求也未在强制性标准中规定。而在 GB 5296.5《消费品使用说明 第5部分：玩具》中，虽明确规定了玩具标识应以何种字体、字号、材料标注，但由于操作起来过于"苛刻"，检测认证工作也更加烦琐。因此，2017 年该标准从强制性标准转为自愿性标准。

此外，我国标准更新十分滞后，新标准过渡时间较短。我国从 2003 年订立第一部玩具国家标准 GB 6675—2003，到现行玩具标准 GB 6675—2014，期间只更新过一次。而欧盟、美国玩具标准每 1~2 年就会更新或增加相关条款。与标准更新时间不相符的是，我国玩具标准的过渡时间较短，通常为 1~1.5 年，而欧盟、美国标准过渡时期较长。例如，欧盟 2009 年更新的 2009/48/EC 玩具安全指令分两阶段共 4 年时间过渡：物理与机械部分于 2011 年执行，有害化学物质相关部分于 2013 年执行。标准更新滞后导致我国玩具厂商的生产设备、检测技术等无法紧跟国外市场，产品出口十分被动；而标准过渡时间较短会给企业造成设备购置、原料储备等方面的损失。

从标准培育发展角度分析，团体标准占比是判断一国标准发展的重要指标，很多国外的国家标准甚至强制性标准内容都源于团体标准。美国现行标准中，仅美国汽车工程师学会(Society of Automotive Engineers，SAE)就拥有 41 000 余项航空航天与车辆标准。而据我国的全国团体标准信息平台数据显示，目前我国团体标准共 8 731 条，其中儿童玩具团体标准只有 7 项，团体标准的比例明显偏低。

1. 标准覆盖内容较全面

经对比，我国儿童玩具强制性标准体系与欧盟大致相同。中国、欧盟、美国的儿童玩具强制性标准清单见表 8-8。

表 8-8 中国、欧盟、美国的儿童玩具强制性标准清单

中国标准号	标准名称	发布日期	欧盟标准	美国标准
GB 6675.1—2014	玩具安全 第 1 部分：基本规范	2014/5/6	EN71	ASTM F963 以及标准引用的联邦法规，如 16 CFR1501 等
GB 6675.2—2014	玩具安全 第 2 部分：机械与物理性能	2014/5/6	EN71-1	
GB 6675.3—2014	玩具安全 第 3 部分：易燃性能	2014/5/6	EN71-2	
GB 6675.4—2014	玩具安全 第 4 部分：特定元素的迁移	2014/5/6	EN71-3	
GB 6675.13—2014	玩具安全 第 13 部分：除实验玩具外的化学套装玩具	2014/12/5	EN71-9、EN71-10、EN71-11	
GB 6675.14—2014	玩具安全 第 14 部分：指画颜料技术要求及测试方法	2014/12/5		
GB 26387—2011	玩具安全：化学及类似活动的实验玩具	2011/5/12		
GB 24613—2009	玩具用涂料中有害物质限量	2009/11/15		
GB 19865—2005	电玩具的安全	2005/9/7	EN62115：2005/A11：2012	
GB 6675.11—2014	玩具安全 第 11 部分：家用秋千、滑梯及类似用途室内、室外活动玩具	2014/12/5	未研究	
GB 6675.12—2014	玩具安全 第 12 部分：玩具滑板车	2014/12/5		

我国的玩具强制性标准主要为 GB 6675(《玩具安全》)，该规范包括 GB 6675.1—2014(《玩具安全 第 1 部分：基本规范》)、GB 6675.2—2014(《玩具安全 第 2 部分：机械与物理性能》)、GB 6675.3—2014(《玩具安全 第 3 部分：易燃性能》)、GB 6675.4—2014(《玩具安全 第 4 部分：特定元素的迁移》)等。此外，还有 GB 26387—2011(《玩具安全：化学及类似活动的实验玩具》)、GB 19865—2005(《电玩具的安全》)等。

欧盟的强制性标准主要分为 EN71-1(《物理和机械性能测试》)、EN71-2(《易燃性测试》)、EN71-3(《对某些元素转移的要求》)、EN71-9(《玩具中有机化合物通用要求》)、EN71-10，11(化学类标准)、EN 62115：2005/A11：2012(《电玩具安全》)等。

相比之下，美国强制性标准与中国、欧盟略有不同，CPSC 采纳标准 ASTM F963 为玩具强制性标准(2008 年)，其内容包含和覆盖上述标准目录。然而，ASTM F963 只包含所有有关儿童玩具的总体要求，更多具体的检测方法等内容都规定在各项联邦法规中。所以，美国的玩具标准体系以 ASTM F963 为整体要求，联邦法律法规以具体要求、细则的形式被引用到标准中做支撑。如 ASTM F963 规定，铅含量的测定方法按照联邦法规 16 CFR 1501 的要求执行，包装标签的具体粘贴方法按照联邦法规 16 CFR 1500.19 要求执行。CFR 第 16 主题为"商业惯例"，其第二大部分(即 16 CFR 1000—16 CFR 1799)由 CPSC 负责监管制定，其中被引用到 ASTM F963 中的法规大约有 80 条。

2. 我国相关有害物质限量水平与美国一致、与欧盟差距较大

我国儿童玩具有害物质限量水平与美国 ASTM F963 中的有害物质限量水平在种类和要求上基本一致，但与欧盟要求差距较大。我国儿童玩具限定的有害物质主要包括：可迁移元素 8 种，分别为锑(Sb)、砷(As)、钡(Ba)、镉(Cd)、铬(Cr)、铅(Pb)、汞(Hg)、硒(Se)；邻苯二甲酸酯 6 种，分别为 DBP、BBP、DEHP、DNOP、DINP、DIDP；其他有机物 3 种，分别为挥发性有机化合物、苯及甲苯、乙苯和二甲苯总和。每种可迁移元素单独算 1 类，邻苯二甲酸酯和其他有机物分别算 1 类，因此，我国玩具材料有害化学品规定了 10 类限量(具体限量要求请参考本书附录二)。

据不完全统计，美国 ASTM F963 规定了限量可迁移元素 8 种（算 8 类）、邻苯二甲酸酯 6 种（算 1 类），因此，美国限定的有害化学品为 9 类。欧盟规定了 18 种重金属（三价铬和四价铬算一种，算 18 类）、邻苯二甲酸酯（算 1 类）、双酚 A（算 1 类）、防腐剂（算 1 类）、苯及多环芳香烃（算 1 类）、偶氮着色剂和染料（算 1 类）、十溴联苯醚（算 1 类）亚硝胺类（算 1 类）、六溴环十二烷（算 1 类）共 26 类限量物质（具体限量要求请参考本书附录二）。

我国规定的玩具有害化学物质限量有 9 类均达到美国标准，其中只有 3.5 类达到欧盟标准（部分限量物质造型黏土要求达到欧盟标准，但指画颜料中限量未达到欧盟标准，算 0.5 类达到标准）。我国强制性标准规定的有害化学品限量与美国、欧盟的汇总与比较如图 8.3 所示。

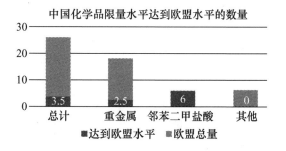

图 8.3 我国强制性标准规定的有害化学品限量与美国、欧盟的汇总与比较

总体来讲，虽然与欧盟差距较大使我国此项内容得分只有 67%，但我国玩具重金属要求均达到美国标准，在现阶段已是很大进步。从欧美近几年对我国的玩具召回来看，在 2016 年美国召回的 12 款玩具中，只有 1 款玩具由于铅含量超标被召回，其他 11 款召回均不由有害物质超标引起，而欧盟召回中还有大批量的玩具是由于限量化学品不符合要求。由此可见，尽管我国玩具出口是按照进口国的标准执行认证，但本国强制性标准中有害化学品限量要求与欧盟的差距依旧使得我国玩具生产商的相关设备、原材料和检测技术跟不上对方要求，导致出口产品也受到较大影响。

3. 强制性标准的产品追踪要求不足

我国在玩具产品追踪要求上与欧美国家差距较大，玩具包装有标签厂址等信息要求，但无产品追踪信息要求。具体来讲，我国没有专门针对玩具产品标签的规定，玩具的包装要求同其他类型的产品相同，只遵循《中华人民共和国产品质量法》的相关规定，该法第二十七条规定："产品或者其包装上的标识必须真实，并符合下列要求……（二）有中文标明的产品名称、生产厂厂名和厂址。"此处并无追踪码及产品批号的相关要求。

美国的玩具有明确的追踪标识要求，CPSIA 第 103 节（跟踪儿童产品的标签）规定："儿童产品制造商应在切实可行的范围内在产品及其包装上加上永久性的，可识别的标签，使得购买者可以获得产品生产时间、地点、批次等信息。"欧盟也有类似要求，欧盟 EN71-1 指令第 7 条规定："制造商的名称，注册商标名称或注册商标以及制造商可以联系的地址必须在玩具包装或随附文件中注明，还需要标明玩具批次、序列号、型号等能够识别出玩具的信息。"

我国正因为没有严格的产品追踪要求，导致玩具产品厂址等内容的标注极其不规范，玩具包装上提供的联系信息常常是经销商的注册地或经销商联系电话，并非玩具实际生产厂址。这给玩具的召回带来巨大困难。如果监管机构在市场上检出不合格产品，能追踪到的单位常常只是经销商，这些经销商对这款产品生产的批次、产品去向、原料产地等信息都知之甚少，"反向追踪"在召回实际操作中可能性极小。反之，即使找到产品的厂名厂址，如果缺少问题产品的生产批次等信息，想获取该款产品的全部销售渠道，并从市场上所有该款产品中找到需要召回的部分,也十分困难。所以,我国的玩具如果想真正推行有效召回,必须先做到产品可追溯。

4. 物理与机械性能中部分条款操作性差、标签要求远低于欧美

我国儿童玩具物理与机械性能多数要求已达到欧美水平,但标签要求偏低、操作性差的现象普遍存在。儿童玩具(不包含电玩具)标准中最主要的两部分内容为物理与机械性能和限量有害物质要求。国外每年对我国召回的玩具中,大部分都是由于物理与机械性能引发的召回。这些物理与机械性能不合格的玩具,有部分是由于设计原因,也有部分是制造原因,还有部分可能是由于国内外标准差距间接导致。因此,本书详细对比了中国 GB 6675—2014(《玩具安全 第2部分:机械与物理性能》);欧盟 EN71-1:2014(《物理和机械性测试》);美国 ASTM F963:2011(《机械与物理性能部分》)。对比得到我国标准得分为 80%。玩具机械与物理性能各条目得分及差距见表 8-9。

表 8-9 玩具机械与物理性能各条目得分及差距(GB 表示我国国标)

分类条目	GB 得分	GB 差距
正常使用	100%	—
可预见的合理滥用	100%	—
材料	80%	缺少3岁以下儿童玩具的填充材料质量要求;未规定3岁以下儿童玩具不能使用玻璃材料;未考虑膨胀时会导致包装破碎的情况
小零件	100%	—
特定玩具(包括小球、玩偶等)	90%	整体差异不大,缺少警告标识最小字号要求
边缘/尖端/突起/金属丝/杆/塑料膜/弹簧	100%	—
绳索和弹性绳	78%	未规定带电线玩具警示标识和挂在脖子上部分的分离部件
折叠装置	100%	—

续表

分类条目	GB 得分	GB 差距
孔、间隙和装置的可触及性	100%	—
稳定性和超载要求	100%	—
封闭式玩具、防护设备	100%	—
弹射玩具	50%	警示标识不具体，要求力度较低，缺少口动玩具相关要求；缺少说明书要求
旋翼和推进器	0%	缺失
水上玩具	50%	缺少警示标识的具体要求
制动装置	100%	—
玩具自行车	67%	无警示标识要求
电动童车	25%	各项指标要求均明显低于 EN71 标准
热源玩具、液体玩具、口动玩具	83%	浸泡测试等内容缺失
玩具滑冰鞋、单排滚轴溜冰鞋及玩具滑板	100%	—
玩具火药帽	100%	—
声响要求	50%	挤压玩具、打击玩具、管乐器玩具、发声玩具、使用耳机的玩具未标明声压要求
玩具滑板车	29%	仅有简单的警示要求，缺乏绝大多数技术要求
磁体和磁性部件	100%	—
悠悠球	0%	缺失
附在食物上的玩具	0%	缺失
包装和包装部件	0%	缺失

总体来看，我国玩具机械与物理性能标准条目基本全面，仅有部分内容技术指标要求低于欧盟标准，最突出的差距在于警示标识要求不具体、要求力度较低、缺少说明书要求等。这一问题突出体现在国内玩具抽查不合格产

品上，根据不完全统计，2016 年工商、质监部门抽查共通报召回不合格玩具 176 款，除了 68 款未写明不合格原因外，其余 108 款中的 58 款都因警示说明缺失或有误造成，在不合格原因中排名最高。具体来讲，我国相关标准存在以下问题：①缺乏有关旋翼和推进器（如指尖陀螺等）、悠悠球、附在食物上的玩具、包装和包装部件等内容的规定；②电动童车各项安全指标严重低于欧盟标准；③3 岁以下儿童玩具填充材料要求远低于欧盟标准；④部分玩具的声压限制远低于欧盟标准；⑤部分需要标注安全警示标识的玩具缺乏相关要求或相关要求不具体、不明确。具体各项细则对照表请参看本书附件一。

5. 电玩具安全检测项目与欧盟标准相同

我国电玩具的标准《电玩具的安全》（GB 19865—2005）等同采用欧盟电玩具安全标准 EN62115：2003，所以初步认定我国电玩具检测项目 100% 覆盖欧盟的检测项目。

6. 玩具警示标识要求操作性差

我国各项强制性玩具标准要求中，最突出的问题均为"标识、标签、说明问题"，整个儿童玩具 NQI 体系也未对"标签"引起充分重视。相比玩具产品本身的质量安全水平，虽然标签和说明类要求看似不太重要，但由于玩具产品的特殊性，玩具的使用方法、注意事项、适用年龄对玩具的使用安全至关重要。例如，一件适宜 10 岁儿童使用的玩具，可能对 3 岁以下的幼儿会有致命风险。在每年由玩具引发的儿童致伤致死事件中，有相当一部分是由于电动玩具误充电导致烧伤、幼儿吸入小零部件引发窒息、绳索勒颈引发窒息、毛绒玩具引发窒息造成的。这些安全问题的出现，少部分原因是产品不合格，大部分原因还是生产商警示不到位，导致家长不了解玩具的使用注意事项，错误的操作引发的风险。

然而，我国的产品追踪标签要求（甚至所有标识要求）十分欠缺，不仅标准中的标签要求低、要求不够明确、警示性话语力度不强，整个儿童玩具 NQI 体系也未对玩具的标签和说明要求引起充分重视。前文提到的 GB 5296.5《消费品使用说明 第 5 部分：玩具》本身对产品标签的字体、字号、材料等有相应规定，但由于操作的"苛刻"和检测工作的烦琐，将其从强制性标准降级为自愿性标准。

与我国形成鲜明对比的是，美国的玩具标签要求明确规定在法律条文中。美国法规 16CFR1505.3、16CFR1500.19 等条款都是针对不同玩具标签和警告标识的规定，其对警告标识的内容、字体字号、背景底色等都有极其详细的规定。从机械与物理性能标准比对也可以看出，我国与欧美相关要求只存在极少的技术差异，最主要的差距在于警示标识不明确。

图 8.4 为国内某儿童玩具与国外同品牌儿童玩具产品警示标签对比。国内产品的警示内容与其他内容未明确区分，内容的警示性也不强，但也符合国标的要求。而国外标识对鲜亮的底色、字体、字号均有要求，其警示话术也通常以"窒息危险！""爆炸危险！"等警示性极强的词语开头，可以使家长建立较强的安全意识。

图 8.4　国内某儿童玩具与国外某儿童玩具产品警示标签对比

此外，我国玩具标准对说明性文件的要求也偏少，说明书的话术不够通俗，此类问题主要体现在电玩具产品中。例如，美国法规 16CFR1505.3 对电玩具的说明及标签要求中，除了电压电流等技术内容之外，还明确规定了标记要求、防范说明、给父母的声明等要求，甚至明确到指明标记的内容。但我国的要求均较为笼统，导致商家在粘贴标签时也只是为撇清责任，达不到应有的指导效果。

专栏 8—2

部分美国电玩具标签要求(16CFR1505.3)

标记要求：永久性，不得用家用清洁剂洗掉，要求在颜色、凸起或压痕方面与背景形成鲜明对比，对不同年龄有最小字体要求。

防范说明：在包装上有固定位置要求，有儿童年龄警示标识，有热危害标识，有灯泡危害标识，有不适合入水的标识。

说明书还应包含一份给父母的声明，建议定期检查玩具是否存在潜在危险，并修理或更换任何有潜在危险的部件。

如玩具在多于一个企业生产或组装，则玩具及其货架包装或包装应有一个特殊标记（可能是代码中），将玩具标识为特定企业的产品。

专栏 8-3

标签问题案例

浙江省义乌作为中国的小商品城，玩具的销售量全球领先。在义乌某商贸城调查发现，那里批发的电动玩具内使用的电池，很多是没有品牌的三无电池，存在极高的安全隐患。同时，在北京一些正规连锁超市调查发现，有的售价高达 200 多元的充电玩具遥控车的中文警示语简单地只有一句话："电池充电过长易爆炸，危险！"，没有提及充电电池的充电时间、使用规则等。

8.3.3 强检测能力依赖高成本，民营机构存在不规范现象

1. 强制性标准规定限量有害化学品的检测技术基本满足检测需求

据调查，以广东、深圳等玩具产业较发达地区的质检院或计量院为首的儿童玩具检测机构，其儿童玩具相关检测能力已经与多数国外检测机构以及国内外资机构实力相当，即检测能力和计量水平并不是制约玩具行业质量基础设施发展的瓶颈，有一些国有检测机构的检测能力甚至超过国内的外资机构。我国也发布了相关的化学品检测标准，而欧盟虽提出多项化学品限量要求，但并无相关检测标准。

然而，我国检测机构的检测设备绝大多数从美国、德国、日本进口，化学品检测试剂也均从国外进口，导致检测机构的设备购置和维护费用很高。而造成这种现象的原因大致有两方面：一是我国还未掌握其检测技术或检测设备的生产技术；二是我国相关设备的产能不足。这两方面问题都是质量基

础设施供需不匹配问题，未来的研究中应理清两方面问题的现状，以便后续投入改善。

2. 国内认证机构存在资源不匹配和不规范现象

由全国玩具标准化技术委员会（TC253）秘书处官网获悉，国内有发放儿童玩具3C强制性及自愿性认证资质的机构有40个，CPSC官网提供的中国具备美国CPC认证资质的机构有232个；其中，国内40个3C认证机构中仅有11个机构被CPSC认可，具备CPC认证资质。国内儿童玩具3C认证机构和国内CPC（美国）认证机构都有出具CE检测报告的资质，由数据来看，国内3C认证机构能进行CPC认证和CE检测的机构比例平均为64%。

绝大多数儿童玩具的合格评定机构都分布在广东省，还有零星几个机构分布在沿海省份和北京。这与玩具出口的省份分布基本保持一致。但我国3C认证机构与CPC认证机构匹配度不高，间接造成一定程度的资源浪费。

此外，前文提到欧盟CE认证采取自我声明形式，制造商自己依据标准测试、准备全套技术文件，然后声明符合CE认证要求。虽然欧盟的自我声明文件要求保留十年，并对虚假认证的处罚力度很强，但这种非第三方认证的认证形式使得欧盟对出具检测报告的检测机构缺乏必要的监管。这种"低门槛"导致我国玩具行业出现一些小弱检测机构，帮助生产商进行产品检测，并出具检测报告。这些检测机构检测能力相对较差，价格通常较低，对检测机构的竞争环境产生不良影响；而我国出口欧盟玩具被召回数较多，也和国内普遍存在的小弱检测机构有关。

3. 儿童玩具自愿性认证水平

据不完全统计，我国玩具相关的自愿性或团体认证有CQC认证、儿童地垫安全要求团体标准认证、无动力类游乐产品联盟认证、儿童适宜性认证等认证，有三项认证高于强制性认证或者可作为对强制性认证的补充。欧盟各国均有各自的高于欧盟标准的认证，如GS认证、BS认证、TUV认证。美国有UL认证、CSA认证及TSCP认证等。总体来看，虽然我国自愿性认证比欧美国家自愿性认证数量少，但上述几类认证均在近年出台，较欧美等国也并无明显劣势，自愿性认证和团体认证在近几年也发展迅速，前景比较乐观。

8.3.4 市场监管成效显著，但急需立法支撑

市场监管环节是儿童玩具质量安全保障的重要环节，上述研究已提到，我国只有部分玩具属于强制性认证玩具，其他玩具不属于强制性认证玩具，但这些不属于强制性认证目录的玩具也必须遵循玩具强制性标准。这类玩具的质量安全不能完全依靠生产商的自主意愿，还应该依靠市场监管和法律的手段保障。我国玩具市场监管手段主要有监督抽查、消费者投诉、召回等。现阶段较成体系的监管方式主要还是监督抽查，监督抽查依照《玩具产品质量监督抽查实施规范》（CCGF104.1—2015）执行，该规范的抽查范围覆盖了全部玩具类型，补充了强制性认证目录缺失的部分，使得市场上所有流通的玩具几乎都处于监管之下。

我国玩具市场监管存在的弊端或瓶颈也较为突出：①资源经费耗费较大，但抽查比例仍然较低，据了解，我国玩具生产企业大约有两万家，规模以上企业1 000多家，但2018年第二批国抽抽查的儿童玩具企业只有180家，这样的抽样比例无法满足保障产品安全的基本需求；②没有稳定长效的抽查计划。儿童玩具的监督抽查频率、样本量、经费额度等都没有规范或文件指示，每年抽查均按照当年或前一年制订的计划实施；③消费者投诉、监督抽查、召回各成体系，未形成密切配合的工作模式。

以下内容是具体召回数据分析，虽然从国内召回增加和国外召回下降的数据趋势来看，市场监管成效显著，但由于法律法规的相对缺失，尚未形成合力，造成了现阶段市场监管"独木难支"的局面，还需加快相关立法进程和完善标准，才能充分发挥玩具行业质量基础设施的效能。

1. 国内主动召回同比增加，但相比欧美召回在数量、召回类型上均有差距

据不完全统计，2016年我国国内质检、工商部门共通报不合格玩具产品176款，同比增加76款。2016年美国召回我国儿童玩具12款，欧盟对华召回玩具中有434款产自我国。

然而，我国与欧美玩具的召回类型相差甚远。图8.5、图8.6分别列出了欧盟、美国2016—2018年对我国玩具召回的原因分布。从图中可知，欧盟和

美国对我国召回最主要的原因是"小零件"①问题，其次为欧盟对我国召回的化学品检测不合格问题。

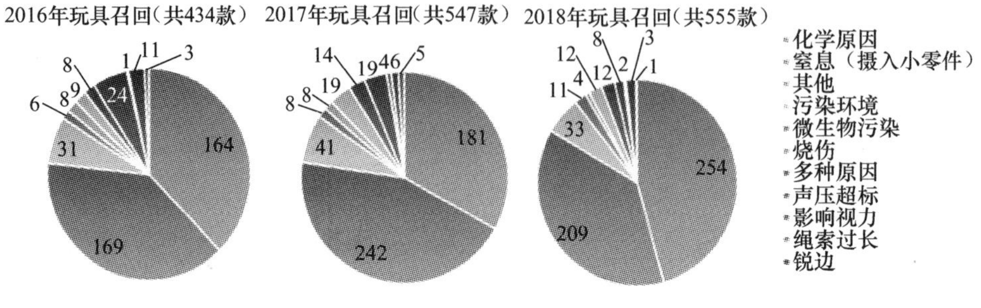

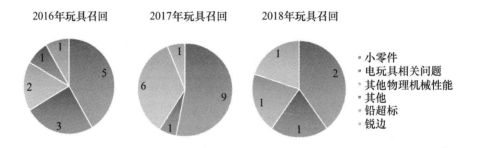

图 8.5　欧盟历年对我国玩具召回原因分布

图 8.6　美国历年对我国玩具召回原因分布

图 8.7 列出了 2016 年国内召回数量与对应标准比对得分，从图中可知，我国国内玩具召回主要原因为"警示和说明不合格"，且大多数标准比对得分不等于 1 的项目，均出现监督抽查不合格产品，尤其是警示和说明不合格，国内召回数量高达 58 款。

2. 欧美对中国玩具召回总量同比下降

2018 年欧盟通报对我国召回的玩具产品有 555 款，比 2017 年增加 8 款。2018 年美国通报召回玩具产品中有 5 款产自我国，比 2017 年减少 12 款。因此，欧美玩具召回总量增长率为负，此项得分为 100%。

值得注意的是，欧盟玩具召回总量近几年呈现持续上升趋势，尤其是摄

---

① "小零件"表示 3 岁以下儿童使用的玩具不应包含可拆卸的小于特定尺寸的零部件，或者在可预见的合理滥用情况下，玩具的小零件部分不应从玩具上掉落。

原因	2016年国内召回数量	标准比对得分
警示和说明不合格	58	0.3
小零件	22	1
存在锐利尖端	14	1
化学性能	13	0.67
塑料薄膜问题	8	1
存在锐边或突出物	6	1
弹射玩具动能超标	5	0
孔、间隙	4	1
声压过强	3	0.5
其他机械物理问题	2	0.79
磁通量超标	1	0

图 8.7 2016 年国内召回数量与对应标准比对得分

入小零件引起窒息和化学品检测不合格问题。小零件和化学品测试不合格一方面是由制造原因引起，另一方面是由于国内机构在玩具的合理滥用测试和化学品测试环节未检测出玩具的质量问题。

8.4 儿童玩具行业 NQI 发展建议

儿童玩具行业 NQI 的发展和完善非一日之功，非一方之责，需要多方齐力，积土成山。以下从制度、执行、监管等方面提出相关政策建议。

8.4.1 完善标准，加快立法，为 NQI 发展提供支撑

第一，加快制定以《消费者安全法》（CPSA）为核心的法律体系。制度建设和相关标准建设是 NQI 各要素发展的前提，从前文分析也可以发现，我国儿童玩具行业 NQI 最薄弱和最基础的环节在立法和标准。我国现有法律法规对生产商、供应商保障儿童玩具质量安全的规范作用不强，存在处罚力度偏小、儿童玩具细则和要求缺失等问题，缺乏引导、评价、教育、预测、强制的作用，消费者的合法权益也难以得到国家强制力的有效保障。CPSA 的订立多次动议未果，法律体系的缺乏，成为制约儿童玩具乃至消费品质量安全提升的重大瓶颈。因此，加快制定 CPSA 等法律，是儿童玩具以至消费品质量提升的重中之重。

第二，推动标准与国际先进水平对接。质量提升，标准先行。标准是技术层面对法律的落地和补充，是质量基础设施其他要素发挥效能的前置环节。我

国玩具强制性标准订立较晚,但标准技术部分基本达到欧美标准水平,标准存在的问题也集中和明确。强化质量基础支撑,推动标准与国际先进水平对接,才能提升产品和服务品质,让更多国内外用户选择中国制造、中国服务。

第三,有步骤地将部分强制性标准纳入法律层面。很多国外法律层面规定的内容在我国仅为标准层面。我国标准主要在产品追溯要求、警告标签、说明文件等方面存在强度不足、要求不明确等问题,导致产品召回难以真正施行。考虑到欧美国家的产品追溯、警告标签等要求均在技术法规层面规定,因此本研究建议将产品追溯要求等部分条款纳入法律层面。

8.4.2 健全制度,鼓励创新,为 NQI 发展提供动力

第一,建立健全儿童玩具新产品合格评定流程。随着我国儿童玩具更新换代的加速,新技术产品及跨类型的产品越来越多,但我国没有针对新产品的合格评定及上市流程,导致新产品认证陷入"找不到检测部门""无法对应标准""不知道是否属于儿童玩具"等尴尬处境。借鉴欧美相关经验:欧盟有大约 5%~10% 的新型玩具或特殊玩具,需要寄送到欧盟境内的指定实验室进行第三方认证,这些指定机构会根据产品设计出一套检测方案,并提交欧盟标准化委员会用于更新标准;而美国 CPSC 每年投入大量经费研究和跟踪新产品的安全风险问题。因此,建立新产品合格评定流程是我国儿童玩具行业质量基础设施建设的又一重要工作。

第二,支持企业产品研发投入,鼓励儿童行为研究。儿童玩具设计制造企业是市场的主体,鼓励企业从研发阶段重视质量、防控安全风险,是提高产品质量的根本策略。国外众多玩具巨头都将儿童行为研究视为研发过程的重要环节,而我国大多数玩具企业的产品设计仍然处于模仿和跟风阶段,研发能力欠缺。相关机构在儿童行为研究方面的意识也稍显不足,近几年才逐渐了解到儿童行为研究的必要性。例如,"儿童适宜性"标准就是北京中轻联认证中心联合机构及相关企业制定的有关儿童行为研究的标准。但相关研究距离国际化玩具品牌还有很大差距,需要不断努力。

第三,鼓励团体标准,自发提升质量。从团体标准、行业标准上升为国家标准,再上升为法律条文,是各行业质量发展的重要路径,儿童玩具也不例外。我国玩具行业团体标准近几年刚刚兴起,现阶段只有 7 项团体标准。

因此，要进一步鼓励儿童玩具企业及相关协会，自发形成团体、行业标准，淘汰落后产能，提升产品质量。

8.4.3 优化监管，服务主体，为 NQI 发展提供保障

第一，建立健全儿童伤害数据采集制度。儿童伤害数据库制度，是进行儿童玩具安全评估和监管的重要制度。欧美国家的儿童玩具市场监管主要通过召回的形式，美国有遍布全国的召回监管网络，尤其是伤害数据网络。美国 CPSC 通过 IPII 伤害和潜在的伤害事故数据库、DTHS 死亡证明数据库、INDP 调查数据、NEISS 电子伤害检测系统（来自 100 多家医院数据）、全国烧伤中心数据、全国火灾事件报告系统等多渠道、多途径获取产品伤害数据，用于支撑其产品召回体系。我国产品伤害数据缺失严重，无法支持召回系统及时发现风险产品，使得召回系统灵敏度不高。因此，伤害数据制度化，首先应建立全国的伤害数据采集网，才能实现有效、快速召回。

第二，做足功课，有的放矢，精准监管。我国儿童玩具行业的市场监管虽然成效显著，监管力度逐年加强，但面对浩如烟海的监管对象，仍力有不逮。因此，需结合行业机构反馈、消费者投诉，整合舆情信息，选择高风险产品、高风险企业进行抽查。保持高覆盖率，有针对性地监管，才能切实维护儿童玩具市场健康发展。

第三，施行"负反馈—监督—NQI 改善"通路建设。监管的目的是全行业的质量提升。监管一方面要配合法律和标准建设，另一方面要打通消费者投诉、伤害数据等负反馈通路，使得关于产品质量的负反馈能及时被监督监管部门获知；同时通过订立产品追溯要求，进行有效召回，从而敦促相关企业提升质量，完成改善闭环。

综上，儿童玩具行业 NQI 的建设与发展，需要法律法规、标准计量、检验检测、监管技术的全面提升；需要企业、消费者、立法者、监管者的通力协作；需要从制度层面、执行层面、管理层面多管齐下。儿童玩具行业 NQI 的建设与发展，将有力提升儿童玩具行业的总体质量水平和行业竞争力。儿童玩具行业 NQI 发展建议如图 8.8 所示。

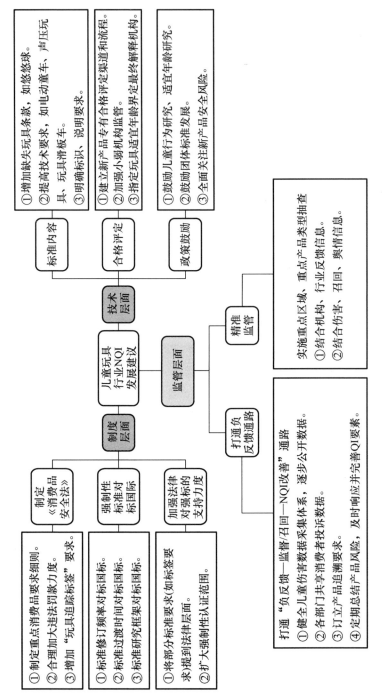

图8.8 儿童玩具行业NQI发展建议

附录一 各国玩具标准机械与物理性能明细比对[①]

条目	中国 GB 6675.2—2014	欧盟 EN71-1：2014	美国 ASTM F963：2011	GB 得分
正常使用	4.1 正常使用*	—	8.5 正常使用测试*	100%
	5.23 可洗玩具	A.26 供 36 个月以下儿童使用的玩具的一般要求(见 5.1)	8.5.1 可洗玩具 8.5.1.1 机洗和用烘干机烘干的条件	
可预见的合理滥用	4.2 可预见的合理滥用* 5.24 可预见的合理滥用测试*	—	8.6 滥用测试*	100%
	5.24.2 跌落测试	8.5 跌落测试	8.7.1 跌落测试	
	—	—	8.7.3 轮式玩具的翻滚测试	
	5.14 覆盖面部的玩具的冲击测试	8.7 冲击测试	8.7.4 覆盖面部的玩具的冲击测试	
	5.24.3 大型玩具的倾翻测试	8.6 倾翻测试	8.7.2 大型笨重玩具的倾翻测试	

[①] 本部分参考中国标准《GB 6675.2—2014》、欧盟标准《EN71-1：2014》、美国标准《ASTM F963：2011》、国际标准《ISO/TR 8124-9-2018》的相关内容。

* 表示 GB 6675.2 的相关内容基本等同欧盟、美国标准。

续表

条目		中国 GB 6675.2—2014	欧盟 EN71-1：2014	美国 ASTM F963：2011	GB 得分
可预见的合理滥用		—	8.7 冲击测试	8.24.4.2 冲击测试（磁性玩具）	100%
		5.24.4 轮式骑乘玩具的动态强度测试	8.22 动态强度（见 4.15.1.3）	8.20 轮式骑乘玩具的动态强度测试	
		5.24.5 扭力测试	8.3 扭力测试	8.8 拆卸部件的扭力测试	
		5.24.6 拉力测试	8.4 拉力测试（见 A.37）	8.9 拆卸部件的拉力测试	
		5.24.7 压力测试	8.8 压力测试	8.10 压力测试	
		5.29 磁体、可膨胀材料浸泡测试	8.9 浸泡测试（磁体、木质、水中玩具）	—	
		5.24.8 弯曲测试	8.13 金属丝的柔性	8.12 弯曲测试	
		—	—	8.11 轮胎拆卸测试和卡入式轮轴组件拆卸测试	
材料		4.3 材料*	4.1 材料清洁度（见 A.3）*	4.1 材料质量*	80%
		—	5.2 软体填充玩具和玩具的软体填充部分	4.3.7 填充材料	
		4.3.1 材料质量	—	—	
		4.3.2 膨胀材料	4.6 膨胀材料	—	
		5.21 膨胀材料测试	8.14 膨胀材料		
		4.6.1 玻璃或金属的可触及锐边	4.5 玻璃（见 5.7 和 A.6）	4.7.1 引用 16 CFR 1500.49 金属和玻璃锐边相关条款	

续表

条目		中国 GB 6675.2—2014	欧盟 EN71-1：2014	美国 ASTM F963：2011	GB 得分
小零件		4.4 小零件*	5.1 小零件一般要求*	4.6 小零件*	100%
		4.4.1 适用于 36 个月以下的儿童	5 适合 36 个月以下儿童使用的玩具	4.6.1 适合 36 个月以下儿童必须符合 16 CFR 1501 的要求	
		4.4.2 适用于 36 个月（含）到 72 个月的儿童	7.2 不适合 36 个月以下儿童使用的玩具	4.6.3 适合 36 个月到 72 个月儿童使用的玩具和游戏必须符合 16 CFR 1500.19 的要求	
		5.2 小零件测试	8.2 小零件圆筒	5.8 拟由成人组装的玩具	
特定玩具（包括小球、玩偶等）		4.5 特定玩具的形状、尺寸和强度* 5.3 特定玩具的形状和尺寸测试*	5.8 特定玩具的形状和尺寸*	4.22—4.33 特定玩具*	90%
		4.5.1 挤压玩具、摇铃及类似玩具	8.16 特定玩具的几何形状	4.23 摇铃	
		4.5.2 小球 5.4 小球测试	4.22 小球 5.10 小球 8.32 小球和吸盘测试	4.34 球	
		分年龄段设置检测要求	7.2 不适合 36 个月以下儿童使用的玩具	4.34.1 适合 36 个月以下儿童使用的球必须符合 16 CFR 1500.18(a)(17)的要求 4.34.2 适合 3 岁以上到 8 岁以下儿童使用小球必须符合 16 CFR 1500.19 的要求	

续表

条目		中国 GB 6675.2—2014	欧盟 EN71-1：2014	美国 ASTM F963：2011	GB 得分
特定玩具（包括小球、玩偶等）		年龄警示标志："该玩具是一个小球，可能会造成窒息危险。不适合3岁以下儿童。"	警示标识："警告。不适合36个月以下儿童。小球"	5.11.3 适合3岁及以上儿童使用的任何小球，其标签应注明："警告：窒息危险——该玩具含有小球。不适合3岁以下儿童使用。"	90%
		4.5.3 毛球 5.5 毛球测试	—	—	
		4.5.4 学前玩偶 5.6 学前玩偶测试	5.11 玩偶 8.33 玩偶测试	4.32.3 学前玩偶	
		4.5.5 玩具安抚奶嘴	—	4.20.2 36个月以下的安抚奶嘴	
		4.5.6 气球——有警示标识要求	4.12 气球 7.3 乳胶气球。有警示标识要求	4.31 气球——应符合16 CFR 1500.19 的标签要求。有警示标识要求	
		4.5.7 弹珠——有警示标识要求	—	4.33 弹珠应符合16 CFR 1500.19 的标签要求。有警示标识要求	
		4.5.8 半球形玩具（见E.40）	5.12 半球形玩具（见A.50）	4.36 半球形物品	
		—	6.6.9 吸盘	—	

续表

条目	中国 GB 6675.2—2014	欧盟 EN71-1:2014	美国 ASTM F963:2011	GB 得分
边缘、尖端、突起、金属丝和杆、塑料薄膜、弹簧	4.6 边缘（见 E.11）* 5.8 锐边测试*	4.7 边缘（见 A.8）*	4.7.1 见 16 CFR 1500.49*	100%
	4.6.1 可触及的玻璃或金属锐边	4.7 金属和玻璃边缘，（见 5.1 b） 8.11 边缘锋利度	5.8 拟由成人组装的玩具	
	4.6.2 功能性锐边——有警示标识要求 B.2.12 带有功能性锐边和功能性尖端的玩具	7.6 危险的功能性锐边和尖端（见 4.7 和 4.8）。无警示标识要求	4.7.2 供 48 到 96 个月儿童使用的玩具所含的潜在危险边缘应按 5.10 的规定贴上警示标识 5.10 带有功能性锐边或尖端的玩具	
	4.6.3 金属玩具的边缘	4.7 a)、b)、c)	4.7.3 金属玩具	
	4.6.4 模制玩具的边缘	4.7 c)	4.7.4 模制玩具	
	4.6.5 外露螺栓或螺杆的边缘	包括在 EN 71-1 中的一般锐边要求中	4.7.5 外露螺栓或螺杆	
	4.7 尖端（见 E.12）* 5.9 尖端测试*	4.8 尖端和金属丝* 5.1* 8.12 尖端的锋利度*	4.9 可触及的尖端 16 CFR 1500.48* 8 拟由成人组装的玩具*	
	4.7.2 功能性尖端	7.6 危险的功能性锐边和尖端	4.9.2 功能性尖端应按 5.10 的规定贴上警示标识	
	4.7.3 木制玩具	4.8 e)	4.9.3 木材	
	4.8 突出部件（见 E.13）* 5.24 可合理预见的滥用的测试*	4.9 突出部件（见 A.10）*	4.8 突出部件* 8.6 滥用测试*	

续表

条目	中国 GB 6675.2—2014	欧盟 EN71-1：2014	美国 ASTM F963：2011	GB 得分
边缘、尖端、突起、金属丝和杆、塑料薄膜、弹簧	4.8.2 沐浴玩具突起的特殊考虑因素	—	4.8.1 沐浴玩具的突起	100%
	4.9 金属丝和杆* 5.24.8 弯曲测试*	8.13 金属丝的柔性*	4.10 金属丝或杆* 8.12 弯曲测试*	
	4.10 包装和玩具中的塑料薄膜或塑料袋* 5.10 塑料薄膜厚度的测定*	4.3 柔性塑料薄膜* 5.3 塑料薄膜（见 A.28）* 6 包装（见 A.56）*	4.12 塑料薄膜* 8.21 塑料薄膜厚度	
	塑料气球	塑料气球	—	
	4.14 弹簧*	4.10.4 弹簧（见 A.14）*	4.18.6 螺旋弹簧*	
绳索和弹性绳	4.11 绳索和弹性绳（1—7）*	5.4 玩具中的绳索、链条和电线*	4.14 绳索、带子和橡皮筋*	78%
	—	7.21 带有长度超过 300mm 电线的玩具，供 3 岁以下儿童使用的带电线的玩具应带有警示标识 7.22 带有绳索或链条、适合 36 个月(含)到 96 个月儿童使用的玩具	—	
		5.4 e)	4.14.2 自缩回拉绳	
		5.4 h)	4.14.3 拖拉玩具	
	4.11.4 玩具袋上的绳索	4.4 玩具袋	4.14.5 适合 18 个月以下儿童的玩具袋上的绳索	

续表

条目	中国 GB 6675.2—2014	欧盟 EN71-1: 2014	美国 ASTM F963: 2011	GB 得分
绳索和弹性绳	4.11.5 童床或游戏围栏上的悬挂玩具——有警示标识	5.4 f) 7.11 系在摇篮、婴儿床或婴儿车上的玩具——有警示标识	4.26 系在婴儿床或婴儿围栏上的玩具——有警示标识	78%
	4.11.6 童床上的健身玩具及类似玩具	—	4.26.3 婴儿床上的健身架	
	4.11.2 18个月以下儿童使用的自回缩绳 4.11.3 36个月以下儿童使用的弹性绳	8.20 绳索横截面尺寸 8.36 绳索和链条的周长 8.38 可分离部件的分离测试 8.39 自缩回绳索 8.40 绳索、链条和电线的长度	8.22 绳圈和绳索的测试	
	4.11.7 飞行玩具的绳索、绳和线——有警示说明 5.11.3 绳索的电阻	4.13 玩具风筝和其他飞行玩具的绳索 8.19 绳索的电阻率(见4.13) 7.9 玩具风筝——有警示说明	4.14.4 飞行装置的绳和线——有警示说明	
	—	全部或部分戴在脖子上的带子；例如挂脖子的望远镜等，带子上应有分离部件		

续表

条目	中国 GB 6675.2—2014	欧盟 EN71-1：2014	美国 ASTM F963：2011	GB 得分
折叠装置	4.12 折叠装置(1—3) 见 E.17*	4.10.1 折叠和滑动装置*	4.13 折叠装置和铰链* 4.13.1 折叠装置*	100%
	4.12.1 玩具推车、婴儿车和类似玩具：a)把手或其他结构构件会折叠在儿童身上的玩具	a)把手或其他结构构件会折叠在儿童身上的玩具推车和婴儿车	—	
	4.12.1 玩具推车、婴儿车和类似玩具：b)把手或其他结构构件不会折叠在儿童身上的玩具推车和婴儿车	b)把手或其他结构构件不会折叠在儿童身上的玩具推车和婴儿车	—	
	4.12.2 带有折叠装置的其他玩具	c)其他可折叠玩具(例如熨衣板、折叠椅和桌子等)的可能带有剪刀式动作的折叠装置	—	
	—	d)其他可折叠玩具		
	5.22.2 玩具推车和婴儿车测试	8.18.2 玩具推车和婴儿车	8.25 锁定装置或其他装置的测试方法 8.25.1 锁定装置或其他装置 8.25.2 锁定测试方法	
	5.22.3 带有折叠装置的其他玩具测试	8.18.3 其他可折叠玩具(见 4.10.1 c)		
	4.12.3 铰链线间隙	4.10.3 铰链(见 A.13)	4.13.2 铰链线间隙	

续表

条目	中国 GB 6675.2—2014	欧盟 EN71-1：2014	美国 ASTM F963：2011	GB 得分
孔、间隙和装置的可触及性	4.13 孔、间隙和装置的可触及性(1—5)*	—	4.18 孔、间隙和装置的可触及性*	100%
	4.13.1 刚性材料的圆孔	—	4.18.2 刚性材料的圆孔	
	4.13.2 活动部件的可触及间隙	4.15.1.6 传动装置和车轮布置 c)	4.18.1 活动部件的可触及间隙	
	4.13.3 骑乘玩具的链条或皮带	4.15.1.6 传动装置和车轮布置	4.18.3 链条和皮带	
	4.13.4 其他驱动装置	4.10.2 驱动装置	4.18.4 装置的不可触及性	
	4.13.5 发条钥匙	4.10.2 c)	4.18.5 发条钥匙	
稳定性和超载要求	4.15 稳定性和超载要求(1—3)*	4.15 用于承受儿童体重的玩具(见 A.20)*	4.15 稳定性和超载要求*	100%
	4.15.1 骑乘玩具和座椅的稳定性*	4.15.1.4 稳定性	4.15.1 骑乘玩具和玩具座椅的稳定性*	
	4.15.1.1 可用脚起稳定作用的侧向稳定性 5.12.2 可用脚起稳定作用的侧向稳定性测试	4.15.1.4 稳定性 4.15.3 摇摆木马和类似玩具 4.15.4 非儿童驱动的玩具 8.23.1 承受儿童体重的玩具测试	4.15.2 侧向稳定性要求 8.15 骑乘玩具或玩具座椅的稳定性测试	
	4.15.1.2 不可用脚起稳定作用的侧向稳定性 5.12.3 不可用脚起稳定作用的侧向稳定性测试	—	—	

续表

条目	中国 GB 6675.2—2014	欧盟 EN71-1：2014	美国 ASTM F963：2011	GB 得分
稳定性和超载要求	4.15.1.3 前后稳定性 5.12.4 前后稳定性测试	—	4.15.3 前后稳定性 8.15 骑乘玩具或玩具座椅的稳定性测试	100%
	4.15.2 骑乘玩具和座椅的超载要求 5.12.5 骑乘玩具和座椅的超载测试 5.24.4 除玩具滑板车之外的轮式骑乘玩具的动态强度测试	无超载要求 4.15.1.3 强度 8.21 静态强度测试 8.22 动态强度测试	4.15.5 骑乘玩具和玩具座椅的超载要求 8.26 骑乘玩具和玩具座椅的超载测试 4.15.6 轮式骑乘玩具 8.20 轮式骑乘玩具的动态强度测试	
	4.15.3 固定式地板玩具的稳定性 5.12.6 固定式地板玩具的稳定性测试	4.16 重型固定玩具 8.23.2 重型固定玩具测试	4.15.4 固定式地板玩具的稳定性	
封闭式玩具、防护设备	4.16 封闭式玩具（1—3）* 5.13 关闭件和玩具箱盖子的测试*	4.14 封闭* 8.31 玩具箱盖子测试*	4.16 密闭空间*	100%
	4.17 模拟防护设备（如头盔、帽子和护目镜） 5.14 覆盖面部的玩具的冲击测试	4.14.2 面具和头盔 7.8 模拟防护面具和头盔（见 4.14.2 和 A.19）	4.19 模拟防护设备（如头盔、帽子和护目镜） 8.7.4 覆盖面部的玩具的冲击测试	

续表

条目	中国 GB 6675.2—2014	欧盟 EN71-1: 2014	美国 ASTM F963: 2011	GB 得分
弹射玩具	4.18 弹射玩具（1—3）*	4.17 弹射物*	4.21 弹射玩具*	50%
	4.18.1 一般要求——有警示说明要求，未明确具体要求	4.17.1 概述 8.32 小球和吸盘测试	8.14 弹射物 8.14.1 动能的测定 8.14.4 弹射物的冲击测试	
	4.18.2 蓄能弹射玩具——动能超过规定大小，应有警示说明，但未明确 5.15 弹射物、弓箭动能测试 5.2 小零件测试 5.24 扭力测试、保护件拉力测试	7.7 弹射物 4.17.3 蓄能弹射玩具——能够发射动能大于 0.08J 的弹射物的玩具应在玩具和/或其包装以及使用说明中附带以下警示："警示。切勿瞄准眼睛或面部。" 8.24 动能的测定	—	
	4.18.3 非蓄能弹射玩具	4.17.2 非蓄能弹射玩具	—	
	—	4.11 口动玩具和其他放入口中的玩具	见口动玩具	
	强烈建议不制造能发射非自带弹射物的玩具，如果能够发射，需设警示说明。（未明确，且无说明书要求）	如果弹射玩具能够发射非自带的其他物体，应该附有使用说明，并带有警示标识	发送装置的设计应使其无法发射临时弹射物	

续表

条目	中国 GB 6675.2—2014	欧盟 EN71-1：2014	美国 ASTM F963：2011	GB 得分
旋翼和推进器	—	4.17 弹射物(如飞行玩具、指尖陀螺等)*	—	0%
水上玩具	4.19 水上玩具* 规定了警示标识，但无位置等要求	4.18 水上玩具和充气玩具* 7.4 水上玩具* 水上玩具对警示标识的字体高度、大小等均有规定	5.4 水上玩具* 规定了警示标识，但无位置等要求	50%
制动装置	4.20 制动(见 E.34) 5.16 自由轮装置和制动性能测试	4.15.1.5 制动 8.26 制动性能	—	100%
玩具自行车	4.21 玩具自行车(1—3)* 4.21.1 使用说明*	4.15.2 玩具自行车(见 A.20) 4.15.2.1 概述 4.15.2.2 警示和使用说明 7.15 玩具自行车(见 4.15.2.2) 7.16 用于承受儿童体重的玩具	16 CFR 1512	67%
	4.21.2 最大鞍座高度的测定	4.15.1.7 可调节座椅支柱和车把杆最小插入标记	—	
	4.21.3 制动要求 5.16.1 确定自由轮装置 5.16.3 玩具自行车的制动性能	4.15.2.3 制动要求 8.26.2 玩具自行车的制动性能	—	

续表

条目	中国 GB 6675.2—2014	欧盟 EN71-1：2014	美国 ASTM F963：2011	GB 得分
电动童车	4.22 电动骑乘玩具的速度限制 5.17 电动骑乘玩具的速度测定	4.15.1.8 电动骑乘玩具 5.6 电动骑乘玩具的速度限制 8.29 电动骑乘玩具的最大设计速度的测定	—	25%
	重量要求：(25±0.2)kg	36 个月以下：(25±0.2)kg； 36 个月以上：(50±0.5)kg	—	
	测试平面：水平表面	其表面是可以防止车轮打滑的水平平面（例如砂纸、沥青或类似物）	—	
	速度要求：8km/h，无年龄段区别	适合 3 岁以下儿童使用的玩具：6 km/h；年龄段要求有警示标识	—	
热源玩具、液体玩具、口动玩具	4.23 含有热源的玩具* 5.18 温升的测定	4.21 含有非电热源的玩具* 8.30 温升的测量	—	83%
	4.24 液体填充玩具* 5.19 液体填充玩具渗漏测试 B.3.5 充液出牙器和充液出牙玩具	5.5 充液玩具* 8.15 充液玩具的泄露 7.12 充液出牙器	4.3.6 化妆品、液体、糊剂、膏剂、凝胶和粉末 注释：此要求适用于玩具的毒理学	
	4.25 口动玩具* 5.20 口动玩具的耐久性	4.11 口动玩具* 8.9 浸泡测试 8.17 口动玩具的耐久性	4.6.2 口动玩具 8.13 口动玩具测试	

续表

条目	中国 GB 6675.2—2014	欧盟 EN71-1：2014	美国 ASTM F963：2011	GB 得分
玩具滑冰鞋、单排滚轴溜冰鞋及玩具滑板	4.26 玩具滑冰鞋、玩具直排轮滑鞋和玩具滑板——有警示说明* B.2.14 玩具滑冰鞋、玩具直排轮滑鞋和玩具滑板	4.15.1.2 警示和使用说明* 7.10 滑冰鞋、直排轮滑鞋、滑板和其他特定骑乘玩具（见 4.15.1.2 和 A.20） 7.16 用于承受儿童体重的玩具	—	100%
玩具火药帽	4.27 火药帽——有警示标识 B.2.18 火药帽	4.19 玩具专用火药帽和使用火药帽的玩具——有警示标识 7.13 玩具专用火药帽	5.12 玩具火药帽	100%
声响要求	4.28 声学要求 B.2.19 产生高脉冲噪声的玩具 5.25 声压级的测定	4.20 声学要求 8.28 发射声压级的测定 7.14 声学要求	4.5 发声玩具 8.19 发声玩具的测试	50%
	挤压玩具、打击玩具、管乐器玩具、发声玩具、使用耳机的玩具未标明声压要求	增加 5 种玩具	增加 5 种玩具	
玩具滑板车	见 4.26*	4.15.5.1 概述*	—	29%
	见 4.26	4.15.5.2 警示和使用说明	—	
	—	4.15.5.3 强度	—	
	—	4.15.1.4 稳定性		
	—	4.15.5.4 可调节和折叠的转向管	—	

续表

条目	中国 GB 6675.2—2014	欧盟 EN71-1：2014	美国 ASTM F963：2011	GB 得分
玩具滑板车	—	4.15.5.5 制动	—	29%
	—	4.15.5.6 车轮尺寸	—	
	—	4.15.5.7 突起部分	—	
磁体和磁性部件	4.29 磁体和磁性部件（1—2）*	4.23 磁体*	4.38 磁体*	100%
	4.29.1 适合 8 岁及以上儿童的磁/电实验装置 5.27 磁通量指数	4.23.3 适合 8 岁以上儿童的磁/电实验装置 8.35 磁通量指数	4.38.1—2 8.24 磁体测试方法 8.24.1 通量密度测量 8.24.2 磁极面的面积测量 8.24.3 计算 8.24.4 磁体使用和滥用测试	
	4.29.2 含有磁体和磁性部件的其他玩具 5.26 磁体的拉力测试 5.27 磁通量指数 5.28 磁体的冲击测试 5.29 磁体的浸泡测试	4.23.2 除磁/电实验装置以外的适合 8 岁以上儿童的玩具 8.34 磁体的拉力测试（见 4.23.2 和 A.51） 8.35 磁通量指数（见 4.23.2 和 4.23.3） 8.9 浸泡测试	—	
悠悠球	—	4.24 悠悠球*	4.37 系弹性绳的悠悠球*	0%
附在食物上的玩具	—	4.25 附在食物上的玩具*	—	
包装和包装部件	—	6 包装*	A.2 包装和发货*	

附录二 各国玩具有害化学品清单

中国有害物质限量				
	化学元素或化合物	指画颜料	造型黏土	其他材料
可溶性迁移元素(ppm)/(mg/kg)	锑(Sb)	10*	60	60
	砷(As)	10	25	25
	钡(Ba)	350*	250*	1000
	镉(Cd)	15	50	75
	铬(Cr)	25	25*	60
	铅(Pb)	25	90	90
	汞(Hg)	10	25*	60
	硒(Se)	50	500	500
邻苯二甲酸酯/(%)	邻苯二甲酸二丁酯(DBP)	CAS 84-72-2	≤0.1*	
	邻苯二甲酸丁苄酯(BBP)	CAS 85-68-7	≤0.1*	
	邻苯二甲酸二己酯(DEHP)	CAS 117-81-7	≤0.1*	
	邻苯二甲酸二正辛酯(DNOP)	CAS 117-84-0	≤0.1*	
	邻苯二甲酸二异壬酯(DINP)	CAS 68515-48-0	≤0.1*	
		CAS 28553-12-0	≤0.1*	
	邻苯二甲酸二异癸酯(DIDP)	CAS 26761-40-0	≤0.1*	
		CAS 68515-49-1	≤0.1*	

续表

	化学元素或化合物	指画颜料	造型黏土	其他材料
其他有机物	挥发性有机化合物（VOC）/（g/L）（如芳香烃等）		≤720	
	苯/（%）		≤0.3	
	甲苯、乙苯和二甲苯总和/（%）		≤30	

美国有害物质限量

成分	ELEMENT	用于表面涂层和基底的最大可溶性迁移元素（ppm）/（mg/kg）	黏土模型中最大可溶性迁移元素（ppm）/（mg/kg）
锑（Sb）	Antimony（Sb）	60	60
砷（As）	Arsenic（As）	25	25
钡（Ba）	Barium（Ba）	1000	250
镉（Cd）	Cadmium（Cd）	75	50
铬（Cr）	Chromium（Cr）	60	25
铅（Pb）	Lead（Pb）	90	90
汞（Hg）	Mercury（Hg）	60	25
硒（Se）	Selenium（Se）	500	500
邻苯二甲酸酯/（%）	DEHP、DBP、BBP、DINP、DIDP、DNOP	≤0.1%（per phthalate）	全部产品

欧盟有害物质限量

成分	ELEMENT	干燥、易碎、粉末状或柔软材料/（mg/kg）	液体或黏性玩具/（mg/kg）	可刮取材料/（mg/kg）
铝（Al）	Aluminium（Al）	5 625	1 406	70 000
锑（Sb）	Antimony（Sb）	45	11.3	560

续表

成分	ELEMENT	干燥、易碎、粉末状或柔软材料/(mg/kg)	液体或黏性玩具/(mg/kg)	可刮取材料/(mg/kg)
砷(As)	Arsenic(As)	3.8	0.9	47
钡(Ba)	Barium(Ba)	1 500	375	18 750
硼(B)	Boron(B)	1 200	300	15 000
镉(Cd)	Cadmium(Cd)	1.3	0.3	17
铬(Cr)(III)	Chromium(Cr)(III)	37.5	9.4	460
铬(Cr)(VI)	Chromium(Cr)(VI)	0.02	0.005	0.2
钴(Co)	Cobalt(Co)	10.5	2.6	130
铜(Cu)	Copper(Cu)	622.5	156	7 700
铅(Pb)	Lead(Pb)	2	0.5	23
锰(Mg)	Manganese(Mg)	1 200	300	15 000
汞(Hg)	Mercury(Hg)	7.5	1.9	94
镍(Ni)	Nickel(Ni)	75	18.8	930
硒(Se)	Selenium(Se)	37.5	9.4	460
锶(Sr)	Strontium(Sr)	4 500	1 125	56 000
锡(Sn)	Tin(Sn)	15 000	3 750	180 000
有机锡	Organic Tin	0.9	0.2	12
锌(Zn)	Zinc(Zn)	3 750	938	46 000
苯及多环芳香烃	Benzene(CAS No. 71-43-2 EC No. 200-753-7)	—	≤5	—
苯及多环芳香烃	Polycyclic-aromatic hydrocarbons(PAH)	—	≤0.5	—
偶氮着色剂和染料	Azo colourants and Azo dyes	—	≤30	—
邻苯二甲酸酯/(%)	DEHP、DBP、BBP、DIBP、DINP、DIDP、DNOP	—	≤0.1%	—

续表

成分	ELEMENT	干燥、易碎、粉末状或柔软材料/(mg/kg)	液体或黏性玩具/(mg/kg)	可刮取材料/(mg/kg)
亚硝胺类	N-nitrosamines	N-亚硝胺不超过0.05mg/kg	—	—
	N-nitrosatable substances	N-亚硝基化物质不超过1mg/kg	—	—
六溴环十二烷	HBCDD	—	—	—
十溴联苯醚	decaBDE	—	—	—
防腐剂	甲基氯异噻唑啉酮(CMI)	—	≤0.75mg	—
	甲基异噻唑啉酮(MI)	—	≤0.25mg	—
	CMI与MI的3:1混合制剂	—	≤1mg	—
	苯并异噻唑啉酮(BIT)	—	≤5mg	—
双酚A	—	部分玩具<0.04mg/L		

注：中国有害物质限量部分的"*"表示达到欧盟标准。

附录三 缩写词目录

必维国际检验集团(Bureau Veritas，BV)
标准组织欧洲标准委员会(European Committee for Standardization，CEN)
层次分析法(Analytic Hierarchy Process，AHP)
产品技术成熟度(Technology Readiness Levels，TRL)
德国安全(Germany Safety，GS)
德国标准化协会(Deutsches Institut für Normung，DIN)
德国机动车监督协会(Deutscher Kraftfahrzeug überwachungsverein，DEKRA)
德国技术检验代理机构网(Technischer überwachüngs-Verein，TüV)
德国联邦物理技术研究院(Physikalisch-Technische Bundesanstalt，PTB)
德国设有校准服务局(Deutscher Kalibrierdienst，DKD)
电子工业协会(Electronic Industries Association，EIA)
电子伤害检测系统(National Electronic Injury Surveillance System，NEISS)
多功能校正系统(Multifunction Cal System，MCS)
俄罗斯强制认证证书(ГОСТ Государственный общесоюзный стандарт，GOST)
儿童产品证书(Children's Product Certificate，CPC)
发展援助委员会(Development Assistance Committee，DAC)
法定计量部门(Legal Metrological Department，LMD)
分技术委员会(Sub-Technical Committee，SC)
固态技术协会(Joint Electron Device Engineering Council，JEDEC)
关键比对数据库(Key Comparison Database，KCDB)
《关于限制在电子电气设备中使用某些有害成分的指令》(Restriction of Hazardous Substances，RoHS)
国际标准化组织(International Organization for Standardization，ISO)
国际单位制(International System of units，SI)

国际电工委员会(International Electrotechnical Commission，IEC)

国际电信联盟(International Telecommunication Union，ITU)

国际法制计量组织(International Organization of Legal Metrology，OIML)

国际计量局(Bureau International of Weights and Measures，BIPM)

国际检验和认证组织联合会(International Confederation of Inspection and Certification Organisations，CEOC)

国际贸易中心(International Trade Centre，ITC)

国际认可论坛(International Accreditation Forum，IAF)

国际实验室认可合作组织(International Laboratory Accreditation Cooperation，ILAC)

国际铁路行业标准(International Railway Industry Standard，IRIS)

国际校准测量能力(Calibration and Measurement Capabilities，CMCs)

国际质量基础设施网络(International Quality Infrastructure Network，INetQI)

国家标准和质量政策实施计划(National Standard and Quality Policy Implementation Plan，NSQPIP)

国家电子伤害监测系统(National Electronic Injury Surveillance System，NEISS)

国家计量研究院(Non Measure Institute，NMI)

国家认可机构(National Accreditation Body，NAB)

国家实验室自愿认可计划(National Voluntary Laboratory Accreditation Program，NVLAP)

国家市场监管部门(State Administration for Market Regulation，SAMR)

国家市场监管总局/国家认证认可监督管理委员会(Certification and Accreditation Administration of the People's Republic of China，CNCA)

国家质量基础设施(National Quality Infrastructure，NQI)

国家质量论坛(National Quality Forum，NQF)

国民生产总值(Gross National Product，GNP)

国内生产总值(Gross Domestic Product，GDP)

技术监督协会(Technischer überwachungs Verein，TüV)

加拿大标准协会(Canadian Standards Association，CSA)

经济合作与发展组织(Organization for Economic Co-operation and Development，OECD)

开放式系统互联(Open System Interconnection，OSI)

劳氏质量认证(Lloyd's Register Quality Assurance，LRQA)

联邦法规(Code of Federal Regulations，CFR)

联邦危险物品法案(Federal Hazardous Substances Act，FHSA)

联合国工业发展组织(United Nations Industrial Development Organization，UNIDO)

联合国开发计划署(International Trade Center，ITC)

联合国贸易和发展会议(United Nations Conference on Trade and Development，UNCTAD)

美国保险商试验所(Underwriter Laboratories Inc.，UL)

美国波音 MAX737(Boeing 737 MAX)

美国材料与试验协会(American Society for Testing Materials，ASTM)

美国电气和电子工程师协会(Institute of Electrical and Electronics Engineers，IEEE)

美国电子元器件协会(Electronic Components Association，ECA)

美国国家标准协会(American National Standards Institute，ANSI)

美国国家标准协会-美国质量学会认证机构认可委员会(ANSI-ASQ National Accreditation Board，ANAB)

美国国家标准与技术研究院(National Institute of Standards and Technology，NIST)

美国国家标准制定组织(Standard Development Organization，SDO)

《美国国家技术转移和促进法案》(National Technology Transfer and Advancement Act，NTTAA)

美国机动车工程师协会(Society of Automotive Engineers，SAE)

美国机械工程师协会(American Society of Mechanical Engineers，ASME)

美国联邦法规(Code of Federal Regulations，CFR)

美国汽车工程师学会(Society of Automotive Engineers，SAE)

美国食品药品管理局的(Food and Drug Administration，FDA)

美国铁路协会(Association of American Railroads，AAR)

美国消费品安全改进法案(The US Consumer Product Safety Improvement Act，CPSIA)

美国消费品安全委员会(Consumer Product Safety Commission，CPSC)

美洲认证合作机构(Inter America Accreditation Cooperation，IAAC)

挪威船级社(Det Norske Veritas，DNV)

欧盟认证(Conformite Europende，CE)

欧盟铁路互联互通技术规范(Technical Specification for Interoperability，TSI)

欧盟直属公告机构(Notified Body，NB)

欧洲标准(European Norm，EN)

欧洲标准化委员会(Comité Européen de Normalisation，CEN)

欧洲电工标准化委员会(European Committee for Electrotechnical Standardization，CENELEC)

欧洲电信标准协会(European Telecommunications Standards Institute，ETSI)

欧洲经济共同体(European Economic Community，EEC)

欧洲自由贸易联盟(European Free Trade Association，EFTA)
平均故障间隔时间又称平均无故障时间(Mean Time Between Failure，MTBF)
全国专业标准化技术委员会(Technical Committee，TC)
人口增长率(Population growth rate，POPGR)
日本产品评价技术中心(Japan Technology Evaluation Center，JTEC)
日本产业技术综合研究所(Advanced Industrial Science and Technology，AIST)
日本产业技术综合研究所计量标准综合中心(National Metrology Institute of Japan，NMIJ)
日本工业标准(Japanese Industrial Standards，JIS)
日本工业标准调查会(Japanese Industrial Standards Committee，JISC)
日本合格评定认可理事会(Japan Accreditation Board，JAB)
日本经济贸易产业省(Ministry of Economy Trade and Industry，METI)
日本农村产品标准调查会(Japanese Agricultural Standard Committee，JASC)
日本质量保证协会(Japan Quality Assurance Organization，JQA)
瑞典国际发展合作署(Swedish International Development Cooperation Agency，SIDA)
瑞士通用公证行(Societe Generale de Surveillance，SGS)
世界贸易组织(World Trade Organization，WTO)
通用产品指令(General Product Safety Directive，GPSD)
玩具安全认证方案(Toys Safety Certification Program，TSCP)
危险物品包装法案(Poison Prevention Packaging Act，PPPA)
无线局域网鉴别和保密基础结构(WLAN Authentication and Privacy Infrastructure，WAPI)
消费品安全法(Consumer Product Safety Act，CPSA)
消费品安全改进法案(Consumer Product Safety Improvement Act，CPSIA)
消费者权益保护机构(Consumer Product Safety Committee，CPSC)
信息技术(Information Technology，IT)
信息技术指导委员会(Information Technology Steering Committee，ITSTC)
英国标准(British Standards，BS)
英国标准协会(British Standards Institution，BSI)
英国技术联合会(Associated Offices Technical Committee，AOTC)
英国贸易和工业部(Department for Trade and Industry，DTI)
政府开发援助(Official Development Assistance，ODA)
制造能力成熟度(Manufacturing Readiness Levels，MRL)
质量管理基础设施(Quality Management Infrastructure，QMI)

质量基础设施和标准计划(Quality Infrastructure and Standards Program，QUISP)

中国合格评定国家认可委员会(China National Accreditation Service for Conformity Assessment，CNAS)

中国计量认证(China Metrology Accreditation，CMA)

中国强制性产品认证(China Compulsory Certification，CCC)

中国质量认证中心(China Quality Certification，CQC)

中铁铁路产品认证中心(China Railway Product Construction Corporation，CRCC)

参 考 文 献

ALDAZ-CARROLL E, 2006. Regional approaches to better standards systems [R]. The World Bank.

BALLER S, 2007. Trade effects of regional standards liberalization: A heterogeneous firms approach [M]. The World Bank.

BLIND K, JUNGMITTAG A, 2005. The impacts of innovations and standards on German - French trade flows [J]. Économie Appliquée, 58(2): 99.

BLIND K, JUNGMITTAG A, 2005. Trade and the impact of innovations and standards: the case of Germany and the UK [J]. Applied Economics, 37(12): 1385 - 1398.

BLIND K, MANGELSDORF A, NIEBEL C, et al., 2018. Standards in the global value chains of the European single market [J]. Review of International Political Economy, 25(1): 28 - 48.

BLIND K, 2012. The ROLE of Technical Standards for the National Innovation System: Empirical Evidence from Germany [J]. Interpersona, 6(1): 54 - 74.

BLIND K, 2004. The economics of standards: theory, evidence, policy [M]. Edward Elgar Publishing Limited.

BLIND K, 2000. The ROLE of technical standards for the national innovation system: empirical evidence from Germany [C]//Proceedings of the Conference "Innovation and Enterprise Creation-Statistics and Indicators" in Sophia Antipolis: 2 - 9.

BRENTON P, 2004. Standards, conformity assessment and trade: modernization for market access [J]. Washington DC: The World Bank.

CROARKIN C, TOBIAS P, FILLIBEN J J, et al., 2006. NIST/SEMATECH e-handbook of statistical methods [J]. NIST/SEMATECH, July. Available online: http://www.itl.nist.gov/div898/handbook.

CZUBALA W, SHEPHERD B, WILSON J S, 2009. Help or hindrance? The impact of harmonised standards on African exports [J]. Journal of African Economies, 18(5): 711-744.

DASGUPTA, PARTHA, STIGLITZ, JOSEPH, 1980. Industrial structure and the nature of innovative activity [M] // The modernizing of the Orient /. McBride, Nast & Company.

FRENZ M, LAMBERT R, 2014. The economics of accreditation [J]. NCSLI Measure, 9(2): 42-50.

FREY, MARCO, IRALDO, et al., 2015. Macro-economic and development indexes and ISO 14001 certificates: a cross national analysis [J]. Journal of Cleaner Production, 108: 1239-1248.

GONçALVES J, PEUCKERT J, 2011. Measuring the impacts of quality infrastructure: impact theory, empirics and study design [R]. Braunschweig: Physikalisch Technische Bundesanstalt(PTB).

GUASCH J L, RACINE J L, SANCHEZ I, et al., 2007. Quality systems and standards for a competitive edge [M]. The World Bank.

HARMES-LIEDTKE U, 2010. The relevance of quality infrastructure to promote innovation systems in developing countries [C]// PTB, Technical Cooperation, Discussion Paper 3/2010.

ISLAM N, 1995. Growth empirics: a panel data approach [J]. The Quarterly Journal of Economics, 110(4): 1127-1170.

KECKLEY P H, UNDERWOOD H R, 2009. Medical tourism: update and implications [J]. Washington, DC: Deloitte Center for Health Solutions.

KELLERMANN M, KELLER D, 2014. Leveraging the impact of business environment reform: The contribution of quality infrastructure [J]. The Donor Committee for Enterprise Development.

KING W R, HE J A, 2006. meta-analysis of the technology acceptance model [J]. Information & Management, 43(6): 740-755.

KOKKO, ZEJAN, 1996. Local technological capability and productivity spilloversfrom FDI in the Uruguayan manufacturing sector [J]. Journal of Development Studies, 32(4): 602-611.

LAMBERT R, 2010. Economic Impact of the National Measurement System [J]. London UK, Department for Business Innovation and Skills.

LELAND H E, 1979. Quacks, lemons, and licensing: A theory of minimum quality standards [J]. Journal of Political Economy, 87(6): 1328 - 1346.

LIU C I, JULA H, IOANNOU P A, 2002. Design, simulation, and evaluation of automated container terminals [J]. IEEE Transactions on Intelligent Transportation Systems, 3(1): 12 - 26.

LóPEZ-FRESNO P, 2016. Quality infrastructure: a root for organizational development and national competitiveness [C]. In Proceedings of the 20th International Conference on ISO & TQM. Oman: 1 - 10.

MANGELSDORF A, 2011. The role of technical standards for trade between China and the European Union [J]. Technology Analysis & Strategic Management, 23(7): 725 - 743.

MEEKS G, SWANN G M P, 2004. Accounting standards and the economics of standards [J]. Accounting and Business Research, 39(3): 191 - 210.

MOENIUS J, 2004. Information Versus Product Adaptation: The Role of Standards in Trade [J]. SSRN Electronic Journal.

OLIVEIRA O J D, SERRA J R, SALGADO M H, 2010. Does ISO 14001 work in Brazil? [J]. Journal of Cleaner Production, 18(18): 1797 - 1806.

POULSON B W, 1977. Economic analysis of the national measurement system [J]. STIN, 78: 17241.

RODRIGUES FILHO B A, GONCALVES R F, 2015. Legal metrology, the economy and society: Asystematic literature review [J]. Measurement, 69: 155 - 163.

SANETRA C, MARBÁN R M, 2007. The answer to the global quality challenge: Anational quality infrastructure [M]. Physikalisch-Technische Bundesanstalt.

SANETRA C, MARBÁN R M, 2011. The answer to the global quality challenge: Anational quality infrastructure [M]. Physikalisch - SAVOLAINEN T, LOPEZ-FRESNO P, 2011. Trust in value creation and stakeholder relationships management-Theoretical discussion and empirical findings [C] //Proceedings of the 1st EIASM Interdisciplinary Conference on Stakeholders, Resources and Value Creation. Spain, Barcelona, June: 7 - 8.

SCHMID G, 2011. Non-Standard employment in Europe: Its development and consequences for the European employment strategy [J]. German Policy Studies/Politikfeldanalyse, 7(1).

SCHMID S, KOTULLA T, 2011. 50 years of research on international standardization and adaptation from a systematic literature analysis to a theoretical framework [J]. International Business Review, 20(5): 491 – 507.

SHWU-ING WU, JUI-HO CHEN, 2013. The performance evaluation and comparison based on enterprises passed or not passed with ISO accreditation [J]. International Journal of Quality & Reliability Management, 29(3): 295 – 319.

SOLOMON D, HOGAN O, 2012. The contribution of quality management to the UK economy [J]. London, UK: Centre for Economics and Business Research.

SWANN G M P, 2009. The economics of metrology and measurement [J]. National Measurement Office, UK.

SWANN P, TEMPLE P, SHURMER M, 1996. Standards and trade performance: the UK experience [J]. The Economic Journal, 106(438): 1297 – 1313.

TASSEY G, 2008. Modeling and measuring the economic roles of technology infrastructure [J]. Econ. Innov. New Techn, 17(7 – 8): 615 – 629.

TIPPMANN C, 2013. The national quality infrastructure [J]. The Innovation and Policy Platform. World Bank (Policy Brief).

TOFFEL M W, 2005. Resolving Information Asymmetries in Markets: The Role of Certified Management Program [J]. Social Science Electronic Publishing.

UNIDO, 2015. Leveraging the Impact of Business Environment Reform: The Contribution of Quality Infrastructure. Lessons from Practice [R].

VERDERA F, 2013. International dimension of national quality infrastructure [J]. Revista Calidad, 4 – 6: 26 – 30.

ZHANG H, JIANG J, ZHENG L, et al. , 2019. The interaction between standards development and economic growth of China [J]. International Journal of Quality Innovation, 5 (1): 9.

包群, 赖明勇. 中国外商直接投资与技术进步的实证研究 [J]. 经济评论, 2002(06): 63 – 71.

程鉴冰. 政府技术标准规制对经济增长的实证研究 [J]. 数量经济技术经济研究, 2008 (12): 58 – 69.

杜伟, 杨志江, 夏国平. 人力资本推动经济增长的作用机制研究 [J]. 中国软科学, 2014 (08): 173 – 183.

方向. 准确性: 计量与国家质量基础设施 [J]. 上海质量, 2018(06): 44 – 45.

方晔. 国际质量基础设施网络(INetQI)正式诞生 [J]. 中国质量技术监督, 2018(12): 70 – 71.

郭广珍, 刘瑞国, 黄宗晔. 交通基础设施影响消费的经济增长模型 [J]. 经济研究, 2019,

54(03): 166-180.

国家质检总局计量司. 计量史话[M]. 北京：中国计量出版社，2010.

国务院. 质量发展纲要(2011—2020年)[R]. (2012-02-06)[2012-02-09]. http://www.gov.cn/zwgk/2012-02/09/content_2062401.htm.

国务院. 计量发展规划(2013—2020年). [R]. (2013-03-02)[2013-03-07]. http://www.gov.cn/zwgk/2013-03/07/content_2348412.htm.

胡文国，吴栋. 中国经济增长因素的理论与实证分析[J]. 清华大学学报(哲学社会科学版)，2004(04): 68-76.

黄基伟，于中鑫. 开放经济下我国技术创新能力的影响因素研究：基于我国30省际面板数据的实证分析[J]. 国际商务(对外经济贸易大学学报)，2011(02): 14-20.

冀前. ISO 9000认证对制造型企业经营绩效影响的实证研究[J]. 电子质量，2007(06): 62-65.

加强产业质量基础战略研究课题组. 中国制造2025系列丛书：工业强基[M]. 北京：电子工业出版社，2015.

蒋家东，李相禛，郑立伟. 国家质量基础设施研究综述[J]. 工业工程与管理，2019，24(02): 198-205.

蒋家东，张豪. 质量基础设施效能评估的初步研究[J]. 航空标准化与质量，2019(03): 23-28.

蒋家东. 宏观质量效益研究：理论、机制与路径[M]. 中国质检出版社，2016.

蒋家东. 质量竞争力研究与应用[M]. 北京：中国计量出版社，2009.

康萌萌. 技术创新与经济增长的相关性分析[J]. 山东经济，2006(06): 13-15.

李永来，刘超，高小敏. 我国经济增长动力的区域差异分析[J]. 西安交通大学学报(社会科学版)，2009，(01): 46-51.

李志强. 加强国家质量基础设施建设是必然选择[J]. 中国质量技术监督，2019(03): 13.

陆旸，蔡昉. 人口结构变化对潜在增长率的影响：中国和日本的比较[J]. 世界经济，2014(01): 3-29.

麦绿波. 标准化效益评价模型的创建(上)[J]. 中国标准化，2015a(11): 72-77.

麦绿波. 标准化效益评价模型的创建(下)[J]. 中国标准化，2015b(12): 80-85.

裴平，曹源芳. 我国经济增长的动力分析[J]. 南京社会科学，2008(11): 1-5.

蒲晓晔，赵守国. 经济增长动力变迁的国际比较及对中国的启示[J]. 经济问题，2011(01): 46-50.

全国认证认可标准化技术委员会. 产品监管和市场监督的原则与实践[M]. 北京：中国质

检出版社,2013.

全国认证认可标准化技术委员会.合格评定建立信任:合格评定工具箱[M].北京:中国标准出版社,2011.

认证认可强国评价指标体系建设项目组.认证认可强国评价指标体系研究与应用[M].北京:中国质检出版社,2018.

任坤秀.国家标准的贡献、比较及性质的实证研究:以10国为例[J].上海市经济管理干部学院学报,2015,13(01):1-10.

上海质量管理科学研究院课题组.认证认可对国民经济和社会发展的贡献研究[J].上海质量,2008(01):14-18,16-20.

沈坤荣,李剑.中国贸易发展与经济增长影响机制的经验研究[J].经济研究,2003(05):32-40.

孙莹.ISO 9000标准认证对贸易的影响研究[D].浙江大学,2012.

谭谟晓,董峻.夯实质量基础,助力外贸优化升级[J],中国质量报,2015(01):1-2.

唐清泉,甄丽明.透视技术创新投入的机理与影响因素:一个文献综述[J].科学学与科学技术管理,2009(11):75-80.

田素华.外商直接投资对中国技术进步效应的结构分析[J].世界经济研究,2007(03):63-68.

王锐淇,彭良涛,蒋宁.基于SFA与Malmquist方法的区域技术创新效率测度与影响因素分析[J].科学学与科学技术管理,2010(9):121-128.

王小鲁,樊纲,刘鹏.中国经济增长方式转换和增长可持续性[J].经济研究,2009(01):4-16.

辛大楞,张宗斌,车维汉.我国服务贸易出口的影响因素分析:来自微观企业层面的证据[J].国际贸易问题,2016(01):71-81.

邢军伟.产业结构升级、对外开放对经济增长及波动的影响效应分析[J].统计与决策,2016(04):144-147.

杨飞虎.中国经济增长因素分析:1952—2008[J].经济问题探索,2010(09):1-7.

姚萍,李长青.外贸、内需、收入分配对我国经济影响的动态分析:基于后凯恩斯主义的理论框架[J].宏观经济研究,2013,(03):48-57.

于欣丽.标准化与经济增长:理论、实证与案例[M].北京:中国标准化出版社,2008.

余泳泽.改革开放以来中国经济增长动力转换的时空特征[J].数量经济技术经济研究,2015(02):19-34.

袁富华,张平,刘霞辉,等.增长跨越:经济结构服务化、知识过程和效率模式重塑[J].

经济研究, 2016(10): 12-26.

张豪, 蒋家东. 质量基础设施与经济增长: 理论与实证 [J]. 工业工程与管理, 2020, 25 (02): 195-202.

张豪, 张一弛, 张建华. 中国行业间全要素生产率的溢出效应与增长动力源泉: 基于 10 大行业的经验研究 [J]. 华东经济管理, 2017(04): 89-96.

张豪, 周芳芳, 万曙峰. 后疫情时代的国家质量基础设施: 趋势与对策 [N]. 中国质量报, 2020-04-28 (4).

张岚, 黄华健, 蔡琳颖. 新形势下我国质量基础设施改革发展初探 [J]. 质量探索, 2019, 16(02): 60-67.

张宗和, 彭昌奇. 区域技术创新能力影响因素的实证分析: 基于全国 30 个省市区的面板数据 [J]. 中国工业经济, 2009(11): 35-44.

支树平. 以产品质量的提升推动经济的转型升级 [J]. 求是, 2013(09): 26-28.

中共中央 国务院关于开展质量提升行动的指导意见 [J]. 中国质量万里行, 2017(10): 16-22.

中央党校省部级干部进修班课题组, 支树平. 新常态下国家质量基础设施建设研究 [J]. 中国领导科学, 2016(07): 9-12.

周叔莲, 王伟光. 科技创新与产业结构优化升级 [J]. 管理世界, 2001(05): 70-78.

祝俊. 王会生: 加强质量基础设施建设 [J]. 中国品牌, 2019(04): 83.

后　　记

作为科技部重点研发计划"国家质量基础设施对经济发展和社会进步的贡献研究""认证认可支撑'一带一路'贸易便利化国际竞争力评价和通信关键设备的示范应用"的阶段性成果，本书是国家市场监管总局质量基础设施效能研究重点实验室研究人员长期研究积累的成果，部分内容吸收了张豪、胡杨、李相禛论文成果及其他成员有关前期研究的成果。

参与有关章节写作的成员及分工如下：第1章（张豪、胡杨），第2章（张豪、胡杨、李相禛），第3章（张豪、胡钟骏、周芳芳），第4、5章（胡杨、李相禛、陈通），第6章（张豪），第7章（胡杨、张豪、孟浩、郑安刚）、第8章（李相禛、郑立伟、张豪）。张豪对全书的结构、内容提出了建设性的修改意见，并进行了细致的校对和把关，由我统一修改、完善、完成全书。本书在写作中引用了相关学者的学术观点，在此也表达诚挚的敬意和感谢！

蒋家东
2019 年 8 月 1 日